Schriftenreihe der Stiftung Sächsische Gedenkstätten zur Erinnerung an die Opfer politischer Gewaltherrschaft

Band 2

Herausgegeben von der Stiftung Sächsische Gedenkstätten
zur Erinnerung an die Opfer politischer Gewaltherrschaft

Jörg Osterloh

Ein ganz normales Lager

Das Kriegsgefangenen-Mannschaftsstammlager 304 (IV H) Zeithain bei Riesa/Sa. 1941 bis 1945

Gustav Kiepenheuer Verlag

Diese Publikation wurde gefördert durch
den Freistaat Sachsen

Mit 35 Abbildungen

Stiftung Sächsische Gedenkstätten zur Erinnerung
an die Opfer politischer Gewaltherrschaft
Altenzellerstraße 19
01069 Dresden
Telefon 0351/46 95 540
Telefax 0351/46 95 541

ISBN 3-378-01018-5

2. Auflage 1997

Reproduktionen PPP PrePrint Professional GmbH, Leipzig
Druck und Binden Druckhaus Köthen GmbH, Köthen
Printed in Germany

Inhalt

1. Einleitung

1.1 Das Lager Zeithain in der Forschung[1]

Mit dem Überfall auf die Sowjetunion am 22. Juni 1941 entfachte das nationalsozialistische Deutschland den *„ungeheuerlichste*[n] *Eroberungs-, Versklavungs- und Vernichtungskrieg, den die moderne Geschichte kennt."*[2] Hitler selbst hatte den Befehlshabern des Ostheeres drei Monate vor Beginn des „Unternehmens Barbarossa" den Charakter dieses Feldzuges unmißverständlich erläutert. Es handele sich um den „Kampf zweier Weltanschauungen", der im Rahmen herkömmlicher Traditionen weder zu erfassen noch zu führen sei: *„Wir müssen vom Standpunkt des soldatischen Kameradentums abrücken. Der Kommunist ist vorher kein Kamerad und nachher kein Kamerad. Es handelt sich um einen Vernichtungskampf."*[3]

Die Wehrmachtführung folgte nicht nur mit der Ausarbeitung der sogenannten verbrecherischen Befehle, die unter anderem die Ermordung der politischen Kommissare der Roten Armee anordneten (der Kreis der potentiellen Opfer weitete sich rasant aus),[4] und mit der Art und Weise ihres Vorgehens in den eroberten Gebieten weltanschaulichen Prämissen, auch das Schicksal der etwa 5,7 Millionen Kriegsgefangenen, die der Wehrmacht im Osten in die Hand fielen, steht offensichtlich im Zusammenhang mit nationalsozialistischer Vernichtungspolitik.[5] 3,3 Millionen, beinahe 60 Prozent

1 Ein ausführlicher Überblick zu den Forschungen über sowjetische Kriegsgefangene findet sich in Osterloh, Sowjetische Kriegsgefangene 1941–1945.

2 Nolte, Der Faschismus, S. 436.

3 Rede Hitlers am 30. 3. 1941. Halder, KTB, Bd. II, S. 336–337.

4 Zu den „Verbrecherischen Befehlen" zählten die folgenden Erlasse: der sogenannte „Kommissarbefehl", der „Gerichtsbarkeitserlaß Barbarossa" und die Richtlinien für das Verhalten der Truppe in Rußland, die alle vom OKW gezeichnet worden waren, sowie die Vereinbarungen des OKH mit dem Reichssicherheitshauptamt über die Tätigkeit der Einsatzkommandos im rückwärtigen Heeresgebiet. Vgl. Streit, Keine Kameraden, S. 31–50. Vgl. zum Schicksal von Rotarmisten in deutscher Hand auch die Arbeiten von Streim, Die Behandlung sowjetischer Kriegsgefangener, und Herbert, Fremdarbeiter, der den Zwangsarbeitseinsatz von Ausländern in der deutschen Wirtschaft darstellte.

5 Vgl. Streit, Keine Kameraden, S. 10 und 14. Hier auch die Zahlenangaben.

von ihnen, kamen in deutscher Kriegsgefangenschaft um. Dieses mit den gewöhnlichen Unbilden und Notständen im Krieg natürlich nicht zu erklärende Massensterben infolge völlig unzureichender Unterbringung, chronischer Unterernährung und Seuchen, diese Vernichtung durch Arbeit und Mord ist seit den Untersuchungen insbesondere von Christian Streit zweifelsfrei belegt. Seine Ergebnisse wurden seither mehrfach bestätigt und inzwischen durch Studien über einzelne „Russenlager" erweitert.[6]

Zur Unterbringung der Gefangenen errichtete die Wehrmacht ab 1939 ein engmaschiges Netz von Kriegsgefangenenlagern in den besetzten Gebieten und auf Reichsgebiet. 127 solcher Lager gab es im September 1941 in Deutschland – fast jedes einzelne davon wurde auf seine Weise der Ort von Leben und Sterben Zehntausender zu „Untermenschen" gestempelter Soldaten der Roten Armee. Insofern war auch das Kriegsgefangenen-Mannschaftsstammlager (Stalag) 304 (IV H),[7] von dem hier die Rede sein soll, ein ganz normales Lager. Entstanden ist es im Frühjahr 1941 auf dem Truppenübungsplatz Zeithain in der Nähe der sächsischen Kleinstadt Riesa. Bereits im Juli 1941 trafen hier die ersten Transporte ein. Entgegen den Befehlen des Oberkommandos der Wehrmacht (OKW) waren zu diesem Zeitpunkt aber noch keinerlei Voraussetzungen für Unterbringung und Verpflegung der Gefangenen geschaffen. Sie hungerten, schliefen unter freiem Himmel. Viele von ihnen starben den Hungertod, immer wieder kam es zu Fällen von Kannibalismus.

Das Lager diente als regionales Aufnahme- und Verteilungslager: Von hier aus kamen die sowjetischen Kriegsgefangenen in die anderen Lager und bald auch in die Arbeitskommandos des Wehrkreises IV (Dresden). Insgesamt „durchliefen" zwischen Juli 1941 und April 1945 etwa 80 000 bis 90 000 sowjetische Kriegsgefangene Zeithain. Als der Krieg länger als geplant andauerte, wuchs seit dem Frühjahr 1942 die Bedeutung der Gefangenen für den Arbeitseinsatz in der Rüstungsindustrie. Doch Tausende waren mittlerweile verstorben: Von Juli bis Oktober 1941 hatte eine Ruhrepidemie, von Oktober 1941 bis April 1942 eine Fleckfieberepidemie im Lager gewütet.

Zu einer Zäsur in der Geschichte des Lagers kam es Ende 1942. Seit September dieses Jahres führte die Wehrmacht Zeithain als Zweiglager des

6 Vgl. insbesondere Hüser/Otto, Das Stammlager 326; Borgsen/Volland, Stalag X B; Stalag VI A Hemer; Keller, „Russenlager". Die Arbeit von Keller befaßt sich mit den Lagern XI C (311) Bergen-Belsen, XI D (321) Oerbke und X D (310) Wietzendorf.

7 Das Stalag 304 (IV H) wurde nach dem Truppenübungsplatz Zeithain benannt, auf dem es die Wehrmacht errichtete, obgleich sich das Lagergelände eher in der Nähe der Ortschaft Jacobsthal befand. Das spiegelt sich noch in den Titeln der ersten Broschüren über das Kriegsgefangenenlager, die es noch als „Stalag 304 N Jacobsthal" bezeichnen. Zudem war in russischen Berichten häufig vom Lager „304 N" die Rede, da das kyrillische „N" wie das lateinische „H" geschrieben wird.

benachbarten Stalag IV B Mühlberg. Zur gleichen Zeit begann die Umwandlung des Stalag 304 (IV H) zum zentralen Kriegsgefangenen-Reservelazarett des Dresdner Wehrkreises. Ab Januar 1943 wurden nur noch Tbc-kranke und arbeitsunfähige Gefangene aufgenommen. War das Lager bis dahin nur mit sowjetischen Kriegsgefangenen belegt, so kamen nun auch Angehörige anderer Nationen hinzu: Serben, Engländer, Franzosen, Amerikaner, vor allem aber Polen und Italiener.[8] In den letzten Kriegsmonaten verbreiteten sich Ruhr und Typhus neuerlich im Lager.

Am 23. April 1945 befreiten Einheiten der Roten Armee Zeithain, und von August bis Oktober 1946 untersuchte eine sowjetische Kommission unter Leitung des Generalmajors Chorun die Ereignisse im Lager. Die „Chorun-Kommission" kam aufgrund von Exhumierungen und Hochrechnungen zu dem Schluß, im Stalag Zeithain seien zwischen 80 000 und 140 000 sowjetische Kriegsgefangene ums Leben gekommen. Die Zahlen sind nicht haltbar.

Diese Untersuchung führte das Hannah-Arendt-Institut im Auftrag der Stiftung Sächsische Gedenkstätten zur Erinnerung an die Opfer politischer Gewaltherrschaft durch, die seit ihrer Gründung 1994 fünf Gedenkstätten des Freistaates Sachsen betreut – darunter die „Gedenkstätte Ehrenhain Zeithain".

Diese Geschichte des Lagers Zeithain stellt folgende Aspekte in den Mittelpunkt: Zeithain im System des deutschen Kriegsgefangenenwesens; das Schicksal der sowjetischen Kriegsgefangenen im Lager und im späteren Lazarett; die Lebensbedingungen der Gefangenen, ihr Verhalten im Spannungsbogen zwischen Kollaboration und Widerstand; das Schicksal der Gefangenen anderer Nationen im Lazarett (vor allem der nach den sowjetischen Kriegsgefangenen zahlenmäßig größten Gruppen, der Italiener und Polen). Ebenso rückt die Rolle der Wehrmacht bei der Betreuung der Gefangenen in den Blick. Nicht ohne Tragik und Brisanz ist die „Nachgeschichte" des Lagers, die ebenso grausame wie ungerechte Behandlung der befreiten Kriegsgefangenen durch die UdSSR selbst und die unzureichende Strafverfolgung ehemaliger Wachmannschaften in der sowjetischen Besatzungszone.

Neben der Fülle der Literatur über nationalsozialistische Konzentrationslager gab es in der DDR fast keine Untersuchungen über Kriegsgefangeneneinrichtungen des „Dritten Reiches". Die Forschung lehnte sich hier inhaltlich weitgehend an die sowjetische Historiographie an, für die die Kriegsgefangenschaft von Rotarmisten lange Zeit ein Tabuthema war.[9]

8 Da zu den serbischen, englischen, amerikanischen und französischen Gefangenen kaum Quellenmaterial vorliegt, können diese hier nicht weiter behandelt werden.

9 Stalin hatte Kriegsgefangenschaft mit Verrat gleichgesetzt. Vgl. Der Befehl Nr. 270. Ausführlich in Osterloh, Sowjetische Kriegsgefangene 1941–1945, S. 38–51.

Die erste Erwähnung Zeithains findet sich gleichwohl in einem sowjetischen Werk: in dem 1962 veröffentlichten Roman „Popavšie bez vesti" (Die Verschollenen)[10] von Stepan P. Zlobin.[11] Zlobin war ehemaliger Insasse des Lagers und Leiter der Widerstandsgruppe dort gewesen.

In der DDR kam es erstmals Ende der siebziger Jahre zu einer Beschäftigung mit der Geschichte des Lagers Zeithain. Am 1. September 1977 erhielt die Polytechnische Oberschule der nahe des ehemaligen Lagergeländes gelegenen Ortschaft Wülknitz vom Kreisvorstand Riesa der „Gesellschaft für Deutsch-Sowjetische Freundschaft" (DSF) den Auftrag, das Leben Zlobins zu untersuchen. Unter Leitung des Schuldirektors Egon Förster trug eine Schülergruppe umfangreiches Material zur Geschichte des Lagers zusammen. Es gelang ihnen auch, Kontakte zu ehemaligen Lagerinsassen in der UdSSR zu knüpfen und so zahlreiche Informationen über die von Zlobin geleitete Gruppe zu erhalten. Auf dieser Grundlage entstanden drei Broschüren über den Widerstand sowjetischer Kriegsgefangener in Zeithain.[12] 1984 entstand dann eine Diplomarbeit auf Basis der seinerzeit verfügbaren Quellen, die sich neben dem Widerstand vor allem mit den Lebensbedingungen der Gefangenen 1941/42 befaßte.[13] Hinweise auf Zeithain gibt auch eine Dissertation über das Lauchhammerwerk in Gröditz, von wo aus die arbeitsunfähigen sowjetischen Kriegsgefangenen in das Lazarett Zeithain verlegt worden waren.[14]

Die seit 1977 zusammengetragenen Materialien gingen in eine zum 40. Jahrestag der Befreiung von Zeithain eröffnete Ausstellung über das Lager und die Widerstandsgruppe dort ein. Seit dem 1. Januar 1989 besaß Zeithain den Status einer „Mahn- und Gedenkstätte" der DDR. Zu ihren zentralen Aufgaben zählte die Herausbildung eines „sozialistischen Geschichtsbewußtseins" bei der Jugend. Veranstaltungen zur Aufnahme von Kindern in die Pionierorganisation wurden in Zeithain ebenso veranstaltet wie

10 Zlobin, Popavšie. Dieser Roman ist bereits kurze Zeit nach Kriegsende (1946) von Zlobin fertiggestellt worden. Zu Lebzeiten Stalins durfte er nicht publiziert werden, obgleich Zlobin sogar Stalinpreisträger war. Erst als der Schriftstellerverband der UdSSR 1954 zur Neubewertung des Krieges aufrief, konnten auch literarische Verarbeitungen des „Großen Vaterländischen Krieges" erscheinen, die bisherige Tabubereiche berührten. 1962 durfte dann auch „Die Verschollenen" publiziert werden. Vgl. Kasack, Die russische Literatur, S. 15, sowie Hillgruber/Jacobsen, Der Zweite Weltkrieg, S. 22E–23E. Von „Die Verschollenen" ist bislang keine deutschsprachige Übersetzung erschienen.

11 Zlobin wurde am 24. November 1903 in Moskau geboren und verstarb am 15. September 1965 ebenda. Er baute nach dem Krieg ein Privatarchiv auf, in dem zahlreiche Dokumente und Briefe ehemaliger Mitgefangener gesammelt sind. Heute wird es von seiner Witwe Viktoria Zlobina verwaltet.

12 Vgl. Ehrenhain Zeithain; Das Ehrenmal von Zeithain; Der Widerstandskampf im sowjetischen Kriegsgefangenenlager Jacobsthal.

13 Vgl. Krause, Das sowjetische Kriegsgefangenenstammlager 304.

14 Dörr, Zum Vorgehen der faschistischen Betriebsführung.

„Jugendweihestunden". Arbeitskollektive verpflichteten sich in der „Mahn- und Gedenkstätte" zum Kampf um den Titel „Kollektiv der Deutsch-Sowjetischen Freundschaft", Veranstaltungen zur Aufnahme neuer Mitglieder in die „Kampfgruppen der Arbeiterklasse" fanden hier ebenfalls statt.[15] Zwischen 1985 und 1989 besuchten fast 20000 Personen die Ausstellung.[16]

Unter den erwähnten lokal- und regionalgeschichtlichen Arbeiten zu einzelnen Lagern sind besonders die gründlichen Studien über die Stalags X B Sandbostel und 326 (VI K) Senne hervorzuheben.[17] Das Stalag 326 war wie Zeithain ein sogenanntes Russenlager. Karl Hüser und Reinhard Otto untersuchten die Geschichte des Lagers von der Errichtung und Einbindung in das Lagersystem des Kriegsgefangenenwesens bis zur Befreiung durch amerikanische Verbände. Während frühere Autoren zumeist behaupteten, die sowjetischen Kriegsgefangenen seien in der Regel ohne jegliche Registrierung in die Lager transportiert worden, vertraten Hüser und Otto die gegenteilige Auffassung: Sie gaben damit der Forschung nicht nur einen neuen Impuls, Reinhard Otto legte den Ablauf der Registrierung in seiner Studie über die „Aussonderungen" sowjetischer Kriegsgefangener 1996 selbst überzeugend dar.[18]
Das Schicksal der italienischen Militärinternierten in deutschen Lagern ist von Gerhard Schreiber grundlegend untersucht worden.[19] Berichte über die Lebensbedingungen der Italiener in Zeithain finden sich in italienischen Veröffentlichungen, die nunmehr teilweise auch in deutscher Übersetzung zugänglich sind. Bereits 1964 veröffentlichte ein ehemaliger Lagergeistlicher, Pater Luca Ajroldi, sein Zeithainer Tagebuch.[20] 1994 publizierte die Rotkreuzschwester Maria Vittoria Zeme ihre täglichen Aufzeichnungen aus der Lagerzeit.[21]
Zu den meisten anderen Gefangenengruppen in Deutschland stehen umfassende Darstellungen noch aus.

15 Vgl. Spuren Suchen und Erinnern, S. 44.

16 Information von Bernhard Nowotny, ehemaliger Leiter der „Mahn- und Gedenkstätte Ehrenhain Zeithain".

17 Vgl. Hüser/Otto, Das Stammlager 326, sowie Borgsen/Volland, Stalag X B.

18 Vgl. Otto, Vernichten.

19 Vgl. Schreiber, Die italienischen Militärinternierten.

20 Vgl. Ajroldi, Campo di morte.

21 Vgl. Zeme, Il tempo di Zeithain. Eine deutsche Übersetzung des Tagebuchs von Schwester Zeme publizierte 1996 die Stiftung Sächsische Gedenkstätten. Vgl. Zeme, „... und entzünde einen Funken Hoffnung".

1.2 Quellengrundlage

Ebenso wie für die meisten anderen Lager des NS-Regimes stehen auch für Zeithain kaum geschlossene Aktenbestände zur Verfügung. Weder die Unterlagen der Lagerverwaltung noch die des Wehrkreiskommandos Dresden sind überliefert. Dennoch finden sich, breit gestreut, vielfältige Informationen in den Archiven.

Eine der zentralen Quellen ist die im Sächsischen Hauptstaatsarchiv Dresden (Sächs. HStA) liegende Kopie des Berichts der „Chorun-Kommission", der einzigen Untersuchungskommission dieser Art, die von der sowjetischen Besatzungsmacht in ihrer Zone eingesetzt worden war. Generalmajor Chorun und seine Mitarbeiter hatten 1946 zahlreiche ehemalige Gefangene und Wachmannschaften vernommen, deren Aussagen vor allem die Frühphase des Lagers erhellen.

Im Bundesarchiv-Militärarchiv Freiburg (BA-MA) sind nur wenige Aktenbestände zu den Gefangenenlagern des Wehrkreises IV überliefert. Für das Stalag 304 (IV H) konnten vor allem die Stammtafeln und Belegungslisten für den Zeitraum zwischen Juli 1941 und Januar 1943 ermittelt werden. Sowohl die Archivalien des Militärarchivs als auch die im Bundesarchiv Berlin (BA Berlin) vorhandenen Überlieferungen des Reichssicherheitshauptamtes, des Reichsarbeitsministeriums und der Reichskanzlei bieten überwiegend allgemeine Informationen. Die reichsweit gültigen Anweisungen aber beinhalten natürlich zahlreiche Hinweise auf die Situation in Zeithain.

Ein weiterer wichtiger Aktenbestand findet sich im Niedersächsischen Hauptstaatsarchiv Hannover (Nds. HStA H). In den Jahren 1966 bis 1974 hatte eine Sonderkommission der Kriminalpolizei Hannover gegen einen ehemaligen Kriminalkommissar der Gestapo Leipzig ermittelt, der für die „Aussonderungen" sowjetischer Kriegsgefangener in Zeithain verantwortlich war. Die Sonderkommission verhörte zahlreiche ehemalige Wachmannschaften zur Behandlung der Gefangenen im Herbst 1941 und Frühjahr 1942. Diese Ermittlungsakten sind hier für Zeithain erstmals ausgewertet.

Für die Spätphase des Lagers 1944/45 ist ein im Politischen Archiv des Auswärtigen Amtes Bonn (PA-AA) aufgefundener Untersuchungsbericht einer Delegation des Internationalen Komitees vom Roten Kreuz, die Zeithain im Oktober 1944 besucht hatte, von besonderem Wert. Dieses Dokument gibt vor allem über die Lebensbedingungen der polnischen Kriegsgefangenen Auskunft.

Ergänzt werden die schriftlichen Quellen durch eine Strafakte des Sowjetischen Militärtribunals Dresden, die die Strafverfolgung ehemaliger Wachmannschaften im Jahre 1947 dokumentiert; sie ist Teil der Sammlungen der Stiftung Sächsische Gedenkstätten.

Eine weitere wichtige Grundlage der vorliegenden Studie waren die Erinnerungen von Zeitzeugen. Zu kaum einem anderen „Russenlager" dürfte eine vergleichbare Fülle von Berichten zur Verfügung stehen. Es war Egon Förster, der sie seit 1977 zusammentrug. Zwar interessierte Förster sich hauptsächlich für Details über Zlobin und den Widerstand im Lager, seine Sammlung enthielt zugleich aber zahlreiche Hinweise über die Lebensbedingungen in Zeithain. Vor allem den Berichten und Briefen der ehemaligen Gefangenen Vladimir Šlykov, Nikolaj Gutyrja, M.V. Čerkassov, Isaak Volkind, N. N. Dementev und natürlich Stepan Zlobin lassen sich Informationen zum Lageralltag entnehmen. Ein Schwerpunkt ist dabei die Schilderung der Befreiung des Lagers. Einige Gefangene, bei weitem nicht alle, berichteten auch über ihre Repatriierung und ihr Schicksal nach dem Krieg. Leider liegen zu diesen Zeitzeugen derzeit nur wenige biographische Angaben vor. Viele von ihnen sind mittlerweile verstorben.
Nach 1989 konnten auch Kontakte zu ehemaligen italienischen Lagerinsassen geknüpft werden, von denen, wie erwähnt, inzwischen auch publizierte Erinnerungen zur Verfügung stehen.
Dazu konnten Aufzeichnungen und Berichte ehemaliger Wachmannschaften ausfindig gemacht und eingesehen werden, die von besonderer Anschaulichkeit und Authentizität sind. Vor allem die Tagebücher und Briefe eines Leutnants, K. (Bedingung der Nutzung war die Nicht-Identifizierung des Autors), beinhalten wertvolle Angaben über das Lager im Winter 1941/42. Entgegen den Bestimmungen fotografierten viele Wachmannschaften im Lager. Eine Auswahl solcher Fotos soll den Text ergänzen. Insbesondere die Aufnahmen von Leutnant K. zeigen die ganze Unmenschlichkeit des Lebens im Lager.

2. Das Lager Zeithain im System des deutschen Kriegsgefangenenwesens

2.1 Organisationsstruktur des Kriegsgefangenenwesens

Kriegsgefangene in deutschem Gewahrsam waren, von wenigen Ausnahmen abgesehen, entsprechend Artikel 2 des Genfer Kriegsgefangenenabkommens[22] der Wehrmacht unterstellt.[23] Die Richtlinien zur Behandlung der Gefangenen erließ das Oberkommando der Wehrmacht (OKW): Hier befaßten sich insbesondere folgende Dienststellen mit Kriegsgefangenenangelegenheiten:

- Wehrmachtführungsamt, ab dem 8. August 1940 Wehrmachtführungsstab (WFSt), unter Generaloberst Alfred Jodl;
- Allgemeines Wehrmachtamt (AWA), General der Infanterie Hermann Reinecke;
- Amt Ausland/Abwehr, Admiral Wilhelm Canaris;
- Wehrwirtschaftsamt, später Wehrwirtschafts- und Rüstungsamt, General der Infanterie Georg Thomas.

Innerhalb des AWA war vor allem die Abteilung Kriegsgefangenenwesen unter Oberst Hans-Joachim Breyer für Kriegsgefangenenangelegenheiten verantwortlich. Zu Beginn des Jahres 1942 erweiterte das OKW diese Abteilung – unter anderem wegen der großen Anzahl der sowjetischen Gefangenen – und benannte sie in „Chef des Kriegsgefangenenwesens" um. Leiter dieser Dienststelle und zugleich Inspekteur der Kriegsgefangenenlager wurde Generalmajor Hans von Graevenitz, den am 1. April 1944 Oberst Adolf Westhoff[24] ablöste.
Regional waren die Kommandeure der Kriegsgefangenen auf Wehrkreisebene für die Organisation des Kriegsgefangenenwesens verantwortlich.

22 Abkommen über die Behandlung der Kriegsgefangenen (Genfer Kriegsgefangenenabkommen) vom 27. Juli 1929.

23 Vgl. Streim, Die Behandlung sowjetischer Kriegsgefangener, S. 5. Ausnahmen existierten nur für Angehörige feindlicher Luftwaffen sowie feindlicher Kriegs- und Handelsmarinen.

24 Am 1. 1. 1945 wurde Westhoff zum Generalmajor befördert. Vgl. Aussage Westhoff vor dem Internationalen Militärgerichtshof in Nürnberg; BA-MA, Msg. 1/2011.

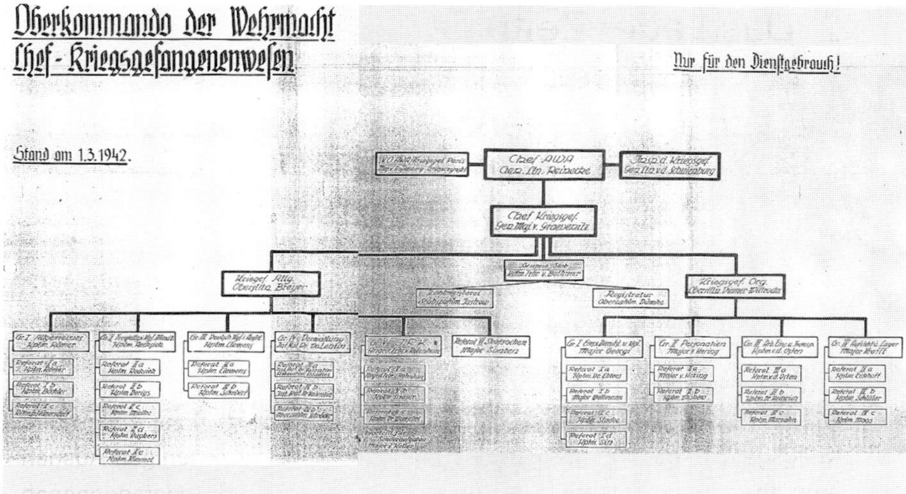

Gliederung der Dienststelle „Chef des Kriegsgefangenenwesens"

Sie waren den Dienststellen und Einheiten ihres Bereichs vorgesetzt und zugleich Bearbeiter der Kriegsgefangenenangelegenheiten bei den Wehrkreiskommandos. Der Organisationsaufbau in den Wehrkreisen läßt sich am Beispiel des Wehrkreises VI (Münster) zeigen:[25]

Abt. 1: Leiter, zugleich Vertreter des Kommandeurs der Kriegsgefangenen, Organisation und grundsätzliche Fragen, Erkundung und Einrichtung von Gefangenenlagern, personelle Besetzung, Verkehr mit der Zivilbevölkerung;

Abt. 2: Belegung und Ausbau der Lager, Verwaltungsangelegenheiten, Sanitätswesen, Minderheiten, Entlassung, Drucksachen, Karten;

Abt. 3: Strafsachen, Abwehr und Postüberwachung, Flucht;

Abt. 4: Arbeitseinsatz, Entlohnung, Verträge mit Unternehmern, Wacheinheiten;

Abt. 5: Einzelentlassungen, Kraftfahrzeuge, Rundfunk, geistige Betreuung;

Abt. 6: An- und Abtransport der Gefangenen, Statistik, Suchmeldungen.

Für die Einrichtung und den technischen Ausbau der Kriegsgefangenenlager war die jeweilige Wehrkreisverwaltung verantwortlich. Ebenso mußte sie die Bereitstellung von Unterkünften für die Arbeitskommandos, die nicht in den Betrieben untergebracht waren, organisieren. Mit Ausnahme des Lagerkommandanten und dessen Stellvertreter, die das OKW ernannte, war das Wehrkreiskommando für die Besetzung der Planstellen im Kriegsgefangenenwesen verantwortlich. Die Kommandanten der Lager

25 Vgl. Otto, Vernichten, S. 17.

wurden in mehrwöchigen Schulungen im Stalag II D Stargard (Pommern) auf ihre Tätigkeit vorbereitet.[26]
Die Kriegsgefangenen wurden in der Regel in Kriegsgefangenen-Offizierslagern (Oflags) oder in Kriegsgefangenen-Mannschaftsstammlagern (Stalags) untergebracht.[27] Im September 1941 existierten innerhalb der damaligen Grenzen des Deutschen Reiches in den 17 Wehrkreisen[28] insgesamt 47 Oflags und 80 Stalags.[29] Die normale Belegungsstärke eines Oflag sollte die Anzahl von 1000 Offizieren nicht übersteigen; die ursprüngliche Normalbelegung eines Stalag umfaßte 10 000 Kriegsgefangene. Diese Zahlen wurden jedoch in vielen Fällen überschritten. Für die sogenannten Russenlager hatte das OKW sogar bis zu 50 000 Gefangene vorgesehen.[30]
Befanden sich Kriegsgefangene zur Arbeit außerhalb des Stalag, wurden sie zu Arbeitskommandos zusammengefaßt und in Unterkünften am oder in unmittelbarer Nähe des Arbeitsplatzes untergebracht. Die Größe der Arbeitskommandos variierte je nach Einsatz. Zwar waren für die Unterbringung und Ernährung der Arbeitskommandos die „Arbeitgeber" zuständig, aber die Gefangenen wurden weiterhin von den Stalags geführt. Die Kriegsgefangenen-Bau- und Arbeitsbataillone, die meist zur Beseitigung von Kriegsschäden und für den Bau von Gefangenenlagern gebildet wurden, unterstanden nicht den Stalags, sondern dem aufstellenden Wehrkreiskommando direkt.[31]

Im Verlauf des Krieges kam es zu weiteren organisatorischen Veränderungen des Kriegsgefangenenwesens. Auf Befehl Hitlers vom 28. Juni 1943 wurde die Dienststelle des Generalinspekteurs für das Kriegsgefangenenwesen der Wehrmacht geschaffen. Er hatte die Dienststellung eines kommandierenden Generals und war unmittelbar dem Chef des OKW, Generalfeldmarschall Wilhelm Keitel, unterstellt. Seine Aufgabe war es, im gesamten Kriegsgebiet – dazu zählten „Operationskriegsgebiet", „besetztes Kriegsgebiet" sowie „Heimatkriegsgebiet" – die Kriegsgefangenenein-

26 Ebd., S. 17–18.

27 Vgl. Streim, Die Behandlung sowjetischer Kriegsgefangener, S. 10–11.

28 Auf Grundlage des Gesetzes über die Vorläufige Reichswehr vom 6. März 1919 und dem Wehrgesetz vom 23. März 1921 wurden zunächst sieben Wehrkreise gebildet: Wehrkreis I (Königsberg), II (Stettin), III (Berlin), IV (Dresden), V (Stuttgart), VI (Münster) und VII (München). Im Zusammenhang mit dem Rüstungsprogramm der Nationalsozialisten wurden die Wehrkreise VIII (Breslau), IX (Kassel), X (Hamburg), XI (Hannover), XII (Wiesbaden) und XIII (Nürnberg) gebildet. Zwischen 1938 und 1940 kamen die Wehrkreise XVII (Wien), XVIII (Salzburg), XX (Danzig) und XXI (Posen) hinzu. Vgl. Hüser/Otto, Das Stammlager 326, S. 15, Anm. 7.

29 Vgl. ebd., S. 15.

30 Vgl. Streim, Die Behandlung sowjetischer Kriegsgefangener, S. 11–12.

31 Vgl. ebd., S. 12, sowie Hüser/Otto, Das Stammlager 326, S. 121–124.

richtungen sowie den Arbeitseinsatz der Gefangenen auf eine sichere Unterbringung und Bewachung zu überprüfen.[32]
Durch die „Führerweisung" vom 25. September 1944 wurde das Kriegsgefangenenwesen neu organisiert. Es unterstand nunmehr in wesentlichen Bereichen dem Befehlshaber des Ersatzheeres (BdE), Heinrich Himmler. Dieser ernannte den Chef des SS-Hauptamtes, den SS-Obergruppenführer und General der Waffen-SS Gottlob Berger, zum Chef des Kriegsgefangenenwesens. Die Kommandeure der Kriegsgefangenen waren nun nicht mehr den Wehrkreisbefehlshabern, sondern einem Höheren SS- und Polizeiführer unterstellt. Nach der Neuordnung war das OKW nur noch mit Kriegsgefangenenangelegenheiten befaßt, wenn es um die Umsetzung des Genfer Abkommens ging. Durch die „Führerweisung" erhielt die SS einen erheblichen Einfluß, die Zuständigkeit des OKW war auf wenige Bereiche reduziert worden.[33] Im Verlauf des Krieges bekam auch das Reichssicherheitshauptamt (RSHA) immer mehr Einfluß auf die Kriegsgefangenenangelegenheiten;[34] zuständig war hauptsächlich das Amt IV von SS-Obergruppenführer und General der Polizei Heinrich Müller. Es organisierte beispielsweise die „Aussonderungen" in den Lagern und verfolgte Kriegsdelikte sowie illegale und feindliche Propaganda.[35]

Neben diesen Wehrmacht- und SS-Stellen waren zahlreiche andere Dienststellen mit Kriegsgefangenenangelegenheiten befaßt. Die Ernährung der Gefangenen organisierte das Reichsministerium für Ernährung und Landwirtschaft. Für den Arbeitseinsatz waren unter anderem das Reichsarbeitsministerium, der Beauftragte für den Vierjahresplan, Reichsmarschall Hermann Göring, der Generalbevollmächtigte für den Arbeitseinsatz, Fritz Sauckel, sowie die Organisation Todt zuständig. Hinzu kamen die Verantwortungsbereiche der Landes- und später der Gauarbeitsämter sowie Interessensverbände der Industrie, wie beispielsweise die Reichsvereinigung Kohle.[36]
Neben der primären Wehrmacht- und später der SS-Verantwortlichkeit kooperierten – und konkurrierten – also eine Vielzahl von Ministerien, Organisationen und Dienststellen miteinander.

32 Vgl. Absolon, Wehrmacht und Drittes Reich, Bd. VI, S. 532.

33 Vgl. Streim, Die Behandlung sowjetischer Kriegsgefangener, S. 16–17. Zudem mußten die Anordnungen des OKW für die Bereiche seiner Zuständigkeit dem BdE/Chef Kriegsgefangenenwesen übergeben und von diesem herausgegeben werden, was faktisch einer Kontrolle entsprach.

34 Zum RSHA siehe jetzt auch Paul/Mallmann, Die Gestapo, hierin insbesondere den Aufsatz von Tuchel, Gestapa, S. 84–100.

35 Vgl. Streim, Die Behandlung sowjetischer Kriegsgefangener, S. 18–21.

36 Siehe hierzu Hüser/Otto, Das Stammlager 326, S. 18.

2.2 Behandlungsgrundsätze

Bereits im Zuge der Vorbereitung des „Unternehmens Barbarossa" zeigte sich in den Anordnungen, insbesondere den „verbrecherischen Befehlen", daß NS- und Wehrmachtführung diesen Feldzug vor allem als einen rassen-ideologischen Krieg betrachteten. Das spiegelte sich schon in der Diktion der Befehle über die Behandlung sowjetischer Kriegsgefangener wider. Wenige Tage vor dem Überfall auf die Sowjetunion, am 16. Juni 1941, erließ das OKW die Bestimmungen zum „Kriegsgefangenenwesen im Fall Barbarossa".[37] In diesem Erlaß verdeutlichte die Führung der Wehrmacht den ideologischen Charakter des Krieges und wies darauf hin, daß vom Gegner auch in der Gefangenschaft hartnäckiger Widerstand zu erwarten sei. Sie forderte die restlose Beseitigung jeglichen Widerstands: *„Gegenüber den Kriegsgefangenen der Roten Armee ist daher äußerste Zurückhaltung und schärfste Wachsamkeit geboten. Mit heimtückischem Verhalten insbesondere der Kriegsgefangenen asiatischer Herkunft ist zu rechnen. Daher rücksichtsloses und energisches Durchgreifen bei dem geringsten Anzeichen von Widersetzlichkeit insbesondere gegenüber bolschewistischen Hetzern. Restlose Beseitigung jedes aktiven und passiven Widerstandes! Jeden Verkehr der Kriegsgefangenen mit der Zivilbevölkerung oder den Wachmannschaften nachdrücklich verhindern."*[38] Diese Passage hatte das OKW fast wörtlich aus den „Richtlinien für das Verhalten der Truppe in Rußland" entnommen, einem Befehl, der die Wehrmachtangehörigen unter anderem auf die „heimtückische Kampfweise" des Feindes vorbereiten sollte. Daß sich die Anordnungen für die Behandlung der Gefangenen auf einen Befehl stützen, der dem Komplex der „verbrecherischen Befehle" zuzuordnen ist, verdeutlicht den engen Zusammenhang.[39] Eine Verschärfung des genannten Erlasses, der nur für das „Generalgouvernement" sowie den Wehrkreis I Gültigkeit besaß, brachten die geheimgehaltenen „Anordnungen über die Behandlung sowjetischer Kr. Gef. in allen Kriegsgefangenenlagern", die das OKW gemeinsam mit dem in der Truppe zu veröffentlichenden „Merkblatt für die Bewachung sowjet. Kriegsgefangener" am 8. September 1941 herausgab.[40] In dem Merkblatt für die Wachmannschaften in Kriegsgefangenenlagern hieß es: *„Der Bolschewis-*

37 OKW, Abt. Kriegsgef., 16. 6. 1941; BA-MA, RW 4/v. 578. Auszugsweise abgedruckt in Jacobsen, Kommissarbefehl, S. 198–200, sowie Ueberschär/Wette, Der deutsche Überfall, S. 261–262.

38 Ebd.

39 Auszugsweise abgedruckt in Jacobsen, Kommissarbefehl, S. 187–188. Zur Genese der „Richtlinien" vgl. Streit, Keine Kameraden, S. 49–50. Auch Streit weist auf den Zusammenhang mit den „verbrecherischen Befehlen" hin. Vgl. ebd., S. 73.

40 OKW/AWA, Abt. Kriegsgef., 8. 9. 1941. Dok. 1519–PS. IMT, Bd. XXVII, S. 274–283. Veröffentlicht u. a. in: Rürup, Der Krieg gegen die Sowjetunion, S. 110–111, sowie Ueberschär/Wette, Der deutsche Überfall, S. 297–300. Folgende Zitate ebd. Alle Hervorhebungen im Original.

mus ist der Todfeind des nationalsozialistischen Deutschland. Zum ersten Male in diesem Krieg steht dem deutschen Soldaten ein nicht nur soldatisch, sondern auch politisch geschulter Gegner gegenüber, der im Kommunismus sein Ideal, im Nationalsozialismus seinen ärgsten Feind sieht. Im Kampf gegen den Nationalsozialismus ist ihm jedes Mittel recht: Heckenschützenkrieg, Bandentum, Sabotage, Brandstiftung, Zersetzungspropaganda, Mord. Auch der in Gefangenschaft geratene Sowjetsoldat, mag er auch äußerlich noch so harmlos erscheinen, wird jede Gelegenheit benutzen, um seinen Haß gegen alles Deutsche zu betätigen. Es ist damit zu rechnen, daß die Kr. Gef. entsprechende Anweisungen für ihre Betätigung in der Gefangenschaft erhalten haben. ***Ihnen gegenüber ist also äußerste Wachsamkeit, größte Vorsicht und schärfstes Mißtrauen dringendes Gebot.****"*

„Weichheit" gegenüber ungehorsamen Gefangenen sei nicht angebracht, da diese als Schwäche betrachtet würde. Deswegen befahl das OKW neben dem Hinweis, daß jegliche Willkür zu unterbleiben habe: ***„Rücksichtsloses Durchgreifen*** *bei den geringsten Anzeichen von Widersetzlichkeit und Ungehorsam! Zur Brechung von Widerstand ist von der Waffe schonungslos Gebrauch zu machen. Auf fliehende Kr. Gef. ist* ***sofort*** *(ohne Anruf) zu schießen mit der festen Absicht zu treffen."* Noch schärfer formulierte das Oberkommando diesen Befehl in den geheimen „Anordnungen", in denen es zugleich darauf hinwies, daß ein besonders großes Widerstandspotential bei den sowjetischen Offizieren zu erwarten sei. Sie wurden als „bolschewistische Triebkräfte" bezeichnet: *„Bei den sowjetischen Kr. Gef. ist es schon aus disziplinarischen Gründen nötig, den Waffengebrauch sehr scharf zu handhaben. Wer zur Durchsetzung eines gegebenen Befehls nicht oder nicht energisch genug von der Waffe Gebrauch macht, macht sich strafbar. Auf flüchtige Kr. Gef. ist* ***sofort ohne vorherigen Haltruf*** *zu schießen. Schreckschüsse dürfen niemals abgegeben werden."*

Diese bereits bei Planung des Krieges und der Erarbeitung der entsprechenden Befehle zu beobachtende eklatante Mißachtung der völkerrechtlichen Abkommen[41] veranlaßte den Chef des Amtes Ausland/Abwehr, Admiral Canaris, am 15. September 1941 bei Keitel zu intervenieren. Canaris konzedierte, daß das Genfer Kriegsgefangenenabkommen von 1929 nicht zwischen Deutschland und der Sowjetunion gelte, da diese nicht Signatar des Abkommens sei. Der Admiral verwies aber darauf, daß in einem solchen Fall das allgemeine Völkerrecht Grundlage für die Behandlung der Gefangenen sein müsse: *„Das Genfer Kriegsgefangenenabkommen gilt*

41 Bei den Abkommen handelt es sich im einzelnen um: Abkommen, betreffend die Gesetze und Gebräuche des Landkrieges. Vom 29. Juli 1899; Abkommen, betreffend die Gesetze und Gebräuche des Landkrieges (Haager Landkriegsordnung). Vom 18. Oktober 1907; Abkommen über die Behandlung der Kriegsgefangenen (Genfer Kriegsgefangenenabkommen). Vom 27. Juli 1929.

zwischen Deutschland und der UdSSR nicht, daher gelten lediglich die Grundsätze des allgemeinen Völkerrechts über die Behandlung von Kriegsgefangenen. Diese haben sich seit dem 18. Jahrhundert dahin gefestigt, daß die Kriegsgefangenschaft weder Rache noch Strafe ist, sondern lediglich Sicherheitshaft, deren einziger Zweck es ist, die Kriegsgefangenen an der weiteren Teilnahme am Kampfe zu verhindern. Dieser Grundsatz hat sich im Zusammenhang mit der bei allen Heeren geltenden Anschauung entwickelt, daß es der militärischen Auffassung widerspreche, Wehrlose zu töten oder zu verletzen; er entspricht zugleich dem Interesse eines jeden Kriegführenden, seine eigenen Soldaten im Falle einer Gefangennahme vor Mißhandlungen geschützt zu wissen. Die [...] *Anordnung für die Behandlung sowjetischer Kriegsgefangener geht* [...] *von einer grundsätzlich anderen Auffassung aus."*[42]

Die Einwände von Canaris wurden nicht berücksichtigt. Er erhielt seinen Protest mit einem kurzen Vermerk Keitels zurück: *„Die Bedenken entsprechen den soldatischen Auffassungen vom ritterlichen Krieg! Hier handelt es sich um die Vernichtung einer Weltanschauung, deshalb billige ich die Maßnahmen u. decke sie. 23. 9. K.*[eitel]*"*[43]

Da es also weder einen Schutz durch die Genfer Konventionen noch durch das allgemeine Völkerrecht geben sollte, befanden sich die sowjetischen Kriegsgefangenen in einem rechtsfreien Raum. Weder konnten sie sich an eine Schutzmacht wenden, noch durften sie durch das Internationale Komitee vom Roten Kreuz betreut werden.

2.3 Das Lagersystem

In einer Anweisung vom März 1939 hatte das OKW die Voraussetzungen für die Errichtung von Kriegsgefangenenlagern festgelegt. Das ausgewählte Gelände sollte sich abseits des Durchgangsverkehrs, aber möglichst in der unmittelbaren Nähe eines Bahnhofs befinden, zudem sollte es eben, übersichtlich und auf sandigem, landwirtschaftlich geringwertigem Boden gelegen sein. Die Wasserversorgung mußte auf ebenso einfache Art sicherzustellen sein wie eine hygienische Entsorgung des Abwassers. Für die Unterbringung von 10000 Kriegsgefangenen war normalerweise ein Gelände von mindestens 40 Hektar vorgesehen.[44]

42 Dok. 338–EC. IMT, Bd. XXXVI, S. 317–327, Zitat, S. 317–318. Diese Eingabe war u. a. vom Völkerrechtsexperten des Amtes Ausl./Abw., des Widerstandskämpfers Helmut James Graf von Moltke, der dem Kreisauer Kreis angehörte und in die Staatsstreichplanungen des 20. Juli 1944 involviert war, vorbereitet worden. Vgl. Rürup, Der Krieg gegen die Sowjetunion, S. 111.

43 Dok. 338–EC. Ebd., S. 317.

44 Bei den beiden entsprechenden Vorschriften handelte es sich um H. Dv. 38/5, Vorschrift für das Kriegsgefangenenwesen Teil 5. Dienstanweisung für den Kommandanten eines „Kriegs-

Jedes Lager hatte aus mehreren Teilen zu bestehen: Im Bereich des Eingangs sollten sich die Wach- und Verwaltungsgebäude befinden. Das eigentliche Lager begann mit dem Vorlager, in dem die sogenannten Funktionsbaracken, also die Gebäude für die Aufnahme der Gefangenen, Lagerung von Brennstoff, Krankenversorgung, Werkstätten und Desinfektion, zu errichten waren. Im sich daran anschließenden Hauptlager waren den Planungen entsprechend 10000 Gefangene untergebracht, die auf zehn Gruppen mit jeweils vier Mannschaftsunterkünften zu verteilen waren. Jedem Gefangenen sollten in den für jeweils 250 Personen vorgesehenen Baracken zweieinhalb Quadratmeter zur Verfügung stehen. Ausnahmen hinsichtlich des Raumbedarfs waren an sich nur in der Aufbauphase der Lager zulässig. In dieser Zeit konnten die Gefangenen behelfsmäßig in Zelten und Hütten untergebracht werden.
Für die Fertigstellung der Lager war ein genauer Zeitrahmen vorgegeben. 20 Tage nach Beginn des Lageraufbaus mußten die Unterkünfte für die Lagerkommandantur und die Wachmannschaften baulich ebenso weit fortgeschritten sein, wie die der Gefangenen. Bewohnte Baracken, Licht-, Be- und Entwässerungsanlagen sowie die Lagerstraßen mußten nach 90, alle übrigen Gebäude nach 120 Tagen fertiggestellt sein. Diese Anordnung galt für alle im Krieg neu errichteten Lager.
Die Verwaltung eines Stalag war in sechs Gruppen organisiert: Kommandant, Arbeitseinsatz, Sanitätsoffizier, Abwehr und Postüberwachung, Verwaltung sowie Fahrbereitschaft. Bei der Belegung eines Stalag mit 10000 Gefangenen war eine Personalstärke der Lagerverwaltung von 98 Soldaten vorgesehen (14 Offiziere, 23 Unteroffiziere sowie 61 Mannschaften). Hinzu kamen 33 Militärbeamte und -angestellte. Für die eigentliche Bewachung der Gefangenen waren die vom jeweiligen Wehrkreiskommando zu stellenden Landesschützenbataillone verantwortlich, die sich – ähnlich den Stalag-Einheiten – aus älteren oder nur bedingt fronttauglichen Männern zusammensetzten.[45] Ein Landesschützenbataillon bestand aus drei Landesschützenkompanien mit jeweils vier Offizieren, 19 Unteroffizieren und 129 Mannschaften sowie einer Stabskompanie.[46]
Im Vorfeld des „Unternehmens Barbarossa" erließ das OKW am 26. März 1941 den Befehl an fast alle Wehrkreiskommandos im Reichsgebiet zur Auf-

gefangenen-Mannschafts-Stammlagers" (1939); IfZ, Da 34.12 sowie um H. Dv. 38/12, Vorschrift für das Kriegsgefangenenwesen Teil 12. Dienstanweisung für Raumbedarf, Bau und Einrichtung eines Kriegsgefangenenlagers vom 14. März 1939; BA-MA, RHD 4 138/12. Beide Vorschriften sind in ihren wesentlichen Teilen zusammengefaßt in Otto, Vernichten, S. 18–22. Zum folgenden ebd.

45 Dies galt nicht nur für die Wachmannschaften, sondern auch für die Offiziere. So war beispielsweise der dritte Lagerkommandant des Stalag 304 (IV H), Hans-Karl von Kirchbach, Invalide: Ihm war im Verlauf des Ersten Weltkriegs der linke Unterarm amputiert worden. Aussage Zerbes, 19. 6. 1967; Verf. Zeithain. Nds. HStA H, Nds 721 Gö Acc. 103/87, Nr. 14/3.

46 Vgl. Otto, Vernichten, S. 22.

stellung von insgesamt 60 Front-Stalags. Jeder Wehrkreis hatte normalerweise noch einmal so viele Stalags neu aufzustellen wie dort bereits existierten. Die bestehenden Stalags hatten die „Stabseinheiten" zu stellen; bis spätestens Ende April mußte die Einsatzbereitschaft gemeldet werden.[47] Zugleich beauftragte der Chef des Allgemeinen Wehrmachtamtes, Reinecke, während dieser Besprechung die Kommandeure der Kriegsgefangenen der Wehrkreise I, II, IV, VI, VIII, X, XI, XVII und XX mit der Einrichtung von Kriegsgefangenenlagern auf Truppenübungsplätzen im Wehrkreis.[48] Offenbar sollte ein Teil der geplanten Lager von Anfang an im Reichsgebiet verbleiben.

Die Aufstellung der Lager im militärischen Sperrgebiet wurde angeordnet, weil die sowjetischen Kriegsgefangenen so der Aufmerksamkeit der deutschen Zivilbevölkerung besser entzogen werden konnten. Die Führung des „Dritten Reiches" befürchtete eine Infiltrierung der Bevölkerung mit „bolschewistischem Gedankengut", sie konnte so die Behandlung der sowjetischen Kriegsgefangenen außerdem besser vor der deutschen Öffentlichkeit verborgen halten. In seinen Anordnungen an die Kommandeure der Kriegsgefangenen räumte Reinecke ein, daß die Lager wegen des eng gesteckten Zeitrahmens nur in behelfsmäßiger Form errichtet werden konnten. Er soll deshalb nach Aussage des ehemaligen Generalleutnants Kurt von Österreich angewiesen haben, die Kriegsgefangenen in provisorischen Lagern unter freiem Himmel unterzubringen, falls die ordnungsgemäßen Unterkünfte nicht mehr rechtzeitig fertigzustellen waren.[49]

Die Anweisungen, die die künftigen Kommandanten der „Russenlager" während ihres Vorbereitungslehrgangs im Stalag II D Stargard erhielten, wichen durchweg von den erwähnten Grundsätzen der Heeresdienstvorschriften 38/5 bzw. 38/12 ab. Für die gefangenen Rotarmisten waren Lager mit einfachsten Mitteln zu errichten. Die Gefangenen sollten beim Aufbau als Handlanger eingesetzt werden. Man hob das handwerkliche Geschick „des Russen" hervor, weswegen es unter anderem möglich sei, den Russen die selbständige Herstellung von Eßgeschirr und Löffeln aus Holzabfällen und Altmaterialien zu überlassen.[50]

47 Vgl. ebd., S. 23, sowie Hüser/Otto, Das Stammlager 326, S. 19–20. Hüser/Otto zufolge konnte der entsprechende Befehl noch nicht aufgefunden werden. Aus anderen Quellen läßt sich aber auf ihn schließen.

48 Die Mobilmachungs-Anordnungen von 1939/40 verboten die Anlage von Kriegsgefangenenlagern auf dem Gelände oder in der Nähe von militärischen Einrichtungen; BA-MA, RH 53-7/v. 724, Bl. 7–11.

49 Aussage Kurt von Österreich (Kdr. Kgf. WK XX), 28. 12. 1945, vor dem Internationalen Militärgerichtshof in Nürnberg. USSR-151; Verf. Zeithain. Nds. HStA H, Nds 721 Gö Acc. 103/87, Nr. 14/3.

50 Siehe „Maßnahmen bei Baubeginn eines neu zu errichtenden Krgf.-Lagers für 10 000 Russen". Undatiert; BA-MA, RH 49/123, Bl. 10–18. Otto, Vernichten, S. 24, Anm. 45, datiert diese Anordnungen auf April 1941.

Im Reichsgebiet waren nach einem OKW-Befehl vom 16. Juni 1941 Stalags und Oflags mit einer Belegstärke von 30000 bis zu 50000 Gefangenen vorgesehen. Die Gesamtkapazität der Lager des Reichsgebietes sollte 790000 Mann betragen. An der Ostgrenze des Wehrkreises I sowie im „Generalgouvernement" waren „Gefangenen-Übernahmestellen" einzurichten, in denen die aus dem Bereich des Oberkommandos des Heeres (OKH) abgegebenen Gefangenen in den OKW-Bereich aufgenommen werden sollten. Hierfür waren sechs bis acht Stalag-Kommandanturen vorgesehen, was - bei einer durchschnittlichen geplanten Größe von 40000 Personen eine Gesamtkapazität von 560000 für den Zeitraum der Übernahme bedeutet hätte. Später pendelte sich die tatsächliche Gesamtbelegung der Lager im Reichsgebiet bei 20000 bis 30000 Gefangenen ein,[51] zudem wurden hier nicht alle geplanten Lager auch tatsächlich errichtet. Die für den Feldzug gegen die Sowjetunion vorgesehenen Stalags erhielten eine Bezeichnung mit arabischen Zahlen aus der „300er-Reihe". Im Reichsgebiet verbleibende Lager wurden den Wehrkreiskommandos unterstellt und erhielten neben einer Zahl aus der 300er-Reihe die übliche dem Wehrkreis entsprechende Kennzeichnung.[52]

2.4 Die Aufstellung des Lagers Zeithain

Für das Gelände des Truppenübungsplatzes Zeithain wurde zunächst die Aufstellung der Stalags 304 und 314 befohlen. Später wies man Zeithain noch zusätzlich das Stalag 329 aus dem Wehrkreis XIII zu.[53] Wie die übrigen Truppenübungsplätze auch, bot das Areal den Vorteil, fern von Ballungsgebieten zu liegen und militärisches Sperrgebiet zu sein. Die Zivilbevölkerung hatte keinen Zutritt.[54] Das Zeithainer Gelände lag an der Eisenbahnstrecke Röderau – Falkenberg in der Nähe des Bahnhofes Jacobsthal, vier Kilometer nordwestlich der Ortschaft Zeithain. Nach Osten und Westen war es von Waldungen begrenzt. Der Boden war trocken und im wesentlichen

51 Siehe Hüser/Otto, Das Stammlager 326, S. 18; Otto, Vernichten, S. 23–25; Streit, Keine Kameraden, S. 73 und 76.

52 So Otto, Vernichten, S. 25. Die jeweils letzte Ziffer der Lagerbezeichnungen „304", „314" usw. bedeutete, daß das Lager vom Wehrkreis IV aufgestellt wurde. (Ebenso wie beispielsweise „306" und „326" vom Wehrkreis VI aufgestellt worden waren.) Die Lager der „100er"- und „200er"-Reihen waren für den Frankreichfeldzug entstanden. In Klammern folgte eine Lagerbezeichnung, die aus einer römischen Zahl sowie einem Buchstaben (A, B, C usw.) bestand. Die Zahl gab die Unterstellung unter ein bestimmtes Wehrkreiskommando an. Mittels der Buchstaben wurden die Lager eines Wehrkreises laufend „durchgezählt".

53 Vgl. Aufstellung der WASt vom 5. Juni 1941; BA-MA, RW 48/v. 12, Bl. 137. Vgl. zu den geplanten Lagern ebenso Otto, Vernichten, S. 26–28.

54 Vgl. Hüser/Otto, Das Stammlager 326, S. 24–25.

eben, wie die Vorschriften es verlangten.[55] In der Nähe der neu aufzustellenden Lager befand sich bereits das bei Neuburxdorf gelegene und bis zu diesem Zeitpunkt mit Polen, Engländern und Franzosen belegte Stalag IV B Mühlberg.[56]

Nahe der Ortschaft Zeithain war 1873 ein Schießplatz für die Artillerie der Dresdner Garnison angelegt worden. Dieser war 3000 Meter lang und 1000 Meter breit. 1879 wurde in der Nähe der Schießplatzes ein Barackenlager für die Soldaten errichtet, das sogenannte „Zeithain-Lager". 1892 begann der Ausbau des Schießplatzes zum Truppenübungsplatz (6000 Meter Länge, 1200 Meter Breite). 1898 legte man in der Nähe der benachbarten Gemeinde Lichtensee einen neuen Infanterieübungsplatz an und führte eine Anschlußbahn vom Übungsplatz zum Bahnhof Röderau. 1899 erfolgte eine erneute Vergrößerung. Das Gelände hatte nun eine Länge von elf und eine Breite von neun Kilometern. Im Norden reichte es bis an die preußische Grenze heran.

Nach Abschluß des Versailler Vertrages verlor das Areal seinen militärischen Charakter weitgehend. Vom ehemaligen Truppenübungsplatz blieb nur eine Füll- und Munitionsanstalt, die spätere Heeres-Munitionsanstalt Zeithain (Muna), übrig. Erst ab 1937 kam es im Rahmen des Aufrüstungsprogramms wieder zu einer ausschließlich militärischen Nutzung. Seit 1939 wurden die Giftgase Sarin und Tabun auf dem Gelände gelagert.[57]

Die organisatorischen Vorbereitungen im Vorfeld des „Barbarossa"-Feldzuges begannen frühzeitig, so auch für die beiden auf dem Truppenübungsplatz Zeithain geplanten Lager. Am 8. April 1941 stellte das Stalag IV C Wistritz das Personal für das zukünftige Stalag 304 auf. Die Sollstärke des Lagerpersonals umfaßte 20 Offiziere, 69 Unteroffiziere und 149 Mannschaften sowie 18 Zivilbeamte. Die Wachmannschaften waren vom Landesschützen-Ersatzbataillon 4 zu stellen.[58] Die Einheiten der Landesschützen unterstanden wie das Stalag-Personal dem Lagerkommandanten.[59] Bereits Mitte April 1941 befand sich das Personal auf dem Gelände des Truppenübungsplatzes Zeithain. Einem Befehl des BdE vom 9. April 1941 zufolge sollte das Stalag-Personal Unterkünfte für serbische Kriegsgefangene vorbereiten. Durch diese Tarnmaßnahmen gelang es dem OKW, selbst das Lagerperso-

55 Vgl. Chorun-Kommission; Sächs. HStA, LRS Min. d. Innern, Landespolizeibehörde der Volkspolizei Sachsen, Bd. 042, Bl. 93.

56 Vgl. Kilian, Einzuweisen zur völligen Isolierung, S. 47.

57 Vgl. Krause, Das sowjetische Kriegsgefangenenstammlager 304, S. 25–27.

58 Vgl. Stammtafel des Stalag 304; BA-MA, RH 49/10. Bei den Angaben zur Sollstärke handelt es sich um die nach der Erhöhung vom 2. 10. 1941 gültigen Zahlen. Für die Zeit der Gründung des Lagers liegen keine Angaben vor.

59 Vgl. Kilian, Kriegsgefangenenzentrale Torgau, S. 80.

nal lange Zeit über den tatsächlichen Verwendungszweck des Stalag zu täuschen.[60] Anfang Juni 1941 wurden die Wachmannschaften, das Landesschützenbataillon 394, nach Zeithain verlegt.[61]
Kommandant des Stalag 329 war Oberstleutnant von Rosenberg, sein Adjutant Oberleutnant Lendbradel.[62] Dieses Lager blieb bis Mitte Juli 1941 unbelegt auf dem Truppenübungsplatz Zeithain und wurde dann als Front-Stalag nach Winniza in die Ukraine verlegt.[63] Stalag 314 kam in Zeithain erst gar nicht zur Aufstellung.
Erster Lagerkommandant des in Zeithain verbleibenden Stalag 304 war seit dem 12. April 1941 Major Moritz.[64] Er wurde jedoch bereits am 14. Mai 1941 von Oberstleutnant Alfred Wörlen[65] (Adjutant Hauptmann Karl Zerbes)[66] abgelöst. Ein gewisser Ingenieur Lehmann begann im Mai 1941 unter dessen Befehl mit dem Aufbau des Lagers,[67] das ab dem 12. September 1941 die offizielle Bezeichnung Stalag 304 (IV H) trug.[68] Neben dem Stalag wurde am 1. Juli 1941 auf dem Gelände des Truppenübungsplatzes auch ein Reservelazarett für Kriegsgefangene eingerichtet. Zuständig für dieses Lazarett, das sich ungefähr zwei Kilometer vom Stalag entfernt befand, war der Korpsarzt des Stellvertretenden General-Kommandos des IV. Armee-Korps. Dieses sogenannte Waldlager war auf eine Kapazität von 500 Betten ausgelegt.[69] Das Zeithainer Lager mit dem angeschlossenen Lazarett war Teil des Gesamtkomplexes von Kriegsgefangenenlagern im Wehrkreis IV, zu dem neben dem Land und der Provinz Sachsen die westlichen Teile des Sudetenlandes gehörten.[70]

60 So Otto, Vernichten, S. 25, Anm. 49. Der Befehl richtete sich an die Stalag-Kommandanturen auf den Truppenübungsplätzen Stablack, Hammerstein, Hohenfels, Lamsdorf, Hammelburg, Thorn und Zeithain.

61 Aussage Zerbes, 23. 10. 1968; Verf. Zeithain. Nds. HStA H, Nds 721 Gö Acc. 103/87, Nr. 14/4.

62 Aussage S., 26. 6. 1967. Ebd., Nr. 14/2, Bl. 530.

63 Vgl. Aussage D., 28. 6. 1967. Ebd., Nr. 14/2, Bl. 532.

64 Vgl. BA-ZNS, Personalveränderungsnachweise Zeithain.

65 Oberstleutnant Alfred Wörlen war bis zum 29. Januar 1942 Kommandant des Stalag 304 (IV H) Zeithain; BA-ZNS, Personalkarte Wörlen.

66 Siehe Zusammenstellung Lagerpersonal; Verf. Zeithain. Nds. HStA H, Nds 721 Gö Acc. 103/87, Nr. 14/22.

67 Vgl. Chorun-Kommission; Sächs. HStA, LRS Min. d. Innern, Landesbehörde der Volkspolizei Sachsen, 042, Bl. 93.

68 Vgl. Stammtafel des Stalag 304 (IV H); BA-MA, RH 49/10.

69 Vgl. Stammtafel des Reservelazaretts (Kgf.) Tr. Üb. Pl. Zeithain; BA-MA, RH 53–4/15, Bl. 103. Die weiteren Angaben wurden entnommen aus: Chorun-Kommission; Sächs. HStA, LRS Min. d. Innern, Landesbehörde der Volkspolizei Sachsen, 042, Bl. 195.

70 Vgl. hierzu die Aufstellung der Rüstungsinspektion Dresden vom Dezember 1941 zur Stellung des Wehrkreises innerhalb des Deutschen Reiches; BA-MA, RW 20–4/9, Bl. 55. Der Wehrkreis IV umfaßte 37 731 qkm mit 7 838 530 Einwohnern. Zum Vergleich: Das Land Sachsen innerhalb des

Wehrkreises war 14994 qkm groß. Der Wehrkreis IV war der Einwohnerzahl nach der drittgrößte des Reichsgebietes. Ebd. In ihm bestanden im Herbst 1941, kurz nach Beginn des Krieges gegen die Sowjetunion, folgende Lager: Stalag IV A, Hohnstein über Bad Schandau; IV B, Mühlberg/Elbe; IV C, Wistritz bei Teplitz-Schönau; IV D, Torgau; IV E, Altenburg (Thüringen); IV F, Hartmannsdorf bei Chemnitz; IV G, Oschatz sowie 304 (IV H), Truppenübungsplatz Zeithain über Riesa. Hinzu kamen die Lager für kriegsgefangene Offiziere: Oflag IV B, Königstein (Kreis Pirna); IV C, Colditz; IV D, Elsterhorst über Hoyerswerda sowie IV E, Annaburg (Kreis Torgau). Vgl. hierzu das Verzeichnis der Kriegsgefangenenlager. Stand vom 15. September 1941; BA-MA, RH 49/111, Bl. 2.

3. Sowjetische Kriegsgefangene im Lager Zeithain

3.1 Transport, Ankunft und Registrierung

Der Abtransport sowjetischer Kriegsgefangener aus den besetzten Gebieten nach Zeithain und in die anderen Lager des Reichsgebiets fand insbesondere in den ersten Monaten des Krieges unter katastrophalen Bedingungen statt.

Die Zeit zwischen der Gefangennahme an der Front und der Ankunft im Lager brachte für die Gefangenen wochenlange Transporte mit sich. Die Ernährung war extrem schlecht, die Unterbringung nicht nur während der Märsche,[71] sondern auch in den völlig überfüllten Durchgangslagern (Dulags) unzureichend.[72] Ebenso bedrohlich war das rücksichtslose und brutale Vorgehen der personell völlig unterbesetzten Wachmannschaften. Anders als im Westen standen zumindest in den ersten Monaten für den Abtransport der Gefangenen aus dem Frontgebiet im Osten keine Lastkraftwagen oder Eisenbahnwaggons zur Verfügung. Die Führer der Leerkolonnen weigerten sich aus „hygienischen Gründen", die Gefangenen auf ihren Fahrten zurück in die Etappe mitzunehmen, da sie eine mögliche „Verlausung" und „Verwanzung" ihrer Fahrzeuge befürchteten. Bis zum Frühherbst 1941 blieben Fußmärsche die Regel, obwohl es in der Sowjetunion bereits Mitte September die ersten Nachtfröste gegeben hatte. Tausende erschöpfter Kriegsgefangener verhungerten oder wurden, da sie den Anschluß an ihre Marschkolonnen verloren hatten, von den Wachmannschaften erschossen.

Die Situation verschärfte sich mit Wintereinbruch noch. Bis in den November hinein wurden die Gefangenen meist in offenen Waggons transportiert, so daß zu den Hungertoten nun auch Frosttote kamen. Erst als die Arbeits-

71 Bereits in der Anfangsphase des Krieges, als die Front noch nicht sehr weit vorgerückt war, hatten die Gefangenen teilweise bis zu 500 km Luftlinie zu den Dulags zurückzulegen. Dies bedeutete für die Gefangenen drei- bis vierwöchige Fußmärsche mit täglichen Marschstrecken von 25 bis zu 40 km. So Streit, Keine Kameraden, S. 164. Zum folgenden ebd., S. 162–167.

72 Die Dulags befanden sich im rückwärtigen Operationsgebiet des Heeres, wo sie die Kriegsgefangenen von den Gefangenensammelstellen der Armee übernahmen. Von ihnen aus wurden die Gefangenen in die Oflags und Stalags im Reichsgebiet abgeschoben.

Abtransport von sowjetischen Kriegsgefangenen, Oktober 1941.

kraft der Gefangenen für die deutsche Kriegswirtschaft ein interessanter Faktor wurde, reagierte das OKW, indem es am 8. Dezember 1941 die Voraussetzungen für den Gefangenentransport klärte. So sollten nun Heizöfen in die Güterwagen gestellt und die Gefangenen durch Decken und Mäntel vor der Kälte geschützt werden. Vor dem Abtransport waren die Gefangenen, den neuen Anweisungen entsprechend, zur Seuchenprophylaxe zweimal zu entlausen. In jedem Waggon sollten künftig nicht mehr als 50 Gefangene transportiert und ausreichend mit Verpflegung für die Fahrt ausgestattet werden. Diese Vorschriften blieben aber meist Papier. An den Transportbedingungen änderte sich bis zum Frühjahr 1942 kaum etwas.

Der Transport von den Durchgangslagern in die Lager auf Reichsgebiet erfolgte mit der Bahn. Auch diese Fahrten dauerten sehr lange, da Truppen- und Materialverschiebungen an die Ostfront oberste Priorität besaßen. Die Züge in Richtung Reichsgebiet mußten immer wieder warten. Zudem führten die schlechten Streckenverhältnisse im strengen Winter 1941/42 zu weiteren Verzögerungen.[73] So verwundert es kaum, daß in den Lagern des Reichsgebietes nach wochenlangen Märschen und tagelangen Zugfahrten schon im Spätsommer 1941 völlig ausgezehrte Gestalten ankamen, die *„ein so abgerissenes und erbärmliches Aussehen* [hatten]*, daß es genau dem von der NS-Propaganda entworfenen Bild vom ‚bolschewistischen Untermenschen' entsprach."*[74]

Die Transporte für das Zeithainer Lager wurden über den Bahnhof Jacobsthal abgewickelt. Die sowjetischen Kriegsgefangenen wurden in Güter- bzw. Viehwaggons antransportiert und an der Bahnhofsrampe „entladen". Der damalige stellvertretende Kommandant des Stalag, Hauptmann Zerbes, erinnerte sich später: *„Kriegsgefangenentransporte für das Stalag 304 wurden mir immer und zwar über mein Ersuchen telegraphisch, ich glaube von Falkenhorst aus, avisiert. Die Züge umfaßten durchschnittlich 50–60 Waggons und* [es] *waren in jedem Waggon ca. 40–50 Kriegsgefangene untergebracht."* Es kam immer wieder vor, daß *„die auf den Transporten an Entkräftung und Hunger gestorbenen Kriegsgefangenen von den eigenen Leuten aufgeschnitten, deren Leber, Lunge und Milz herausgerissen und gegessen wurden* [...]*."* Die des Kannibalismus beschuldigten Kriegsgefangenen wurden sofort nach der Ankunft am Bahnhof Jacobsthal „ausgesondert".[75]

Der ehemalige Gefangene Nikolaj Gutyrja, der als einer der ersten sowjetischen Gefangenen im Juli 1941 nach Zeithain kam, schilderte das Martyrium des Transports: *„Das in den Waggons Durchlebte läßt sich kaum mit Worten beschreiben. Menschen verbluteten, schmutzige Wunden ätzten alles schwarz, in jedem Waggon starben zum Tode verurteilte Menschen an Blutverlust, Wundstarrkrampf, Blutvergiftung, vor Hunger, Wasser- und Luftmangel sowie anderen Entbehrungen. Stöhnen, Fluchen, tiefe Seufzer der Sterbenden, Fieberwahn, Sehnsucht nach der Heimat* [...] *– so lebte jeder im Waggon – überfüllt mit ehemaligen Kämpfern der Roten Armee, jetzt Kriegsgefangene Hitlers. Diese unmenschliche Qual dauerte vom 4.–11. Juli 1941. Der Zug hielt an. Zur Mittagszeit begann das Ausladen der Kriegsgefangenen. Der frische Wind, der für kurze Zeit in die offenen Wag-*

73 So Borgsen/Volland, Stalag X B, S. 118.

74 Hüser/Otto, Das Stammlager 326, S. 39.

75 Aussage Zerbes, 23. 10. 1967. Verf. Zeithain; Nds. HStA H, Nds 721 Gö Acc. 103/87, Nr. 14/3, Bl. 876. Zu den „Aussonderungen" vgl. Kap. 3.3.

gons hereinströmte, brachte etwas Erleichterung. Das Bellen der Hunde wurde lauter. Schimpfen, Zanken, Schießen aus Maschinenpistolen übertönte alles Stöhnen und Fluchen der noch lebenden, sich quälenden Menschen. Die Toten wurden aus den Waggons auf den Platz geworfen."[76]
Vom Bahnhof aus mußten die geschwächten und entkräfteten Gefangenen zum Lager laufen:[77] *„Diejenigen, die sich nicht fortbewegen konnten, wurden sofort niedergeschossen. Auf die erschöpften und zur Erde sinkenden Menschen warfen sich rasende Schäferhunde. Nur die, die sich mit Mühe selbst oder mit Hilfe ihrer Genossen fortbewegen konnten, wurden in die Reihe gestellt. Die Kolonne entkräfteter und erschöpfter Menschen bewegte sich in das Lager. Ich hielt mich an einem Genossen fest, mit dem ich mich im Waggon bekannt gemacht hatte.* [...] *Auf dem 2 km langen Weg hörte das Schießen nicht auf. Auf jeden, der niedersank, stürzten sich die Hunde. Der Platz des Lagers war von Stacheldraht umgeben. Wachtürme gab es noch keine. Innerhalb des Drahtes gab es keinerlei Wohnstätten."*[78]
Erst im Frühjahr 1942 besserte sich die Organisation etwas, weil es nun darum ging, die dringend benötigten Arbeitskräfte einsatzfähig zu halten.[79] So hieß es in einem Merkblatt des OKH vom 15. Juni 1942: *„Bei Abschub neu angefallener Kriegsgefangener ist oberster Grundsatz, daß militärische, politische und wirtschaftliche Gesichtspunkte der Kriegführung gerechte Behandlung der Gefangenen erfordern und daß ihre Arbeitskraft erhalten bleibt."*[80] Menschenunwürdig blieben die Transportbedingungen der sowjetischen Kriegsgefangenen trotzdem.

Im sogenannten Vorlager des Stalag wurden die Gefangenen nach der Ankunft zunächst ärztlich untersucht und entlaust. Zudem waren die neu Eintreffenden nach einer OKW-Weisung vom 14. Oktober 1941 *„sofort nach folgenden Volkstumszugehörigkeiten durchzuprüfen und die betreffenden Volkstumszugehörigen* [...] *umgehend von den anderen Kriegsgefangenen auszusondern: Volksdeutsche, Ukrainer, Weissruthenen, Polen, Litauer, Letten, Esten, Rumänen, Finnen, Georgier."*[81] Die Gefangenen dieser Volksgruppen sollten im Stalag getrennt von den übrigen untergebracht werden.

76 Erinnerungen Gutyrja; Sammlung Förster.

77 Im Juli/August 1941 waren teilweise noch verhältnismäßig kräftige Gefangene in den Lagern des Reichsgebiets eingetroffen. Dies war der Fall, wenn sie von der Front ohne längere Fußmärsche und Aufenthalte in den Dulags in die Stalags gelangten. Vgl. oben sowie Hüser/Otto, Das Stammlager 326, S. 42.

78 Erinnerungen Gutyrja; Sammlung Förster.

79 So Borgsen/Volland, Stalag X B, S. 124.

80 Zitiert nach Streit, Keine Kameraden, S. 167.

81 OKW. Betr.: Behandlung von Angehörigen fremden Volkstums aus den Sowjet-Kriegsgefangenen. 14. 10. 1941; BA Berlin, R 41/168, Bl. 91. Zum folgenden ebd. Für Zeithain ist bekannt, daß

Gefangene vor der Entlausung im Vorlager, Herbst 1941.

Volksdeutsche, Ukrainer, Weissruthenen, Litauer, Letten und Esten waren im übrigen beschleunigt zu entlassen, damit sie für den Arbeitseinsatz in den besetzten Ostgebieten zur Verfügung standen. Doch bis Kriegsende scheint es zu keinen umfangreichen Entlassungen gekommen zu sein.
Nach ihrer Ankunft wurden die Gefangenen registriert. Jeder erhielt in der Reihenfolge seiner Aufnahme eine Erkennungsmarke, in der die Kennzeichnung des Stalag sowie eine laufende Nummer eingeprägt waren. Diese Marke behielt er die gesamte Gefangenschaft über. In jedem Lager begann die Registrierung bei der Zahl „1" und wurde dann, ohne Unterscheidung der Nationalitäten, weitergeführt. Für das Zeithainer Lager sind zwei verschiedene Eintragungen auf der geprägten Erkennungsmarke bekannt: „Kr. Gef. Lager Zeithain" und „Stalag IV H". Jeder Gefangene war allein über seine Erkennungsmarke existent: Jede Verlegung und jede Meldung fand unter Nennung seiner Erkennungsmarkennummer statt. Um Mißverständnisse und Mißbrauch auszuschließen, verfügte das OKW, daß jede Nummer nur einmal zu vergeben sei. Auch nach Tod eines Gefangenen wurde sie nicht wiederverwendet.

diese Trennung der verschiedenen Nationalitäten tatsächlich vorgenommen wurde. Vgl. Brief Volkind; Sammlung Förster. Allerdings hieß es nur zwei Wochen später in einem Rundbrief des RAM an die Präsidenten der LAÄ, daß *„die in das Altreich überführten Minderheitsangehörigen [...] in Hinblick auf die Transportlage und die große Anzahl der Minderheitsangehörigen im Augenblick noch nicht in ihre Heimat entlassen werden"* können. RAM. Betr.: Sowjet. Kriegsgefangene, hier: Behandlung von Angehörigen fremden Volkstums und von Minderheiten; BA Berlin, R 41/168, Bl. 83. Vor allem die Zwänge des Arbeitseinsatzes verboten die Entlassung bestimmter Gefangenengruppen geradezu. Die Gefangenen, die tatsächlich aus der Kriegsgefangenschaft entlassen wurden, fanden – darauf muß nachdrücklich hingewiesen werden – zudem (unfreiwillige) Aufnahme in die Fremdarbeitermaschinerie des „Dritten Reiches", was das Los der Betreffenden häufig nur unwesentlich verbessert hat. Als ein Beispiel sei hier das Schicksal der italienischen Militärinternierten angeführt. Vgl. Kap. 5.

Registrierung der Gefangenen im Vorlager, Herbst 1941.

Die Form der Registrierung war 1939 in der „Dienstanweisung für den Kommandanten eines ‚Kriegsgefangenen-Mannschaftsstammlagers'"[82] genau festgelegt worden. Neben der ausgegebenen Erkennungsmarke hatte die Stalag-Verwaltung zu jedem Gefangenen zwei Karteikarten, die sogenannten Personalkarten, anzulegen, in die alle wichtigen Angaben zur Person einzutragen waren: *„Die Karteikarte I, nach der Nummer der Erk. Marke geordnet, enthält demnach alle persönlichen Angaben einschließlich Lichtbild, Fingerabdruck und Strafen aus der Zeit der Kriegsgefangenschaft.*
In der Karteikarte II, die nach den Anfangsbuchstaben des Inhabers einzuordnen ist, werden alle wirtschaftlichen Eintragungen gemacht, die für die Zeit der Gefangenschaft wichtig sind."[83] Befehlsgemäß hatten die Karteikarten ebenso wie die Erkennungsmarken den Gefangenen während seiner gesamten Zeit als Kriegsgefangener zu begleiten.
Die einzelnen Stalags mußten alle zehn Tage, unter Angabe der Erkennungsmarkennummern, über die jeweiligen Zu- und Abgänge Meldung an die Wehrmachtauskunftstelle (WASt) in Berlin erstatten. Durch die zentrale

82 H. Dv. 38/5, S. 13; IfZ, Da 34. 12.

83 Ebd. Die folgende Darstellung nach Otto, Vernichten, S. 115–117.

Erfassung konnte der Gefangenenbestand erhoben, der Arbeitseinsatz geplant und Auskunft an gegnerische Staaten bzw. deren Schutzmächte erteilt werden.
Bei der Registrierung der Gefangenen aus dem „Südostraum" wich das OKW erstmals vom geschilderten Verfahren ab. Die Bestimmungen vom 1. April 1941, die eine schnelle Erfassung der Gefangenen ermöglichen sollten, sahen die Einführung einer vierteiligen Postkarte vor, die für die verschiedenen Nationalitäten in unterschiedlichen Farben ausgegeben wurde. Diese Karte, die von den Gefangenen selbst auszufüllen war, wurde anschließend von der Lagerverwaltung an die WASt geschickt. Die Karteikarten I und II mußten von der Lagerverwaltung weiterhin angelegt werden.
Hinsichtlich der Erfassung von sowjetischen Kriegsgefangenen wandelten sich die Vorstellungen des OKW innerhalb kurzer Zeit mehrmals. Während es am 16. Juni 1941 im Erlaß zum „Kriegsgefangenenwesen im Fall Barbarossa" noch – unter Berufung auf die Nichtratifizierung des Genfer Kriegsgefangenenabkommens durch die Sowjetunion – hieß, eine Registrierung der Gefangenen im Wehrkreis I und im „Generalgouvernement" mittels Personalkarte sei überflüssig, wurde für das Reichsgebiet bereits am 26. Juni 1941 in dem Befehl zur „Erfassung und Behandlung der russischen Kriegsgefangenen" bestimmt, daß die sowjetischen Kriegsgefangenen doch durch Karteikarte I zu erfassen seien. Allerdings sollte auf Karte II verzichtet werden, solange kein Arbeitseinsatz geplant sei. Obwohl die Gefangenen mit den üblichen Erkennungsmarken auszustatten waren, hatten Meldungen an die WASt zu unterbleiben.
Kurz nach Beginn des „Barbarossa-Feldzuges", am 2. Juli 1941, verfügte das OKW dann doch, daß die sowjetischen Kriegsgefangenen an die WASt zu melden seien. Dies sollte analog zur Registrierung der „Südost-Gefangenen" mit einer vierteiligen grünen Postkarte geschehen. Das OKW begründete diese Maßnahme mit der Erklärung der sowjetischen Führung, auf Grundlage der Gegenseitigkeit die Namen deutscher Gefangener dem Internationalen Roten Kreuz mitteilen zu wollen. Vier Wochen später, am 2. August 1941, erfolgte bei der Erfassung schließlich die formale Gleichstellung der sowjetischen mit den übrigen Kriegsgefangenen. Auch bei ihnen wurde die Registrierung nun mit den Personalkarten durchgeführt.
So kam es, daß bereits die ersten in Deutschland eintreffenden Gefangenen genau erfaßt wurden. Das läßt sich am Beispiel des Zeithainer Lagers nachweisen. Der mit der Registrierung der Gefangenen befaßte Hauptmann Zerbes erinnerte sich später: *„Die ankommenden Kriegsgefangenen wurden dann unter Bewachung auf die große Wiese beim Vorlager gebracht. Kranke Personen wurden vordringlich erfaßt und in das Lazarett abgegeben, während die Erfassung der übrigen Kriegsgefangenen meist mehrere Tage in Anspruch nahm.* [...] *Von den erfaßten Kriegsgefangenen wurden*

die vorgeschriebenen Karteikarten aufgenommen und [...] *dann von mir an die Kommandantur abgegeben, wovon sie meines Wissens nach Berlin weitergeleitet worden sind.“*[84] Wegen dieses aufwendigen Verfahrens verzeichnete die erste Bestandsliste der „Russenlager“ vom 15. Juli 1941 nur gerundete Zahlen. Das „Russenlager Zeithain A“, gemeint war das Stalag 304,[85] meldete 2000 Gefangene an die WASt.[86] Das war die einzige überlieferte Bestandsmeldung mit *gerundeten* Daten; danach wurden nur exakte Zahlen an die WASt weitergegeben. Von besonderer Bedeutung war der Zeitpunkt der Registrierung. Da diese erst in den Lagern auf Reichsgebiet vorgenommen wurde (in den Dulags hatte zuvor nur eine zahlenmäßige Erfassung stattgefunden), lebten die Gefangenen bis zu diesem Zeitpunkt in einem besonderen „rechtsfreien“ Raum. Bis zur ihrer Erfassung als Person existierten sie offiziell nicht.[87]

Wie die Zugänge, so wurden auch alle Todesfälle peinlich genau registriert. Ein ehemaliger Angehöriger der Lagerverwaltung des Stalag 308 Neuhammer, M., erinnerte sich: *„Wenn nun Gefangene gestorben sind, dann wurden die Leichen von den Feldscheren weggebracht, die auch die Erkennungsmarken der Toten abnahmen und diese deutschen Sanitätern gaben, welche sie wiederum mir überbrachten. Ich habe dann über die Verstorbenen Buch geführt. Es ist nämlich über jeden Verstorbenen genau Buch geführt worden. Ich habe die Toten jeweils in Bücher eingetragen, wobei die Namen, Dienstgrad, Geburtstag, Geburtsort, Anschrift, Grabreihe und Grabnummer genau festgehalten wurden.“*[88] Wie aus den überlieferten Personalkarten und auch aus Sterbefallanzeigen ersichtlich ist, wurde auch in Zeithain wie in den anderen Lagern jeder Verstorbene akribisch registriert.[89] *„Man hat genau gezählt, und das von Anfang an! Am 26. 6.* [1941], *mehr als zwei Wochen* ***vor*** *dem Eintreffen der ersten Sowjets in den Russenlagern, hatte sich das OKW für die Verwendung der Personalkarte I und den Gebrauch von Erkennungsmarken entschlossen und damit die Weichen für eine genaue Erfassung gestellt, der dann auch kein einziger Gefangener entgehen durfte. Einige Einschränkungen muß man jedoch machen. Die Feststellung gilt nur für das Reichsgebiet, nicht aber für den Bereich der Heimatorganisation und erst recht nicht für die besetzten Gebiete in der Sowjetunion. Dort waren in der Tat die Voraussetzungen für ein unregi-*

84 Aussage Zerbes, 23. 10. 1968. Verf. Zeithain; Nds. HStA H, Nds 721 Gö Acc. 103/87, Nr. 14/4.

85 Das „Russenlager Zeithain B“ war das Stalag 329, das, wie bereits erwähnt, vor seiner Verlegung nach Winniza nicht mit Gefangenen belegt worden war.

86 OKW/Abt. Kriegsgef. Bestandsverzeichnis Russenlager. 15. 7. 1941; BA-MA, RW 6/v. 184, Bl. 151.

87 Zu den Ausnahmen im Registrierungsverfahren vgl. Otto, Vernichten, S. 119.

88 Zitiert nach ebd., S. 118.

89 AStSG, Sammlung Zeithain.

striertes Massensterben gegeben, und die Zahl der Umgekommenen geht in die Hunderttausende. [...] Im Deutschen Reich selbst besaß das Militär demnach auf allen Ebenen – Stalag, Wehrkreis und OKW/WASt – einen genauen Überblick über den Gefangenenbestand und wäre daher in der Lage gewesen, jederzeit über einen sowjetischen Kriegsgefangenen entsprechend den Bestimmungen der Genfer Konventionen Auskunft zu geben. Dazu war die deutsche Führung jedoch nicht bereit, denn dann wäre vor aller Welt durch das Massensterben deutlich geworden, wie sehr die Behandlung der sowjetischen Soldaten aus ideologischen Gründen auf deren Vernichtung abzielte."[90]

Neben exakten Informationen zum einzelnen Gefangenen läßt sich von den Karteikarten bis zu einem gewissen Grad auf die Häufigkeit und den Umfang der Transporte schließen. Aus überlieferten Personalkarten I ist beispielsweise ersichtlich, daß im Zeitraum von Ende September bis Ende Oktober 1941 an folgenden Tagen Züge mit sowjetischen Kriegsgefangenen am Bahnhof Jacobsthal eintrafen, die zum Verbleib im Stalag 304 (IV H) bestimmt waren: 24. und 27. September sowie 18., 25., 26. und 28. Oktober 1941.[91]

Während am 24. September der Gefangene Trofim Kačura bei der Registrierung die Nr. 17 824 erhielt, wurde bereits drei Tage später, am 27. September 1941, der Gefangene Vasilij Korčev als Nr. 23 165 erfaßt. Nach diesen Transporten, mit denen Gefangene aus dem Oflag 58 Siedlice[92] in das Reichsgebiet überstellt wurden, scheint es in fast drei Wochen keinen oder allenfalls einen für Zeithain bestimmten Gefangenentransport gegeben zu haben, denn der am 18. Oktober eintreffende Kriegsgefangene Filip Panasjuk wurde von der Lagerverwaltung als Nr. 24 370 erfaßt. In der darauffolgenden Woche liefen die im Oktober 1941 in der Regel aus Minsk kommenden Kriegsgefangenenzüge in rascher Folge im Bahnhof Jacobsthal ein. Die Gefangenen, die am 25. Oktober 1941 in Zeithain eintrafen, erhielten Erkennungsmarken mit Nummern um „27 000". Einen Tag später, am 26. Oktober, wurden dann Nummern ab „28 000" ausgegeben. Beispielsweise

90 Es ist das Verdienst von Reinhard Otto, die Erfassung der sowjetischen Kriegsgefangenen rekonstruiert zu haben. Zitat Otto, Vernichten, S. 119–120. Hervorhebung im Original.

91 Vgl. die Personalkarten I der Gefangenen Kačura, Korčev, Panasjuk, Karataev, Petrov, F. und Petrov E. AStSG, Sammlung Zeithain. Ansatzweise ist eine ähnliche Rekonstruktion für den Sommer 1942 möglich, als in schneller Folge zumindest an nachstehenden Tagen für das Stalag 304 (IV H) bestimmte Kriegsgefangenentransporte am Bahnhof Jacobsthal einliefen: 7. 8., 12. 8., 14. 8. und 26. 8. 1942. Vgl. die Personalkarten I der Gefangenen Koljadin, Koloskov, Popov und Kačenko.

92 Das Oflag 58 war für die Weiterleitung sowjetischer Kriegsgefangener in das Reichsgebiet zuständig und übernahm hierfür Stalag-Funktionen. Nachdem die Front im Verlauf des Krieges weiter vorrückte, wurde das Lager in seiner bisherigen Funktion überflüssig und deswegen am 28. 10. 1941 offiziell zum Stalag 366 umgewandelt.

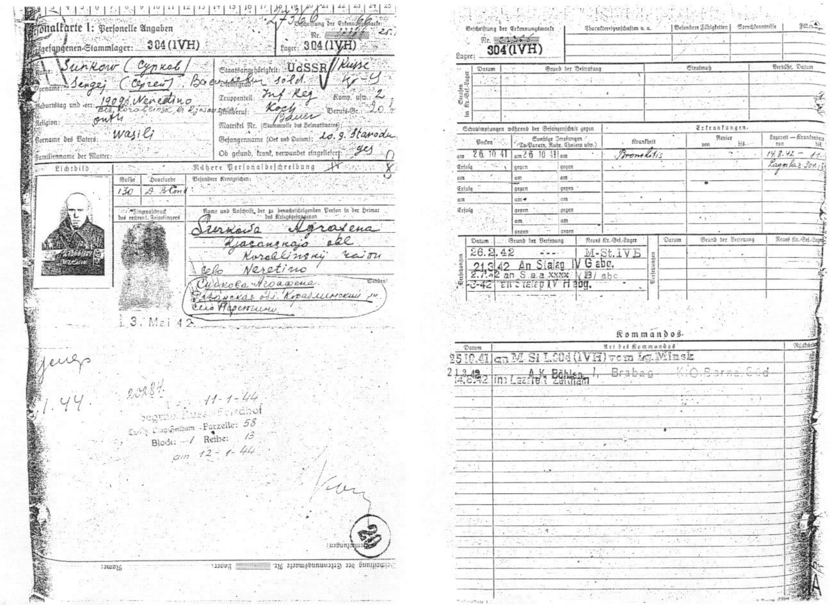

Personalkarte I des Gefangenen Sergej Surkov (Vor- und Rückseite), Oktober 1941.

bekam der sowjetische Kriegsgefangene Egor Petrov die Nr. 28 347. Weitere zwei Tage später erhielt der Gefangene Fedor Petrov bereits eine Erkennungsmarke mit der Nr. 31 519.

Aus diesem Befund läßt sich der Schluß ziehen, daß zwischen dem 24. September und dem 28. Oktober 1941 wenigstens sechs Transporte mit insgesamt ungefähr 14 000 Menschen (pro Zug also durchschnittlich etwa 2000 Personen) im Stalag 304 (IV H) Zeithain eingetroffen sind. Überdies läßt sich festhalten, daß bis zu diesem Zeitpunkt insgesamt über 31 000 Gefangene in Zeithain ankamen und erfaßt wurden.[93]

Darüber hinaus kamen zahlreiche weitere sowjetische Kriegsgefangene am Bahnhof Jacobsthal an. Aber vom Lager Zeithain aus, das mithin die Funktion eines Auffang- und Verteilungslagers für den Wehrkreis IV besaß,[94] wurden sie bereits nach kurzer Zeit in andere Lager weitergeleitet. Oftmals war das Stalag IV B Mühlberg, aber auch Lager in anderen Wehrkreisen Ziel dieser Transporte. So läßt sich der Personalkarte I von Nikolaj Serjakov beispielsweise entnehmen, daß er am 10. Mai 1942 in Zeithain ankam und noch am gleichen Tag die vorgeschriebene Typhusimpfung erhielt. Bereits nach wenigen Tagen wurde er aus Zeithain verlegt und dann in Mühlberg unter der laufenden Nummer 154 675 registriert. Seine Personalkarte I enthält auf

93 Vgl. ebd.

94 Vgl. Fernschreiben der Stapoleitstelle Dresden an Stapoleitstelle München, 25. 9. 1941; Nds. HStA H, Nds. 721 Gö Acc. 103/87, Nr. 14/38, DH 9.

der ersten Seite (auch das ist keine Seltenheit bei den von Zeithain nach Mühlberg Weitergeleiteten) sowohl den Stempel „304 (IV H)" als auch den Stempel „IV B Mühlberg".[95]
Das aufwendige Registrierungsverfahren machte es unmöglich, daß ein einzelnes Stalag mehr als einige tausend Gefangene gleichzeitig aufnehmen und obendrein auch registrieren konnte. Trafen zu viele sowjetische Kriegsgefangene auf einmal in Zeithain ein, oder befanden sich dort schon zu viele, dann kam es zu Umverteilungen auf andere Lager des Wehrkreises IV oder in andere Teile Deutschlands.[96]

3.2 Unterbringung

Mitte Juli 1941, als die ersten sowjetischen Kriegsgefangenen am Bahnhof Jacobsthal eintrafen, bestand das Stalag 304 lediglich aus einem mit Stacheldrahtverhau umgebenen Gelände. Bis zum Herbst wurden die Gefangenen im Freien untergebracht, da nicht eine einzige Unterkunftsbaracke auch nur im Rohbau fertig war. Die Gefangenen befanden sich in durch Stacheldrahtzäune voneinander abgetrennten Blöcken. Diese waren von der Lagerverwaltung angelegt worden, um die verschiedenen Nationalitäten weisungsgemäß zu trennen.[97] Die Gefangenen versuchten sich notdürftigen Schutz vor der Witterung zu schaffen, indem sie sich Erdlöcher gruben. Dort verbrachten sie ihre Tage und Nächte. Werkzeuge hatte man ihnen nicht zur Verfügung gestellt.[98] Der Gefangene Gutyrja beschrieb die Lebensbedingungen der ersten Wochen: *„Wir legten uns im Freien auf die noch vom letzten Regen feuchte Erde. Jeden Tag füllte sich das Lager weiter mit russischen Menschen.* [...] *Jeder wühlte, um sich anzupassen, für sich eine kleine Grube, in der er versuchte, seinen ausgemergelten Körper zu wärmen. Es gab kein Leben und keinen Tod."*[99]
In den folgenden Wochen und Monaten mußten die Gefangenen das Lager selbst aufbauen. Die zwischen Juli und September 1941 errichteten 44 Baracken dienten jedoch ausschließlich den Wachmannschaften (18) bzw. als Kriegsgefangenenlazarett (26).[100] Selbst die Wasserversorgung für die Ge-

95 Vgl. Personalkarte I Serjakov; AStSG, Sammlung Zeithain.

96 Die vielfältigen Gründe für die schnelle Umverteilung der Gefangenen sind an anderer Stelle noch eingehender zu erörtern. Vgl. vor allem Kap. 3.3 sowie 3.7.

97 Vgl. Brief Volkind; Sammlung Förster.

98 Vgl. Chorun-Kommission; Sächs. HStA, LRS Min. d. Innern, Landesbehörde der Volkspolizei Sachsen, 042, Bl. 93.

99 Erinnerungen Gutyrja; Sammlung Förster.

100 Vgl. den Bericht des Lageringenieurs Reif. Chorun-Kommission; Sächs. HStA, LRS Min. d. Innern, Landesbehörde der Volkspolizei Sachsen, 042, Bl. 211.

Sowjetische Kriegsgefangene beim Aufbau des Lagers: Antransport von RAD- Barackenteilen, Herbst 1941.

Gefangene während einer Arbeitspause, Herbst 1941.

fangenen war bis zum Spätsommer noch nicht sichergestellt. Der Großteil der im Juli 1941 vorhandenen 37 Brunnen befand sich im Lazarett sowie bei den Unterkünften der Wachmannschaften. Dadurch herrschte extremer Wassermangel. Fast alle Gefangenen litten die ersten Monate unter quälendem Durst, einige verdursteten gar.[101]
Die Baracken, die von den Kriegsgefangenen selbst gebaut werden mußten,[102] bestanden überwiegend aus Holz, einige auch aus Stein. An den Aufbau des Lagers erinnerte sich später ein ehemaliger Angehöriger der Lagerverwaltung: *„Es waren beklemmende Eindrücke. Ich sehe noch heute den Elendszug der halbtoten, ausgemergelten, wie Gespenster mit schweren Balken- und Bretterlasten daherwankenden Gefangenen."*[103]
Die hölzernen Bauten waren Baracken des Reichsarbeitsdienstes (RAD-Baracken) vom Typ IV/3, deren Grundfläche 158,48 m^2 maß. In den ersten Monaten waren die wenigen Unterkünfte sehr eng belegt. Nach Aussagen eines ehemaligen Lagerarztes wurden in Räumen, die für 90 Personen geplant waren, über 200 Gefangene untergebracht; der Chef der Heeresrü-

101 Vgl. ebd., Bl. 179.

102 Vgl. „Maßnahmen bei Baubeginn eines neu zu errichtenden Krgf.-Lagers für 10 000 Russen". Undatiert; BA-MA, RH 49/123, Bl. 10–18, hier 11.

103 Erinnerungen K.; AStSG, Sammlung Zeithain.

stung und Befehlshaber des Ersatzheeres (ChHRüst u. BdE) hatte bereits am 17. Oktober 1941 angeordnet, die Kapazität der RAD-Baracken bei Bedarf durch Herausnehmen der Zwischenwände sowie der üblichen Bettstellen auf bis zu 300 Personen zu steigern.[104] Auch in Zeithain wurde gelegentlich eine solche Belegungsstärke erreicht.
Die Steinbaracken waren erheblich größer. Ihre Grundfläche umfaßte 950 m^2. Die Belegungsstärke der Steinbaracken soll über 1000 Gefangene betragen haben.[105] Bei einer so dichten Belegung hatten die Menschen in manchen Monaten nur einen halben bis einen Quadratmeter pro Person.[106]
Bis Ende Dezember 1941 wurden insgesamt 144 RAD- und zwölf Steinbaracken gebaut. Hinzu kamen neun Küchen, vier Abortanlagen sowie zwei Bäder (vgl. Tab. 1). Im Winter 1941/42 hatten die meisten Baracken noch keine Fenster oder Türen; auch Pritschen und Heizvorrichtungen fehlten in der Regel.
1942 trieb man den Ausbau des Lagers weiter voran. Der ursprüngliche Plan, Zeithain für eine Kapazität von 100000 Gefangenen auszubauen, wurde allerdings nicht verwirklicht. Ende 1942 war das Lager fertig, sein Fassungsvermögen betrug nun ungefähr 25000 Personen. Im Endausbau existierten 166 RAD- und 24 Steinbaracken. Es gab zehn Küchen, 16 Abortanlagen, 2 Bäder und mindestens 67 Brunnen für die Wasserversorgung.[107]

Die RAD-Baracken hatten in ihrem Innern nur einen einzigen Raum – auch dies ein Hinweis darauf, daß die Anordnungen des BdE bezüglich der Belegstärken der Kriegsgefangenenunterkünfte im Stalag 304 (IV H) umgesetzt worden waren. Die Doppelwände waren isoliert, der Fußboden war aus Holz. Erst im Verlauf des Winters 1941/42 wurden die Unterkünfte nach und nach mit Schlafstätten ausgestattet. Die RAD-Baracken erhielten zwei-, die höheren Steinbaracken dreistöckige Pritschen. Tische und Bänke hatten die Unterkünfte erst, als die Gefangenen 1943 begannen, sich das Mobiliar selbst zu zimmern.
Die Außenwände der Steingebäude bestanden ebenso wie der Fußboden aus Hohlziegeln. Die Wärmeisolierung soll nach Aussage des ehemaligen Gefangenen Nikitin sehr mangelhaft gewesen sein, so daß die Steingebäude kälter waren als die RAD-Baracken. In den Holzbaracken gab es ein oder zwei kleine eiserne Öfen. In jedem Raum der Steinbaracken befand

104 Vgl. Chef d. Heeresrüstung u. BdE, 17. 10. 1941. Betr.: Unterbringung sowj. Kriegsgef. Abgedruckt in Hüser/Otto, Das Stammlager 326, S. 224–225.

105 Die Anordnungen zur Unterbringung von Kriegsgefangenen in derartigen Steinbaracken vgl. ebd. Zur Belegungsstärke vgl. Chorun-Kommission; Sächs. HStA, LRS Min. d. Innern, Landesbehörde der Volkspolizei Sachsen, 042, Bl. 175–177a.

106 Eine derartige Belegung konnte nur durch mehrstöckige, durchgängige Schlafstätten in den Baracken erreicht werden.

107 Vgl. ebd., Bl. 11–12 sowie 94, wobei hier fälschlicherweise von 18 Steinbaracken die Rede ist.

Jahr	Monat	Holzbaracke	Steinbaracke	Küchen	Brunnen	Aborte	Bäder
1941	Juli	38 (davon 26 f. Lazarett u. 12 f. Wache)		7 (davon 2 f. Wache)	37	2 (f. Wache)	
	Aug.	6 (f. Wache)					
	Sept.						1
	Okt.	45	9 (ohne Öfen und Decken)	2	28	1	
	Nov.	50					1
	Dez.	5	3			1	
ges. bis Ende 1941		**144**	**12**	**9**	**65**	**4**	**2**
1942	Jan.	3			2	1	
	Mai					1	
	Juni	2				3	
	Juli	6 (davon 3 Werkstätten)				3	
	Aug.					3	
	Sept.	8					
	Okt.			1		1	
	Nov.	9					
ges. bis Ende 1942		**166**	**24**	**10**	**67**	**16**	**2**

Tab. 1: Anzahl der Gebäude im Stalag 304 (IV H) Zeithain in den Jahren 1941 und 1942 nach einer Zusammenstellung des Lager-Ing. Reif. (Chorun-Kommission; Sächs. HStA, LRS Min. d. Innern, Landesbehörde der Volkspolizei Sachsen, 042, Bl. 211.)

sich ein aus Backstein gemauerter Ofen. Die Heizleistung der Öfen war ebenso gering wie die Zuteilung von Brennstoffen. So sollen je Baracke nur 15 Briketts am Tag ausgegeben worden sein.[108] Einem anderen Bericht zufolge wurde im Winter 1941/42 lediglich eine geringe Menge Torf verteilt.[109] In seinen Erinnerungen berichtete Leutnant K. über jenen Winter: *„Die nächtlichen Kontrollen der sämtlichen Wachposten rings um das Gefangenenlager, am Stacheldrahtzaun mit den maschinengewehrbesetzten Wachtürmen entlang und mitten durch die endlosen Barackenstraßen hatte etwas ebenso Schauerliches wie auch Romantisches an sich, besonders in kalten, mondbeglänzten Winternächten. Aus den ungeheizten Baracken drangen gruselerregende Geräusche heraus, ähnlich dem Grollen eines unterirdischen Vulkans oder dem hungrigen Knurren ungebändigter Raubtiere. Kein Wunder: diese verhungernden und erfrierenden ‚Untermenschen' kämpften gegen den Erfrierungstod durch dauernde Bewegung, dabei aber dem Tod durch Entkräftung um so mehr in die Hände arbeitend, da sie am Tage* […] *schwer arbeiten mußten."*[110]

108 Siehe ebd., Bl. 176–178.

109 So Anna Pimenova in ihren Erinnerungen; AStSG, Sammlung Zeithain.

110 Erinnerungen K.; AStSG, Sammlung Zeithain.

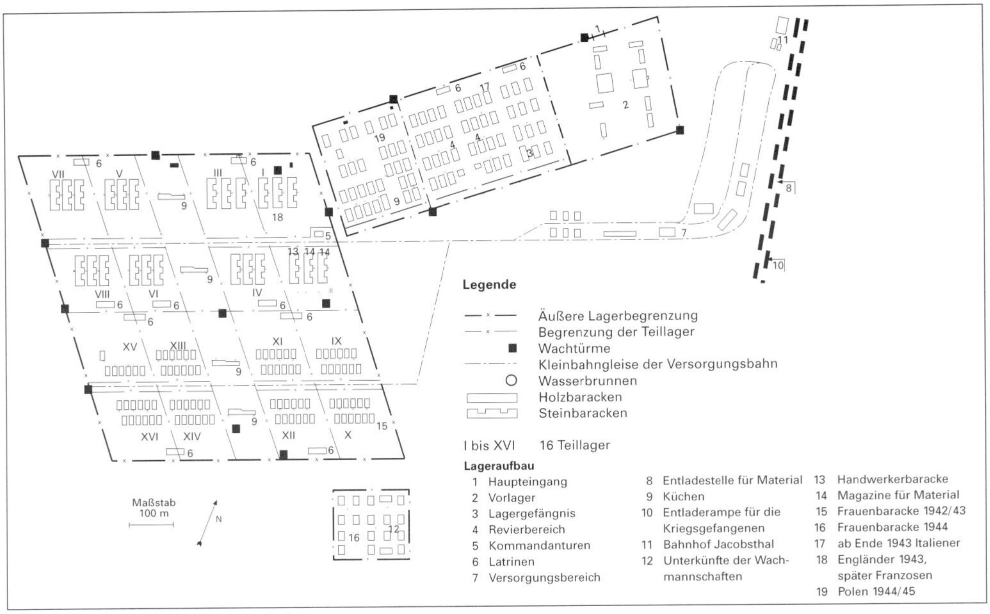

Plan des Stalag 304 (IV H) Zeithain im Endausbau

In jeder Baracke gab es zunächst nur eine Karbidlampe. Karbid stand dann als Brennstoff nicht mehr zur Verfügung, und so gab es eine Zeitlang überhaupt kein Licht in den Gefangenenunterkünften. Erst 1943 erhielten die ersten Baracken elektrische Beleuchtung. 1944 ließ die Lagerverwaltung dann in den meisten Unterkünften elektrisches Licht installieren.[111]
Im Bereich des Lazaretts mußten die Gefangenen 1942 mit der Errichtung von zwei Arresthäusern beginnen, von denen jedoch nur eines fertiggestellt wurde. In diesem Gebäude befanden sich 25 Zellen mit einer Grundfläche von jeweils etwa drei Quadratmetern. Im Arrestgebäude befand sich ein Abort mit zwei Latrinensitzen. Ein gemauerter Ofen gehörte zu jeweils zwei Zellen.[112]

Beim Aufbau der „Russenlager" und auch bei Errichtung des Stalag Zeithain wurden die ursprünglichen Anordnungen des OKW für „Raumbedarf, Bau und Einrichtung eines Kriegsgefangenenlagers" vom März 1939 ohne Not in wesentlichen Punkten mißachtet.
Demnach hätte jedes Lager 120 Tage nach seiner Aufstellung fertiggestellt sein müssen – in Zeithain also im August 1941. Die meisten Lager für sowjetische Kriegsgefangene befanden sich im ersten Jahr ihres Bestehens

111 Vgl. Chorun-Kommission; Sächs. HStA, LRS Min. d. Innern, Landesbehörde der Volkspolizei Sachsen, 042, Bl. 176–178.

112 Siehe ebd., Bl. 12–13.

aber trotzdem in äußerst provisorischem Zustand. Während in den ersten Monaten überhaupt keine Baracken für die Gefangenen vorhanden waren, fehlten sie im Winter 1941/42 weiterhin in ausreichender Zahl. Die Folge war eine unerträgliche und alle Vorschriften verletzende Überbelegung der Baracken; jedem Kriegsgefangenen hätten laut Dienstanweisung zweieinhalb Quadratmeter zur Verfügung stehen müssen.[113]
Im Frühjahr 1942 besserte sich die Belegungssituation in den Unterkünften. Das lag freilich einzig und allein an der hohen Mortalitätsrate der Gefangenen im Winter 1941/42. Das zeigt auch folgende Aufstellung des Lagerarztes Dr. Friedrich Sonntag[114] für den Februar 1942:

Belegung am:	13. Februar 1942	25. Februar 1942
Steinbaracken	3759	3431
Holzbaracken	1425	1182
Vorlager	44	44
Lagerlazarett	312	399
gesamt:	**5541**	**5056**

Tab. 2: Belegungsstärke des Lagers nach den Aufzeichnungen des Lagerarztes Dr. Sonntag. (Chorun-Kommission; Sächs. HStA, LRS Min. d. Innern, Landesbehörde der Volkspolizei Sachsen, 042, Bl. 11.)

Am 1. April 1942 wurden von der WASt nur noch 3729 sowjetische Kriegsgefangene in Zeithain registriert.[115] Neben den häufig nur halb fertiggestellten Unterkünften waren vor allem die hygienischen Verhältnisse, der Arbeitseinsatz, die schlechte Ernährungssituation, die Behandlung durch die Wachmannschaften und die Willkür der „Aussonderungen" der Grund dafür, daß die Gefangenen in Zeithain nur geringe Überlebenschancen hatten.

3.3 „Aussonderungen"

Bereits mit dem berüchtigten „Kommissarbefehl" vom 6. Juni 1941 hatte das OKW den politischen Offizieren der Roten Armee, den sogenannten

113 H. Dv. 38/12. Vorschrift für das Kriegsgefangenenwesen. Teil 12: Dienstanweisung für Raumbedarf, Bau und Einrichtung eines Kriegsgefangenenlagers. Vom 14. März 1939; BA-MA, RHD 4.

114 Die Aufzeichnungen von Sonntag decken sich mit den offiziellen Bestandslisten der WASt, in denen am 1. 2. 1942 5685 sowjetische Kriegsgefangene registriert worden waren. Vgl. Bestandsliste 1. 2. 1942; BA-MA, RW 6/v. 450, Bl. 27.

115 Vgl. Bestandsliste 1. 4. 1942; BA-MA, RW 6/v. 450, Bl. 44.

Kommissaren, den Status von Kriegsgefangenen aberkannt.[116] Da die Kommissare als fanatische Verfechter der „bolschewistischen Ideologie" betrachtet wurden, ordnete das Oberkommando an: *„Die Urheber barbarisch asiatischer Kampfmethoden sind die politischen Kommissare. Gegen diese muß daher sofort und ohne weiteres mit aller Schärfe vorgegangen werden. Sie sind daher, wenn im Kampf oder im Widerstand ergriffen, grundsätzlich sofort mit der Waffe zu erledigen."*[117] Die Kommissare, die der „Aussonderung" direkt nach ihrer Gefangennahme entgingen und in die Lager gelangten, wurden zunächst wie die übrigen sowjetischen Kriegsgefangenen behandelt. Insbesondere das RSHA befürchtete, die Kommissare würden in den Gefangenenlagern ihre „bolschewistische Propaganda" weiter betreiben. Also erließ dessen Leiter, Reinhard Heydrich, in Zusammenarbeit mit dem OKW am 17. Juli 1941 den „Einsatzbefehl Nr. 8", der die „Säuberung" der sowjetischen Kriegsgefangenenlager im „Generalgouvernement" und im Wehrkreis I anordnete.[118] Der Einsatzbefehl Nr. 8 war schon am Tag des Erlasses überarbeitungsbedürftig, da sich zu diesem Zeitpunkt bereits die ersten Kriegsgefangenen im Reichsgebiet befanden. Das RSHA reagierte prompt, und nur vier Tage später, am 21. Juli 1941, folgte der von Gestapochef Müller unterzeichnete „Einsatzbefehl Nr. 9". Er enthielt Anordnungen über die „Aussonderungen" in den bereits mit sowjetischen Kriegsgefangenen belegten Lagern in Deutschland.[119] Er ordnete für die Stapo(leit)stellen Dresden, Schneidemühl, Münster, Breslau, Hamburg, Hannover und Posen an, die in ihrem jeweiligen Zuständigkeitsbereich liegenden „Russenlager" zu überprüfen; also die Stalags auf den Truppenübungsplätzen Hammerstein, Zeithain, Senne, Neuhammer, Bergen, Munsterlager und Thorn. Beiden Einsatzbefehlen waren als Anlage „Richtlinien für die in die Stalags abzustellenden Kommandos des Chefs der Sicherheitspolizei und des SD" beigefügt. Sie faßt die Aufgaben der Einsatzkommandos eindeutig zusammen: *„Aufgabe der Kommandos ist die politische Überprüfung der Lagerinsassen und die Aussonderung und weitere Behandlung der in politischer, krimineller oder in sonstiger Hinsicht untragbaren Elemente unter diesen."* Im folgenden wurden die „Auszusondernden" genau definiert:

116 Vgl. Hüser/Otto, Das Stammlager 326, S. 54–63, hier S. 54–55. Zu den „Aussonderungen" vgl. allg. Otto, Vernichten. Vgl. weiterhin Streim, Die Behandlung sowjetischer Kriegsgefangener, S. 52–119.

117 OKW, WFSt, 6. 6. 1941 („Richtlinien für die Behandlung politischer Kommissare"). Abgedruckt in Ueberschär/Wette, Der deutsche Überfall, S. 259–260. Zitiert nach S. 260.

118 CSSD. Einsatzbefehl Nr. 8, 17. 7. 1941; BA Berlin, R 58/1027, Bl. 190–192. Abgedruckt in Streim, Die Behandlung sowjetischer Kriegsgefangener, S. 315–317.

119 CSSD. Einsatzbefehl Nr. 9, 21. 7. 1941; BA Berlin, 58/272, Bl. 33–36. Abgedruckt in Streim, Die Behandlung sowjetischer Kriegsgefangener, S. 322–323.

„Vor allem gilt es ausfindig zu machen:
1.) alle bedeutenden Funktionäre des Staats und der Partei, insbesondere
2.) Berufsrevolutionäre,
3.) die Funktionäre der Komintern,
4.) alle massgebenden Parteifunktionäre der KPdSU und ihrer Nebenorganisationen in den Zentralkomitees, den Gau- und Gebietskomitees,
5.) alle Volkskommissare und ihre Stellvertreter,
6.) alle ehemaligen Polit-Kommissare in der Roten Armee,
7.) die leitenden Persönlichkeiten der Zentral- und Mittelinstanzen bei den staatlichen Behörden,
8.) die führenden Persönlichkeiten des Wirtschaftslebens,
9.) die sowjetrussischen Intelligenzler,
10.) alle Juden,
11.) alle Personen, die als Aufwiegler oder fanatische Kommunisten festgestellt werden."[120]

Zugleich befahl Heydrich im selben Befehl den einzelnen Stapoleitstellen, *„sofort ein Kommando von 1 SS-Führer (Kriminalkommissar) und 3 bis 4 Beamten für das im dortigen Bereich befindliche Kriegsgefangenenlager zur Überprüfung der Gefangenen abzustellen. Es ist selbstverständlich, daß die für diese Aufgabe ausgewählten Beamten mit der Materie bestens vertraut sein müssen."*[121] Die „Ausgesonderten" sollten von den übrigen Gefangenen getrennt, aus der Kriegsgefangenschaft entlassen, der SS übergeben und dann liquidiert werden. Zur Verfahrensweise wies Heydrich die Führer der Einsatzkommandos an, sich wegen der Exekutionen mit den Leitern ihrer Dienststellen in Verbindung zu setzen. Weiter befahl er: *„Die Exekutionen sind nicht öffentlich und müssen unauffällig im nächstgelegenen Konzentrationslager durchgeführt werden."*[122]
Die Einsatzkommandos waren weitgehend auf sich allein gestellt und bei der Durchführung ihres Auftrages auf die Mithilfe des Lagerpersonals angewiesen. Dieses hatte zunächst die Aufgabe, eine grobe „Vorsortierung" vorzunehmen, was sofort nach Ankunft der sowjetischen Gefangenen meist auch geschah. So waren die Lagerärzte in Zeithain beispielsweise dazu angehalten, bereits bei den Registrierungsuntersuchungen im Vorlager auf Beschnittene zu achten, damit man diese als „Juden aussondern" konnte.[123]

120 Ebd. Zugleich sollten besonders vertrauenswürdige und somit für den Einsatz beim Wiederaufbau der besetzten Gebiete geeignet erscheinende Personen „ausgesondert" werden. Vgl. Otto, Vernichten, S. 41.

121 CSSD. Einsatzbefehl Nr. 9, 21. 7. 1941; BA Berlin, R 58/272, Bl. 33.

122 Ebd.

123 Aussage S., 18. 6. 1968. Verf. Zeithain; Nds. HStA H, Nds 721 Gö Acc. 103/87, Nr. 14/2, Bl. 728.

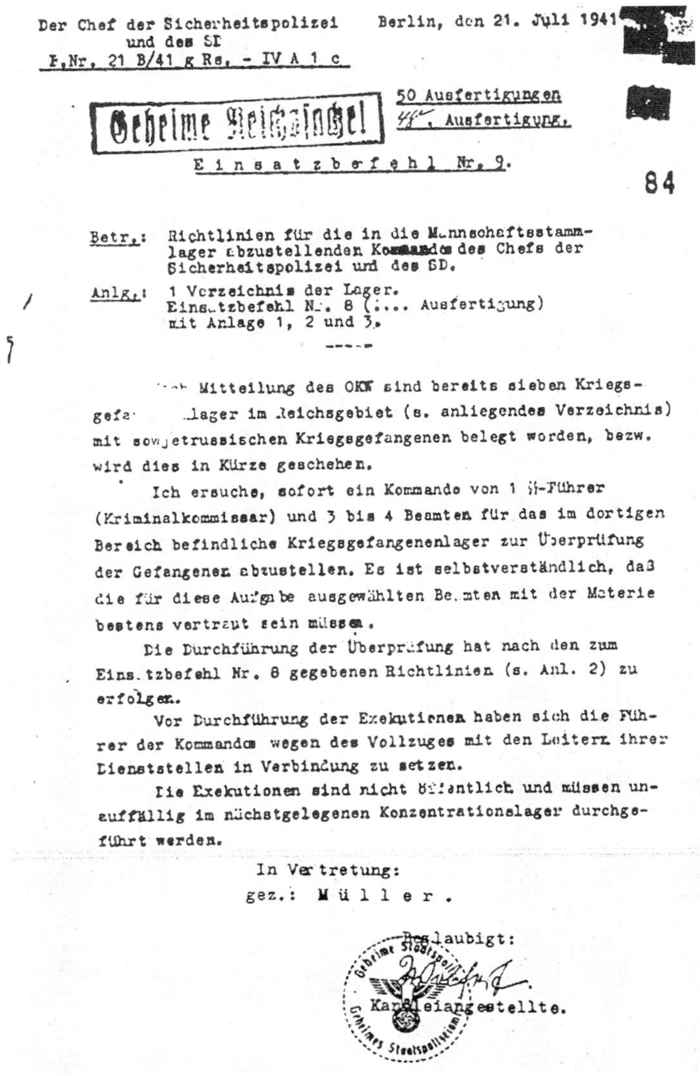

Der Chef der Sicherheitspolizei und des SD
B.Nr. 21 B/41 g Rs. - IV A 1 c

Berlin, den 21. Juli 1941 [redacted]

Geheime Reichssache!

50 Ausfertigungen
45. Ausfertigung.

84

Einsatzbefehl Nr. 9.

Betr.: Richtlinien für die in die Mannschaftsstammlager abzustellenden Kommandos des Chefs der Sicherheitspolizei und des SD.

Anlg.: 1 Verzeichnis der Lager.
Einsatzbefehl Nr. 8 (.... Ausfertigung) mit Anlage 1, 2 und 3.

Nach Mitteilung des OKW sind bereits sieben Kriegsgefangenenlager im Reichsgebiet (s. anliegendes Verzeichnis) mit sowjetrussischen Kriegsgefangenen belegt worden, bezw. wird dies in Kürze geschehen.

Ich ersuche, sofort ein Kommando von 1 SS-Führer (Kriminalkommissar) und 3 bis 4 Beamten für das im dortigen Bereich befindliche Kriegsgefangenenlager zur Überprüfung der Gefangenen abzustellen. Es ist selbstverständlich, daß die für diese Aufgabe ausgewählten Beamten mit der Materie bestens vertraut sein müssen.

Die Durchführung der Überprüfung hat nach den zum Einsatzbefehl Nr. 8 gegebenen Richtlinien (s. Anl. 2) zu erfolgen.

Vor Durchführung der Exekutionen haben sich die Führer der Kommandos wegen des Vollzuges mit den Leitern ihrer Dienststellen in Verbindung zu setzen.

Die Exekutionen sind nicht öffentlich und müssen unauffällig im nächstgelegenen Konzentrationslager durchgeführt werden.

In Vertretung:
gez.: Müller.

Beglaubigt:
Kanzleiangestellte.

Einsatzbefehl Nr. 9, 21. Juli 1941.

Dem ehemaligen Gefangenen Pjotr Chvartov zufolge setzten nicht alle Ärzte diese Anweisungen um. Während Dr. Linke das Einsatzkommando konsequent auf jeden Beschnittenen aufmerksam gemacht haben soll, hätten die Ärzte Berg und Sonntag normalerweise beide Augen zugedrückt.[124] Neben den ärztlichen Untersuchungen war anscheinend in allen Lagern noch vor der eigentlichen Registrierung eine Befragung durch einen Offizier und einen Dolmetscher üblich. Kamen diese zu dem Schluß, bei

124 Vgl. Erinnerungen Chvartov, undatiert; Sammlung Förster.

dem Befragten handele es sich um einen „Kommissar" oder einen „Juden", wurde er sofort abgesondert und von den übrigen Gefangenen getrennt untergebracht.[125] Für diese „Vorsortierungen" soll im Stalag 304 (IV H) nach einer Zeugenaussage der Abwehroffizier Harry Uhlemann zuständig gewesen sein.[126] Die eigentliche Überprüfung der sowjetischen Kriegsgefangenen erfolgte in Zeithain durch ein dreiköpfiges Einsatzkommando der Stapoleitstelle Dresden unter der Leitung von Kriminalkommissar Heino Uhlenhaut. Ein ehemaliges Mitglied dieses Kommandos, Fritz Lorenz, sagte 1967 aus, daß außer Zeithain auch noch die Lager IV B Mühlberg und IV C Wistritz in dessen Zuständigkeitsbereich gefallen seien.[127]
Der genaue Zeitpunkt, zu dem das Einsatzkommando seine Tätigkeit in Zeithain aufnahm, ist nicht bekannt. Noch Ende September 1941 meldete Kommissar Uhlenhaut an die Stapoleitstelle München, daß *„infolge Fehlens aller organisatorischen Voraussetzungen* [...] *hier bisher mit der Ueberpruefung des Stalags Zeithain noch nicht begonnen werden"* konnte.[128] Wegen der chaotischen Verhältnisse im Lager wurden zumindest in den Monaten August und September zahlreiche Gefangene ohne vorherige Untersuchung aus Zeithain vorrangig in andere Lager des Wehrkreises IV, aber auch nach Süddeutschland und in andere Teile des Reiches weitertransportiert. Diese Gefangenen wurden dort überprüft; dies war auch der Grund für die Meldung Uhlenhauts an die Stapo München.[129]
Nachdem die „organisatorischen Voraussetzungen" geschaffen waren, durchkämmten die Gestapobeamten das Lager Block für Block. Die Vernehmung von Gefangenen, die inzwischen von Mitgefangenen oder Spitzeln („V-Leuten") als „Kommissare" oder „Juden" denunziert worden waren, fanden in einer von der Stalag-Kommandantur eigens dafür zur Verfügung

125 Vgl. Otto, Vernichten oder ausnutzen? Arbeitseinsatz und Aussonderungen sowjetischer Kriegsgefangener bis Sommer 1942, S. 5.

126 Aussage Lorenz, 12. 4. 1967. Verf. Zeithain; Nds. HStA H, Nds. 721 Gö Acc. 103/87, Nr. 14/1, Bl. 330–332.

127 Ebd. Allen bekannten Aussagen im Untersuchungsverfahren Zeithain zufolge bestand das dortige Einsatzkommando entgegen den Weisungen des Einsatzbefehls Nr. 9 lediglich aus drei Personen. Vgl. insbesondere die Aussage des ehemaligen Kommandomitglieds Lorenz, 12. 4. 1967. Dessen Aussage ist jedoch in mehrfacher Hinsicht fragwürdig: Der ursprünglichen Einteilung gemäß gehörte das Stalag IV B Mühlberg in den Zuständigkeitsbereich der Stapostelle Halle. Vgl. Otto, Vernichten, S. 241. Zudem ist für das Stalag IV C Wistritz eine Belegung mit sowjetischen Kriegsgefangenen erst für April 1942 bekannt. Vgl. BA-MA, RW 6/v. 450.

128 Fernschreiben der Stapoleitstelle Dresden an Stapoleitstelle München, 25. 9. 1941. Verf. Zeithain; Nds. HStA H, Nds 721 Gö Acc. 103/87, Nr. 14/38, DH 9. Abgedruckt in IMT, Bd. XXXVIII, S. 422. In den anderen Lagern nahmen die Einsatzkommandos wenige Tage, nachdem der „Einsatzbefehl Nr. 9" erlassen worden war, ihre Tätigkeit auf. So fanden im WK VIII im Stalag 308 Neuhammer spätestens am 5. August 1941 die ersten „Aussonderungen" durch ein Breslauer Einsatzkommando statt. Vgl. Otto, Vernichten oder ausnutzen? Arbeitseinsatz und Aussonderungen sowjetischer Kriegsgefangener bis Sommer 1942, S. 6.

129 Vgl. zu den „Aussonderungen" im Bereich der Stapo München im WK VII die „Akte Meinel". In: IMT, Bd. XXXVIII, S. 419–498.

gestellten Baracke statt. Das Einsatzkommando unterbrach die Verhöre nur, wenn ein neuer Transport eintraf, um gleich bei der Registrierung die nach nationalsozialistischem Verständnis Untragbaren auszusondern.[130] Aussagen des ehemaligen Wachmannes B. im Jahre 1967 zufolge hätten die Befragungen immer im Büro des Abwehroffiziers stattgefunden. Anwesend seien neben diesem ein Dolmetscher sowie ein Soldat ohne Rangabzeichen gewesen. Dieser hätte sich in die Vernehmungen nicht eingemischt, sei jedoch länger im Büro geblieben als die anderen Anwesenden. Die Namenslisten der „ausgesonderten" und an die SS zu überstellenden Kriegsgefangenen seien immer erst nach den Gesprächen des Abwehroffiziers mit diesem Soldaten fertiggestellt worden. Nie hätten sich Zivilisten oder Personen in SS-Uniform in der Baracke befunden. Bei diesem Soldaten müsse es sich, so der Zeuge B., jeweils um ein Mitglied des Einsatzkommandos in einfacher Wehrmachtuniform gehandelt haben.[131]

Am Anfang dieser Vernehmungen stand die Frage, ob der Verhörte in der Sowjetunion im zivilen oder militärischen Bereich als Funktionär tätig gewesen sei. Wurde diese Frage bejaht, galt der Betreffende bereits als „untragbar". Auch die anderen für eine „Aussonderung" vorgesehenen Gefangenenkategorien sollte das Einsatzkommando durch Befragung feststellen. Häufig stießen die Gestapobeamten dabei sehr schnell an die eigenen Grenzen. Vor allem die Kategorie „Intelligenzler" bereitete den Vernehmern große Schwierigkeiten. Gemäß ihren eigenen Kriterien beurteilten die Vernehmer die Befragten aufgrund ihres Berufes oder ihrer Vorbildung. Die Willkür der „Aussonderungen" ist mit Händen zu greifen: Antwortete ein Vernommener auf die Frage nach dem Beruf beispielsweise mit „Arbeiter", mochte das lebensrettend sein; es gab aber auch Fälle, in denen die Berufsangabe „Postschaffner" oder die Auskunft, eine zehnklassige Oberschule besucht zu haben, für die Einordnung in die Kategorie „Intelligenzler" genügte.[132]
Bei den „Aussonderungen" im Stalag 304 (IV H) achtete man zudem darauf, ob Gefangene an einer bestimmten Stelle zwischen Daumen und Zeigefinger tätowiert waren. Diese Tätowierungen wiesen nach der Tradition sowjetischer Krimineller aus, daß jemand vorbestraft war. Sein Schick-

130 Vgl. Otto, Vernichten oder ausnutzen? Arbeitseinsatz und Aussonderungen sowjetischer Kriegsgefangener bis Sommer 1942, S. 6.

131 Aussage B., 10.3.1967. Verf. Zeithain; Nds. HStA H, Nds. 721 Gö Acc. 103/87, Nr. 14/1, Bl. 265. An der Aussage von B. ist jedoch zumindest die Anwesenheit von Gestapobeamten in Wehrmachtuniform im Lager zweifelhaft. Ein ähnliches Vorgehen ist aus anderen Lagern nicht bekannt.

132 So Otto, Vernichten oder ausnutzen? Arbeitseinsatz und Aussonderungen sowjetischer Kriegsgefangener bis Sommer 1942, S. 6–7.

sal war dann ebenfalls besiegelt.[133] Bestritt der Vernommene, einer der im Einsatzbefehl Nr. 9 aufgelisteten Kategorien anzugehören, hatte das Einsatzkommando, sofern es die erhaltene Antwort bezweifelte, zwei Möglichkeiten weiter zu verfahren: Der Gefangene wurde gefoltert oder einem „Belastungszeugen“ gegenübergestellt. Dieses Vorgehen ähnelte sich in den meisten Lagern. Bezeichnend ist, daß die Mitglieder der Einsatzkommandos, die nur selten russisch sprachen, auf Übersetzungen durch – häufig ebenfalls kriegsgefangene – Dolmetscher angewiesen waren. So war das Schicksal der Vernommenen in starkem Maß vom Wohlwollen des jeweiligen Dolmetschers abhängig.[134] Im Zeithainer Lager fanden in der Regel 20 bis 30 Verhöre am Tag statt.[135]

Auf die Willkür bei den „Aussonderungen“ wies bei seiner Vernehmung vor dem Internationalen Militärgerichtshof in Nürnberg General Erwin Lahousen hin, der 1941 im Dienstrang eines Oberst Mitarbeiter des Amtes Ausland/Abwehr gewesen war: *„Die Gefangenen wurden von den eigens hierzu bestimmten Sonderkommandos des SD ausgesondert, und zwar nach ganz eigenartigen und willkürlichen Gesichtspunkten. Die einen Führer der Einsatzkommandos hielten sich an rassische Merkmale; das heißt, wenn einer der Gefangenen den rassischen Gesichtspunkten nicht entsprach, vor allem selbstverständlich ein Jude oder jüdischer Typus, oder wer sonst als rassisch minderwertig angesehen wurde, so verfiel er der Exekution. Der andere Einsatzführer traf diese Auswahl unter dem Gesichtspunkt des Intellekts oder der Intelligenz. Der dritte Einsatzführer hatte wiederum irgendwelche anderen, sehr eigenartigen Gesichtspunkte.“*[136]

Solche Unstimmigkeiten veranlaßten das Reichssicherheitshauptamt am 12. September 1941 dazu, die Einsatzbefehle durch eine Durchführungsbestimmung zu ergänzen. Die Kategorie „Intelligenzler“ erfuhr eine genaue Definition, damit nicht beinahe jeder – nach der schlichten Ansicht eines Kommandomitglieds – „gebildete“ sowjetische Kriegsgefangene den „Aussonderungen“ zum Opfer fallen konnte: *„Als Intelligenzler sind vielmehr in diesem Zusammenhang die Berufsrevolutionäre, Schriftsteller, Redakteure, Komintern-Angestellte usw. in erster Linie zu betrachten.“*[137] Das RSHA wies in seiner Anordnung überdies darauf hin, daß nicht alle Beschnittenen

133 Aussage Lorenz, 7. 7. 1970. Verf. Zeithain; Nds. HStA H, Nds. 721 Gö Acc. 103/87, Nr. 14/4, Bl. 1222.

134 Vgl. hierzu Otto, Vernichten, S. 50–51. Die Dolmetscher waren häufig sogenannte volksdeutsche Gefangene.

135 Aussage Lorenz, 12. 4. 1967. Ebd., Nr. 14/1, Bl. 330–332.

136 Vgl. die Aussage Lahousens. In: IMT, Bd. II, S. 505.

137 RSHA, Amt IV. Ergänzung der Richtlinien für die in die Stalags abzustellenden Kommandos der Sicherheitspolizei und des SD, 12. 9. 1941; BA Berlin, R 58/272, Bl. 103.

tatsächlich auch Juden seien. Häufig hätten auch Angehörige von Turkvölkern ein „jüdisches Aussehen" oder seien beschnitten.[138]

In Zeithain wurden die „Ausgesonderten", von den übrigen Gefangenen getrennt, in einem „Sonderblock" im Vorlager untergebracht. Für jeden „Ausgesonderten" war ein Formblatt auszufüllen, das neben den persönlichen Angaben den „Aussonderungsgrund" angab.[139]
Jeweils, wenn 40 bis 50 Personen zusammengekommen waren, machte sich die Verwaltung daran, die Personalpapiere dieser Gefangenen vorzubereiten.[140] Das Stalag meldete die „Ausgesonderten" an die WASt, von der sie offiziell als aus der Kriegsgefangenschaft entlassen registriert wurden. Das Reichssicherheitshauptamt stellte aufgrund der Meldung des Einsatzkommandos eine Bestätigung des Exekutionsbefehls aus.[141] Vom RSHA waren hierfür zwei Fernschreiben vorbereitet. Das eine enthielt die Anweisung an das betreffende Einsatzkommando, die Gefangenen in ein bestimmtes KZ zu überstellen; das andere Fernschreiben erhielt das KZ mit der Aufforderung, die in Kürze eintreffenden Gefangenen den Bestimmungen des Einsatzbefehls Nr. 9 entsprechend zu behandeln, das heißt: zu exekutieren.[142] Landesschützenverbände der Wehrmacht (in einigen Fällen auch Angehörige der Schutzpolizei) begleiteten die „Ausgesonderten" in das für die Exekution zuständige nächstgelegene Konzentrationslager. Die im Wehrkreis IV „ausgesonderten" sowjetischen Kriegsgefangenen wurden in das KZ Buchenwald verbracht.[143]
Hier kam die im KZ Sachsenhausen entwickelte und erprobte Genickschußanlage zur Anwendung. Die Baracke mit der Genickschußanlage, so schildert es eine Urteilsbegründung aus dem Jahre 1959, *„die ungefähr das Ausmaß der Unterkunftsbaracke hatte, wies nach dem Umbau vier Räume auf. Vom ersten Raum, der als Registrierungs- und Entkleidungszimmer vorgesehen war, kam man in einen Raum mit der Einrichtung eines ärztli-*

138 Vgl. ebd.

139 Vgl. IMT, Bd. XXXVIII, S. 428.

140 Aussage B., 10. 3. 1967. Verf. Zeithain; Nds. HStA H, Nds. 721 Gö Acc. 103/87, Nr. 14/1, Bl. 265.

141 Allg. zur Exekution sowjetischer Kriegsgefangener in den Konzentrationslagern vgl. Streim, Die Behandlung der sowjetischen Kriegsgefangenen, S. 99–118. Vgl. auch Hüser/Otto, Das Stammlager 326, S. 60. Zur Tötung sowjetischer Kriegsgefangener im KZ Buchenwald siehe Kogon, Der SS-Staat, S. 236–241.

142 Vgl. Streim, Die Behandlung der sowjetischen Kriegsgefangenen, S. 99.

143 Vgl. Otto, Vernichten oder ausnutzen? Arbeitseinsatz und Aussonderungen sowjetischer Kriegsgefangener bis Sommer 1942, S. 8. Außer in Buchenwald, wohin man auch sowjetische Kriegsgefangene aus den Wehrkreisen VI, IX und XII verbrachte, wurden „Ausgesonderte" in den Konzentrationslagern Sachsenhausen, Dachau, Flossenbürg, Groß-Rosen, Neuengamme und Auschwitz ermordet. Ebd., S. 17. In Auschwitz trafen die ersten 600 sowjetischen Kriegsgefangenen im September 1941 ein. Sofort nach ihrer Ankunft wurden sie in den abgedichteten Keller des Blocks 11 gebracht und dort mit Zyklon B vergast. Vgl. ebd, S. 8.

chen Untersuchungszimmers. Von diesem gelangte man in einen als Baderaum ausgestatteten Raum. Er war ziemlich groß. An der Decke befanden sich Brausen; der Boden und die Wände bis zur halben Höhe waren mit Fliesen ausgelegt. An einer Längswand, hinter der sich ein weiterer Raum befand, war mit Farbe eine Meßlatte mit Zahlen, wie sie zum Messen der Körpergröße Verwendung findet, angebracht. Neben dieser Meßlatte befand sich ein senkrechter Spalt in der Wand, der durch ein besonders konstruiertes Holzgestell mit Schieber (Kopfplatte) verdeckt war. Dieser Schieber konnte zum Messen der Körpergröße bewegt werden. In diesem Schieber war in bestimmter Höhe ein Loch angebracht, das beim Herabsenken der Kopfplatte auf den Kopf des zu Messenden dessen Nacken durch den Spalt in der Wand zum Nebenraum freigab. Einen Teil des Nebenraumes bildete eine schalldichte Kabine, von der aus die Gefangenen erschossen wurden. Aus dem ‚Baderaum' führte eine zweite Tür zu einem Raum, in dem die Leichen zunächst aufgebahrt wurden."[144]

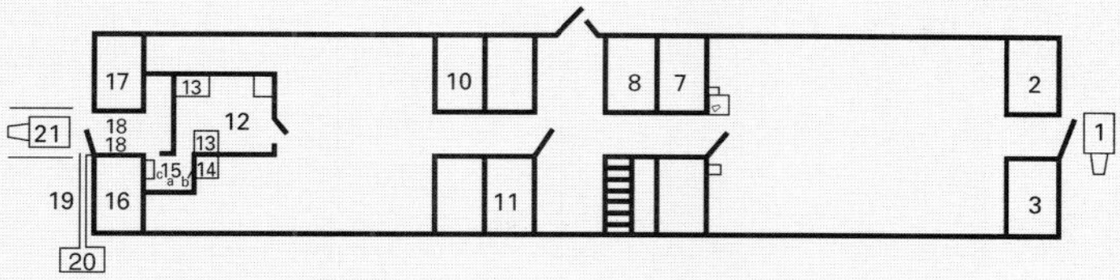

1 = Gefangenentransportauto
2 = Raum für Stroh
3 = Raum für Pferdefutter
4 = Auskleideraum für die Gefangenen
5 = Tisch für Wertsachen und Erkennungsmarken
6 = Lautsprecher
7 = Radiozimmer
8 = Umkleideraum der SS
9 = Speisezimmer der SS
10 = Ruhezimmer der SS
11 = Toilette
12 = Sogenanntes Ärztezimmer
13 = Tisch mit ärztlichen Instrumenten
14 = Schützenzimmer der SS mit Schußvorrichtung zur Meßvorrichtung in 15
15 = Hinrichtungsraum mit Blutabflußöffnung (a), Holzwand für den SS-Mann mit Wasserschlauch (b) und Kugelfang mit Vorhang (c)
16 = Raum für Sägemehl
17 = Raum für Stroh
18 = Leichenstapel
19 = Blutabflußrinne
20 = Abfallgrube
21 = Auto zum Leichenabtransport

Schema der Genickschußanlage im KZ Buchenwald

Bereits im September 1941 sah sich Heydrich veranlaßt, erneut auf genaue Befolgung seiner Befehle zu drängen. Dies betraf jedoch nicht die Durchführung der „Aussonderungen" und Exekutionen, die *„mit vernichtender Effizienz"*[145] erfolgte. Heydrich ging es um die strikte Geheimhaltung der

144 Auszug aus einer Urteilsbegründung des Schwurgerichts beim Landgericht Bonn in einem Verfahren gegen zwei ehemalige Angehörige der Wachmannschaften des KZ Sachsenhausen vom 6. 2. 1959. Zitiert nach Streim, Die Behandlung der sowjetischen Kriegsgefangenen, S. 101–102. Das Prinzip war in der etwa zeitgleich errichteten Anlage in Buchenwald dasselbe. Der Aufbau der Anlage stimmte dagegen nicht exakt mit dem Vorbild überein. Vgl. Buchenwald, S. 341.

145 Streit, Keine Kameraden, S. 93.

Exekutionen. Das bezog sich insbesondere auf die Situation in den Lagern im „Generalgouvernement" und im Wehrkreis I: *„Schließlich weise ich erneut darauf hin, daß die Exekutionen auf keinen Fall weder im Lager noch in dessen unmittelbarer Nähe durchgeführt werden dürfen. Es versteht sich von selbst, daß die Exekutionen nicht öffentlich sind. Zuschauer dürfen grundsätzlich nicht zugelassen werden."*[146] Im übrigen seien die „ausgesonderten" Gefangenen wegen der beobachteten Unzuträglichkeiten auch wirklich zügig abzutransportieren: *„Besonders beunruhigend"*, so Heydrich, *„wirkte zu diesen allgemeinen Missständen die Zurückhaltung der vom Einsatzkommando des Sicherheitsdienstes Abgesonderten. Obwohl diese schon wochenlang ausgesondert und in einem besonderen Lager untergebracht waren, befürchteten die Kgf., dass auch sie noch in solche Lager kommen würden. Angesichts dieser Lage waren die Kgf. der Verzweifelung nahe und suchten somit ihr Heil in der Flucht."*[147]

Solche Mängel waren in den ersten Monaten auch in den Lagern in Deutschland nicht ganz zu vermeiden. Unter welchen Lebensbedingungen die „Ausgesonderten" auf ihren Abtransport warten mußten, läßt sich aus einer Beschwerde des Gestapochefs Müller über den Zustand solcher Gefangener bei der Ankunft in den Konzentrationslagern schließen; zwischen fünf und zehn Prozent der Gefangenen seien bei der Ankunft in dem KZ, in dem sie erschossen werden sollten, schon nicht mehr am Leben.[148]

Nach der Heranziehung der sowjetischen Kriegsgefangenen zum Arbeitseinsatz stellte sich die prinzipielle Frage: „Aussonderung" oder „Arbeitseinsatz". Jeder ermordete Gefangene ging der Rüstungsindustrie als Arbeitskraft verloren. Die letzte Entscheidung darüber lag schließlich beim OKW. Bemerkenswert war nun, daß der Leiter des Allgemeinen Wehrmachtamtes, General Reinecke, der im Oberkommando am nachdrücklichsten für die „Aussonderungen" eingetreten war, das RSHA am 5. Dezember 1941 bat, den Einsatz der Gestapobeamten in den Kriegsgefangenenlagern einzuschränken. Nachdem wegen der über fast alle „Russenlager" verhängten Quarantäne zwischen Dezember 1941 und April 1942 kaum „Aussonderungen" stattgefunden hatten,[149] verfügte das OKW am 5. Mai 1942, daß alle neuen Gefangenen nur einmal, und zwar östlich der alten Reichsgrenze zu überprüfen seien; jede weitere Überprüfung im Reich hatte künftig zu unterbleiben. Am 31. Juli befahl daraufhin der Chef der Sicherheits-

146 CSSD, Ergänzung der Richtlinien für die in die Stalags abzustellenden Kommandos der Sicherheitspolizei und des SD, 12.9.1941; BA Berlin, R 58/272, Bl. 103–104.

147 Kdr. Kgf. z. b. V. an Militärbefehlshaber im Generalgouvernement, 18.10.1941; BA-MA, RH 53 23/58.

148 CSSD, 9.11.1941; BA Berlin, R 58/272, Bl. 124. Abgedruckt u. a. bei Nolte, Der deutsche Überfall, S. 120–121.

149 Otto, Vernichten, S. 107.

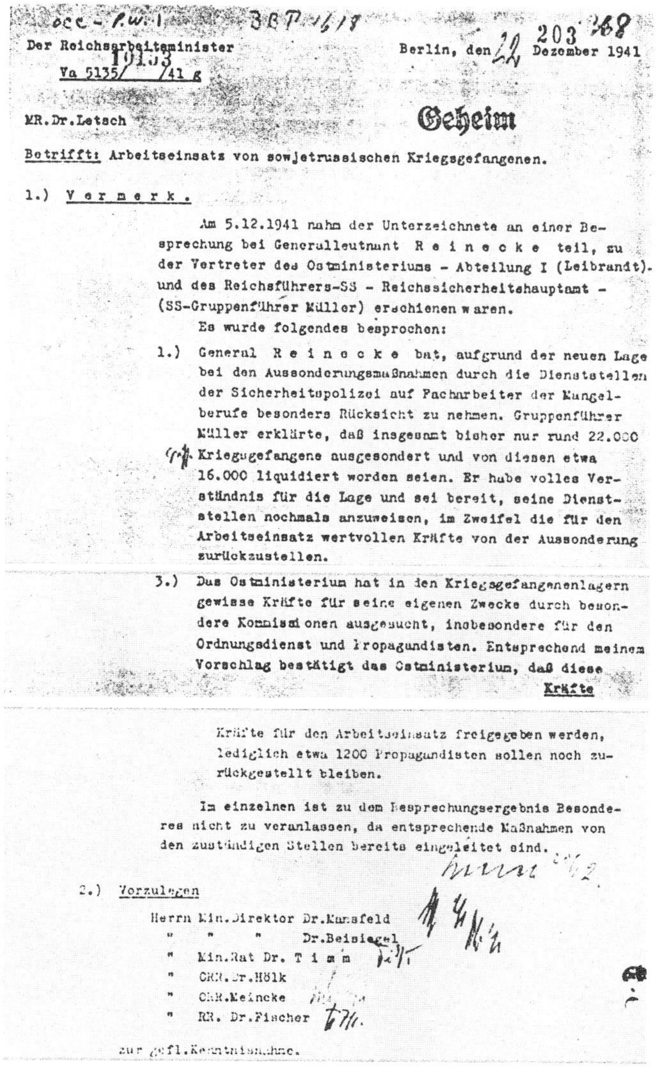

Der Reichsarbeitsminister
Va 5135/ /41 g

Berlin, den 22 Dezember 1941

MR. Dr. Letsch

Geheim

Betrifft: Arbeitseinsatz von sowjetrussischen Kriegsgefangenen.

1.) Vermerk.

Am 5.12.1941 nahm der Unterzeichnete an einer Besprechung bei Generalleutnant Reinecke teil, zu der Vertreter des Ostministeriums – Abteilung I (Leibrandt). und des Reichsführers-SS – Reichssicherheitshauptamt – (SS-Gruppenführer Müller) erschienen waren.

Es wurde folgendes besprochen:

1.) General Reinecke bat, aufgrund der neuen Lage bei den Aussonderungsmaßnahmen durch die Dienststellen der Sicherheitspolizei auf Facharbeiter der Mangelberufe besonders Rücksicht zu nehmen. Gruppenführer Müller erklärte, daß insgesamt bisher nur rund 22.000 Kriegsgefangene ausgesondert und von diesen etwa 16.000 liquidiert worden seien. Er habe volles Verständnis für die Lage und sei bereit, seine Dienststellen nochmals anzuweisen, im Zweifel die für den Arbeitseinsatz wertvollen Kräfte von der Aussonderung zurückzustellen.

3.) Das Ostministerium hat in den Kriegsgefangenenlagern gewisse Kräfte für seine eigenen Zwecke durch besondere Kommissionen ausgesucht, insbesondere für den Ordnungsdienst und Propagandisten. Entsprechend meinem Vorschlag bestätigt das Ostministerium, daß diese Kräfte für den Arbeitseinsatz freigegeben werden, lediglich etwa 1200 Propagandisten sollen noch zurückgestellt bleiben.

Im einzelnen ist zu dem Besprechungsergebnis Besonderes nicht zu veranlassen, da entsprechende Maßnahmen von den zuständigen Stellen bereits eingeleitet sind.

2.) Vorzulegen

Herrn Min. Direktor Dr. Kunsfeld
" " " Dr. Beisiegel
" Min. Rat Dr. Timm
" ORR. Dr. Hölk
" ORR. Meincke
" RR. Dr. Fischer

zur gefl. Kenntnisnahme.

Einschränkung der „Aussonderungen" zugunsten des Arbeitseinsatzes: Bericht über eine Besprechung im Reichsarbeitsministerium, 20. Dezember 1941.

polizei und des SD den Abzug der Einsatzkommandos aus den Lagern des Reichsgebietes. Trotzdem waren die Einsatzbefehle Nr. 8 und 9 deswegen nicht hinfällig; die politische Überwachung und Kontrolle der sowjetischen Kriegsgefangenen blieb bis zum Ende des „Dritten Reiches" bestehen. Verdächtige Personen sonderte die Gestapo weiterhin unter tätiger Mithilfe der Wehrmacht an den Arbeitsplätzen und in den Lagern aus.[150]

150 Vgl. hierzu Otto, Vernichten oder ausnutzen? Arbeitseinsatz und Aussonderungen sowjetischer Kriegsgefangener bis Sommer 1942, S. 20–21.

Bei den „Aussonderungen“ sind also zwei Phasen zu unterscheiden: In der Zeit von Juli 1941 bis zum Sommer 1942 wurde eine große Anzahl sowjetischer Kriegsgefangener pauschal bestimmten Kategorien zugeordnet, in den Stalags „ausgesondert“ und in den Konzentrationslagern ermordet. In der zweiten Phase vom Sommer 1942 bis zum Ende des Krieges untersuchte man vor allem Einzelfälle. Da der Arbeitseinsatz jetzt im Mittelpunkt stand, erfolgten die Zugriffe der Gestapo nun häufig am Arbeitsplatz.[151]
Berichte von Einsatzkommandos im süddeutschen Raum lassen den Schluß zu, daß im Herbst 1941 zumindest in einzelnen Lagern zwischen 10 und 15 Prozent der sowjetischen Kriegsgefangenen als „untragbar“ eingestuft und damit zur Ermordung bestimmt wurden.[152] Aus Zeithain verfielen mindestens 1000 Gefangene der Exekution im KZ Buchenwald.[153]

3.4 Hygienische Verhältnisse

Ähnlich wie in anderen „Russenlagern“ entsprachen die hygienischen Verhältnisse in Zeithain zu keiner Zeit den Erfordernissen einer Kriegsgefangeneneinrichtung, in der Tausende, mitunter gar Zehntausende Menschen auf engstem Raum zusammenleben mußten.
Die „Lagerhygiene“ begann für jeden Kriegsgefangenen mit der berüchtigten Entlausung. Dafür wurden im Vorlager zwei baugleiche Baracken errichtet, eine im September, die andere im November 1941. Da mobile Anlagen in Zeithain nicht zum Einsatz kamen,[154] kann vor Fertigstellung des ersten Gebäudes eine Entlausung der Gefangenen nicht stattgefunden haben. In den Backsteingebäuden gab es jeweils ein Auskleide- und ein Ankleidezimmer, zwei Heißluft-Entlausungszellen, einen Waschraum und mehrere Nebenräume; Duschräume existierten nicht. Betrachtet man den Ablauf des

151 So Hüser/Otto, Das Stammlager 326, S. 62.

152 Vgl. die Tätigkeitsberichte verschiedener Einsatzkommandos. In: IMT, Bd. XXXVIII, S. 446 bis 450. Vgl. auch den Bericht des Landesarbeitsamtes (LAA) Bayern an den RAM, in dem der Präsident des LAA die „Herausziehung“ von 719 sowjetischen Kriegsgefangenen durch die Gestapo aus dem Arbeitseinsatz beklagte, was einen Verlust von 15 Prozent der Gefangenen ausmache. Präsident des LAA Bayern. Betr.: Einsatz russischer Kriegsgefangener. 20.1.1942; BA Berlin, R 41/170, Bl. 271.

153 Diese Zahl weist Otto, Vernichten, S. 199, nach. Dem Chorun-Bericht zufolge sollen weitere 1000 sowjetische Kriegsgefangene aus Zeithain in das KZ Flossenbürg transportiert worden sein. Vgl. Chorun-Kommission; Sächs. HStA, LRS Min. d. Innern, Landespolizeibehörde der Volkspolizei Sachsen, Bd. 042, Bl. 27. Bei diesem Transport muß es sich allerdings um sowjetische Kriegsgefangene gehandelt haben, die für den Arbeitseinsatz im KZ Flossenbürg vorgesehen waren („Arbeitsrussen“). Vgl. Otto, Vernichten, S. 142–151.

154 Vgl. Hüser/Otto, Das Stammlager 326, S. 82–83, zum Einsatz tschechischer Beutewagen im Stalag 326. Der Einsatz mobiler Entlausungsanlagen findet jedenfalls in keinem einzigen bekannten Bericht ehemaliger Gefangener oder Wachmannschaften des Stalag 304 (IV H) Erwähnung. Zu den hygienischen Bedingungen im Stalag 326 vgl. ebd., S. 80–86.

Entlausungsvorgangs genau, konnten täglich bis zu 1200 Mann abgefertigt werden. Jedem einzelnen dürften circa 15 Minuten „Badezeit" zur Verfügung gestanden haben.
Jeder Gefangene bekam zur Körperreinigung einen halben Eimer warmes Wasser und etwas flüssige Seife. Wer nach Ablauf seiner „Badezeit" nicht fertig war, wurde von den Wachposten mit kaltem Wasser aus dem Waschraum getrieben. Die Bekleidung kam von der Entlausung häufig nur mangelhaft desinfiziert zurück. Das lag daran, daß die nötige Temperatur in den vier Entlausungszellen nicht erreicht wurde. So gelang es nicht, sämtliche Nissen sicher abzutöten. Im Winter 1941 ging jeder Gefangene ungefähr einmal im Monat durch das Entlausungsbad.
Neben der extremen Verlausung litten die Gefangenen in den Baracken unter allem möglichen weiteren Ungeziefer, hauptsächlich unter Wanzen und Flöhen. 1943 und 1944 versuchte die Lagerleitung vergebens, dem Ungeziefer durch Ausräucherung der Baracken mit Schwefel Herr zu werden.[155]
Hatten die Menschen 1941 und 1942 ausschließlich im Entlausungsbad Seife bekommen, so erhielt nach der Umwandlung des Stalag zum zentralen Kriegsgefangenen-Reservelazarett des Wehrkreises IV jeder Gefangene monatlich ein Stück Ersatzseife (circa 50 Gramm) zugeteilt. In den ersten Monaten gab es überhaupt keine Möglichkeit, sich außerhalb des Entlausungsbades zu waschen. Erst 1942 wurden an den Brunnen im Steinbarackenlager Holzrinnen aufgestellt, die als Waschgelegenheit dienen sollten.[156]
Diese Waschvorrichtung mußten die Gefangenen auch zur Reinigung ihrer Kleidung nutzen. Monate-, teilweise jahrelang trugen sie ihre zerlumpten und geflickten Uniformen. In dem Bericht einer Kommission des schwedischen YMCA vom Januar 1942 über die Gefangenen in den deutschen „Russenlagern" hieß es, daß *„diejenigen Kleidungsstücke, die brauchbar waren, ihnen nach der Reinigung zusammen mit dem, was das Lager an Kleidung zur Verfügung stellen konnte, ausgegeben wurden. Generell erhielten sie jeder einen Satz Unterwäsche und alte aber saubere Ar-*

155 Siehe Chorun-Kommission; Sächs. HStA, LRS Min. d. Innern, Landespolizeibehörde der Volkspolizei Sachsen, Bd. 042, Bl. 183–184.

156 Vgl. ebd., Bl. 184. Daß die Entlausung auch unter primitivsten Bedingungen vorgenommen werden konnte, zeigt der Bericht des Oberstabsarztes Dr. König: *„Die Erfahrung zeigt, dass es in kleineren Lagern öfters, wenn ein energischer, zielbewusster Lagerführer vorhanden ist, gelingt, auch ohne Entlausungsanstalt nur durch streng durchgeführte Säuberungsmassnahmen das Lager völlig läusefrei zu bekommen. Solche Massnahmen, die sich auch in grösseren Lagern durchführen lassen, sind: häufiger Wäschewechsel, Auskochen der Wäsche und Leinenkleider, häufige Reinigung des Quartiers und der Strohsäcke, regelmässiges Absuchen der Läuse, Anwendung von Russla-Puder."* Vgl. den Bericht „Praktische Erfahrungen in der Hygiene bei sowjetischen Kriegsgefangenen" von Oberstabsarzt Dr. König. Undatiert (vermutlich Herbst 1943); BA-MA, RH 12–23/v. 5, Bl. 16. Anschreiben und Adressat sind unbekannt.

meeuniformen, die mit einer speziellen dunkelgrünen Farbe gefärbt worden waren. Ein großes S. U. war auf die Jacke gemalt worden, eine Kennzeichnung der Kriegsgefangenen, die es für die Angehörigen anderer Nationalitäten nicht gab. Alle Männer erhielten irgendwelche Schuhe."[157] Das waren meist Holzschuhe, die ebenfalls nicht immer in ausreichender Zahl vorhanden gewesen sein sollen.[158]

Bis zur Aufstellung der Holzrinnen hatte es keine Reinigungsmöglichkeit für die Bekleidung gegeben, da sie in den Entlausungskammern ausschließlich thermisch und chemisch gegen Ungeziefer behandelt, nicht aber gereinigt wurde. Die neue Praxis an den Holzrinnen führte schnell zu einer starken Verschmutzung der Brunnen, da das benutzte Wasser über die Rinnen in die Brunnenschächte zurückfloß.[159] Erst in der Lazarettzeit des Lagers konnten die Gefangenen ungefähr einmal im Monat bei der Entlausung ihre Wäsche wechseln. Anfang 1943 hatte eine Jacobsthaler Wäscherei die Reinigung der Kriegsgefangenenwäsche übernommen.[160]

Die Latrinen bestanden in der Anfangszeit des Lagers aus offenen Gruben,[161] über denen Sitzstangen angebracht waren. Nach Ingenieur Reif gab es auch Ende 1941 nur zwei Abortanlagen im Bereich der Steinbaracken (vgl. auch Tab. 1). Die Erdgruben waren in der Regel voll, Gestank und eine Fliegenplage im Sommer die Folge. Solche Verhältnisse begünstigten die Übertragung der Ruhr. Vor allem Ruhr- und Durchfallkranke konnten die Behelfslatrinen häufig nicht rechtzeitig erreichen, so daß das Gelände stark mit Exkrementen verunreinigt war. Die hygienischen Folgen derartig primitiver Aborte beschrieb Oberstabsarzt Dr. König: *„Nicht bewährt haben sich nach meinen Beobachtungen grosse Abortgruben, weil es in den Kgf.-Lagern meistens an den nötigen geeigneten Geschirren (Wagen, Schöpfgeräten) fehlt, um sie zu entleeren. Bei unsachgemäßer Entleerung wird viel Kot in der Umgebung verstreut. Im Winter bei strengem Frost ist die Entleerung oft unmöglich."*[162]

Das RAD-Barackenlager erhielt im Juni und Juli 1942 die ersten festen Abortanlagen. Für jeweils zwei Blöcke wurde eine Doppellatrine mit 120 Sitzen errichtet. Diese Aborte hatten zementierte, geschlossene Gruben, die

157 ZNW, Memorandum concerning Sovjet Russian Prisoners-of-War in Germany, 13.1.1942.

158 Vgl. Chorun-Kommission; Sächs. HStA, LRS Min. d. Innern, Landespolizeibehörde der Volkspolizei Sachsen, Bd. 042, Bl. 193.

159 Siehe ebd., Bl. 96.

160 Vgl. ebd., Bl. 25 sowie 184. Deren Mitarbeiter holten wöchentlich mehrere tausend Wäschestücke aus dem Lager ab: U. a. sollen wöchentlich ungefähr 500 Decken, 400 Unterhosen und -hemden und, je nach Wetter, 500 bis 1000 Hosen, Uniformröcke oder -mäntel gewaschen worden sein.

161 Vgl. zum folgenden ebd., Bl. 13–14 sowie 181–182.

162 Vgl. den Bericht Dr. König; BA-MA, RH 12-23/v. 5, Bl. 10.

von außen geleert werden konnten. Im Steinbarackenlager existierten 1942 fünf Abortanlagen mit insgesamt 450 Sitzen. Im gesamten Lager standen ungefähr 1100 Sitze zur Verfügung.
Da den Gefangenen das Verlassen der Baracken während der Nacht verboten war,[163] dienten sogenannte Nachtkübel mit einem Fassungsvermögen von circa 30 Litern der Verrichtung der Notdurft. Ob diese Metalleimer, wie mehrere ehemalige Gefangene berichteten, tagsüber in der Lagerküche auch zum Essenstransport verwendet wurden, läßt sich nicht mehr nachweisen.[164] Den mit bis zu 300 Personen belegten RAD-Baracken standen lediglich ein oder zwei Nachtkübel je Baracke zur Verfügung. Am Morgen waren die Kübel meist übergelaufen.
Als im Verlauf des Jahres 1942 der Arbeitseinsatz der Kriegsgefangenen stärker in den Vordergrund trat, besserten sich die Verhältnisse im Lager etwas, blieben aber trotzdem menschenunwürdig.

3.5 Die Ernährungslage

Auch bei der Ernährung der sowjetischen Kriegsgefangenen berief sich das OKW darauf, daß die Sowjetunion nicht Signatar des Genfer Kriegsgefangenenabkommens von 1929 sei: *„Demzufolge besteht auch nicht die Verpflichtung, den sowjetischen Kriegsgefangenen eine diesem Abkommen hinsichtlich Menge und Güte entsprechende Verpflegung zu gewähren.“*[165]
Die sowjetischen Gefangenen sollten mit dem „geringstmöglichen Maß“ an Nahrungsmitteln versorgt werden.[166] Im OKH-Bereich erhielten sie ungefähr 1000 Kalorien am Tag. Der Höchstsatz betrug 1300 Kalorien für Arbeitende und 2035 Kalorien während längerer Fußmärsche. Diese Werte lagen erheblich unter dem benötigten Existenzminimum. Auch in den Lagern auf deutschem Boden waren die Rationen zunächst nicht höher: In den ersten Wochen kamen täglich kaum mehr als 1000 Kalorien pro Person zur Verteilung.

163 Auf jeden, der sich nachts unbefugt außerhalb der Unterkünfte aufhielt, mußten die Wachmänner laut eines OKW-Befehls sofort das Feuer eröffnen. Vgl. beispielsweise OKW/AWA/Kriegsgef. Allg. (Ib). Betr.: Gebrauch der Schusswaffe bei Nacht, 26. 5. 1944; BA-MA, RH 49/69.

164 Vgl. die Aussagen von Nikitin, Okrugin und Revin. Chorun-Kommission; Sächs. HStA, LRS Min. d. Innern, Landespolizeibehörde der Volkspolizei Sachsen, Bd. 042, Bl. 181. Zum folgenden ebd. Nachtaborte wurden erst ab 1943 eingerichtet.

165 OKW/ChHRü u. BdE. Betr.: Verpflegung sowjetischer Kriegsgefangener. 6. 8. 1941. Dok. USSR-349, D-225. IMT, Bd. VII, S. 387.

166 Daß dem kein Notstand zugrunde lag, wies Streit bereits 1978 nach. Zum folgenden vgl. Streit>, Keine Kameraden, S. 137–145. Folgende Zitate ebd., S. 142–144.

Ein Erlaß des Heeresverwaltungsamtes, das dem OKH/Chef der Heeresrüstung unterstellt war, regelte am 6. August 1941 die Versorgung der sowjetischen Kriegsgefangenen erstmals für den gesamten OKW- und OKH-Bereich einheitlich: Es sollten 2040 Kalorien an jeden Gefangenen ausgegeben werden; für Personen im Arbeitseinsatz waren 2200 Kalorien am Tag vorgesehen. Selbst wenn diese Zuteilung in der Praxis erreicht wurde, mußte das zwangsläufig zur Unterernährung führen: *„Das Ziel, zugunsten der deutschen Bevölkerung bei der Ernährung der sowjetischen Kriegsgefangenen nur minimale Mittel aufzuwenden, blieb auch weiterhin bestimmend."*

Im September 1941 verwies der Beauftragte für den Vierjahresplan, Reichsmarschall Hermann Göring, auf die Prioritäten bei der Zuteilung von Lebensmitteln: *„Zunächst kommt die kämpfende Truppe, dann die übrigen Truppen im Feindesland und dann die Heimattruppe. Die Sätze sind dementsprechend eingerichtet. Dann wird die deutsche nichtmilitärische Bevölkerung versorgt. Erst dann kommt die Bevölkerung in den besetzten Gebieten. Grundsätzlich sollen in den besetzten Gebieten nur diejenigen in der entsprechenden Ernährung gesichert werden, die für uns arbeiten.* [...] *Bei der Verpflegung der bolschewistischen Gefangenen sind wir im Gegensatz zur Verpflegung anderer Gefangener an keine internationalen Verpflichtungen gebunden. Ihre Verpflegung kann sich daher nur nach den Arbeitsleistungen für uns richten."* In noch deutlichere Worte faßte der Generalquartiermeister des Heeres, Eduard Wagner, diesen Grundsatz: *„Nichtarbeitende Kriegsgefangene in den Lagern haben zu verhungern."*[167]

Zu einem allmählichen Umdenken kam es erst, als der Einsatz der sowjetischen Gefangenen in der Kriegswirtschaft immer dringlicher wurde. Schon im Juli 1941 hatte das OKW erste Richtlinien für den zu erwartenden „Russeneinsatz" erlassen. Offiziell befohlen wurde der Arbeitseinsatz[168] aber erst durch einen Führerbefehl vom 31. Oktober 1941, der als Voraussetzung eine angemessene Ernährung vorsah. Die Planung oblag wiederum dem Beauftragten für den Vierjahresplan. In dessen Richtlinien vom 7. November 1941 hieß es: *„Der Russe ist genügsam, daher leicht und ohne schwerwiegenden Einbruch in unsere Ernährungsbilanz zu ernähren. Er soll nicht verwöhnt oder an deutsche Kost gewöhnt, muß aber gesättigt und in seiner dem Einsatz entsprechenden Leistungsfähigkeit erhalten werden."*[169] „Verpflegt" werden sollten die sowjetischen Gefangenen mit möglichst geringwertigen Lebensmitteln: Ein speziell hergestelltes „Russenbrot" bestand aus 50 Prozent Roggenschrot, je 20 Prozent Zuckerrübenschnitzel

167 Zitiert nach ebd., S. 157.

168 Zum Arbeitseinsatz der sowjetischen Kriegsgefangenen vgl. Kap. 3.7.

169 Zitiert nach Streit, Keine Kameraden, S. 145. Zum folgenden ebd., S. 145–146.

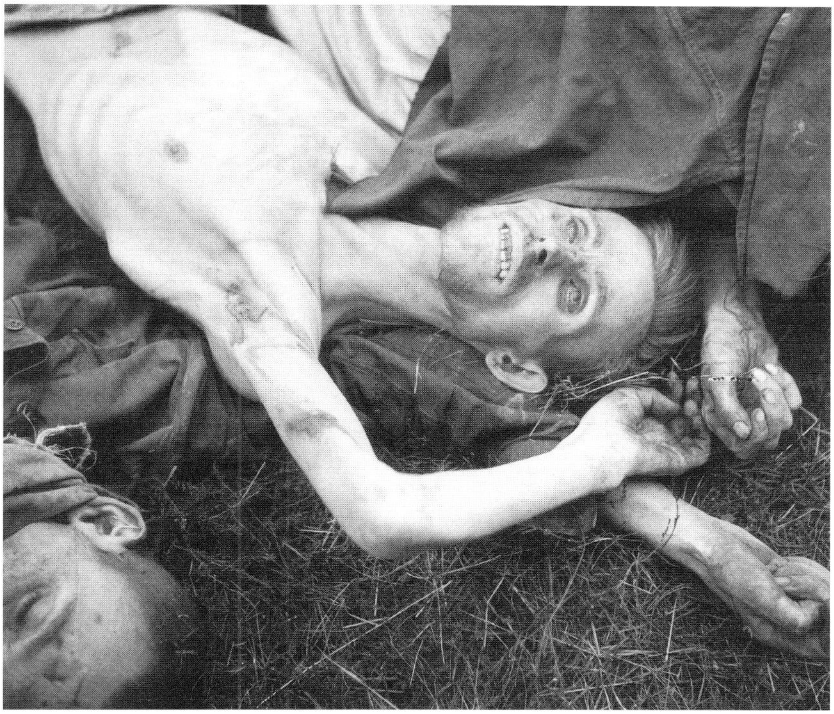

Verhungerte Gefangene auf dem Lagergelände, Herbst 1941.

und Zellmehl sowie zehn Prozent Strohmehl oder Laub. Der Fleischbedarf sollte ausnahmslos aus Pferde- und Freibankfleisch gedeckt werden. Bedauernd wurde hinzugefügt, daß es keine minderwertigen Fette mehr gäbe und deswegen gute Speisefette an die sowjetischen Gefangenen ausgegeben werden müßten.

Die Ernährungslage in Zeithain läßt sich anhand der Aussagen ehemaliger Lagerinsassen und Wachmannschaften rekonstruieren. Morgens wurde „Tee" oder Kaffe-Ersatz ausgegeben, der gelegentlich gesüßt war. Mittags erhielt jeder Gefangene ungefähr einen halben Liter der sogenannten Balanda, einer dünnen Suppe, die aus ungereinigten Rüben und einer geringen Menge Kartoffeln bestand. Abends wurde in der Regel die tägliche Ration „Russenbrot" verteilt. Fünf bis zehn Menschen mußten sich einen Brotlaib von ungefähr eineinhalb Kilogramm teilen. Jeder Gefangene erhielt ein Stück Margarine (fünf bis zehn Gramm), die häufig durch Rübenmarmelade oder kleine Stücke roter Rüben ersetzt wurde.[170] Eßgeschirr und -besteck sahen die Anordnungen des OKW nicht vor. Löffel und be-

170 Vgl. hierzu Chorun-Kommission; Sächs. HStA, LRS Min. d. Innern, Landespolizeibehörde der Volkspolizei Sachsen, Bd. 042, Bl. 188.

Gefangene beim Essen, Herbst 1941.

cherartige Behälter, in denen sie die Suppe entgegennehmen konnten, erhielten für die Gefangenen so eine existentielle Bedeutung. Wer kein Eßgeschirr besaß, mußte bei der Herstellung dieser dringend benötigten Hilfsmittel äußerst findig und geschickt sein. Wem das nicht gelang oder wer sich nicht auf irgendeine Weise in deren Besitz bringen konnte, dem drohte der Hungertod.[171]

Wegen dieser Mangelernährung litten die meisten der Gefangenen an Hungerödemen, Skorbut und ständigem Durchfall. Sie versuchten ihren Hunger zu lindern, indem sie alles aßen, was irgendwie eßbar erschien; dazu zählte auch Gras und Küchenabfall.[172] Leutnant K. machte im Oktober 1941 folgende Beobachtungen: *„Heute vormittag habe ich mit einem Hauptmann und einem Feldwebel das große Russenlager besichtigt.* [...] *Täglich kommen hier die greulichsten Dinge vor. Täglich sterben welche an Krankheiten und Unterernährung.* [...] *Die Leichen sind nur Haut und Knochen.* [...] *Alles Greifbare stopfen sie in sich hinein: Gras, giftige Pilze usw."*[173]

171 Siehe Hüser/Otto, Das Stammlager 326, S. 91.

172 Vgl. hierzu Chorun-Kommission; Sächs. HStA, LRS Min. d. Innern, Landespolizeibehörde der Volkspolizei Sachsen, Bd. 042, Bl. 192.

Sowjetische Kriegsgefangene auf der Suche nach Eßbarem, Herbst 1941.

Drei Tage später schrieb er: *„Schreckliche Elendsbilder. Es läßt sich kaum beschreiben. Manche klauben jeden schmutzigen Fetzen Papier aus Pfützen zusammen und stecken es ins Maul. Eine Kolonne fiel über den Abfalleimer her. Der Posten war machtlos gegen die tierische Horde. Andere fraßen wieder Gras."*[174]

Ein Oberstarzt Dr. Lang bestätigte nach einer im Winter 1941/42 in die Stalags III C Alt Drewitz und 304 (IV H) Zeithain unternommenen Inspektionsreise diese Zustände. Seinen Laboruntersuchungen zufolge lag der Kaloriengehalt der ausgeteilten Nahrungsmittel bis zu 40 Prozent unter dem von der Lagerverwaltung angegebenen Soll. Lang berichtete, daß *„viele* [...] *kaum imstande* [waren], *sich zu bewegen, und andere nahmen keine Nahrung zu sich, weil sie zu schwach waren, sich das Essen zu holen. Dies war besonders in Zeithain der Fall, wo die Kueche unguenstig in einer kleinen Erdsenke lag."*[175] Alle Zeugen erinnerten sich übereinstimmend, daß es zu

173 Brief vom 3.10.1941. Nachlaß K.; AStSG, Sammlung Zeithain.

174 Postkarte vom 6.10.1941. Ebd.

175 Hauptquartier der Amerikanischen Truppen in Österreich. Betr.: Verhältnisse in den deutschen Lagern für Russische Kriegsgefangene. Berichter: Dr. Lang, früher Oberstarzt der

Fällen von Kannibalismus im Lager Zeithain gekommen war. In einer späteren Auswertung von Langs Bericht hieß es, *„dass er eine Leiche fand, der die Leber herausgenommen und vermutlich verzehrt worden war. Er hat ebenfalls berichtet, dass man ihm zehn oder zwanzig Fotos von Kannibalismus gezeigt hat. In den meisten Faellen waren Gehirn und Leber gegessen worden."*[176] Einen letzten solchen Fall beobachtete ein sowjetischer Kriegsgefangener im Februar 1945, als Gesäßbacken und Lungen einer Leiche herausgeschnitten, gekocht und anschließend verzehrt worden waren.[177]

Das OKW überdachte die Ernährungssituation der sowjetischen Kriegsgefangenen erst, als sich Ende 1941 durch das endgültige Scheitern der Blitzkriegsstrategie eine weitere Verschärfung des Arbeitskräftemangels abzuzeichnen begann. Entgegen den Planungen konnten keine deutschen Soldaten von der Ostfront in die Heimat entlassen werden. Im Gegenteil, die Wehrmacht berief jetzt immer mehr bislang unabkömmlich (u. k.) gestellte Männer ein. Den dadurch entstandenen Arbeitskräftemangel wollte die NS-Führung nunmehr durch den Masseneinsatz sowjetischer Kriegsgefangener ausgleichen. Die total entkräfteten, unterernährten Gefangenen konnten meist nicht sofort zur Arbeit eingesetzt werden. Deswegen erließ das OKW am 26. November und am 18. Dezember 1941 Befehle, die eine „Aufpäppelung" der Gefangenen anordneten: *„Alle Maßnahmen der Kommandanten von Kriegsgefangenenlagern sind darauf zu richten, möglichst viele Kr. Gef. wieder gesund und arbeitseinsatzfähig zu machen oder zu erhalten. Dazu gehört:* [...] *Ausreichende Ernährung aller Lagerinsassen nach den gegebenen Vorschriften, auch solcher, deren derzeitiger körperlicher Zustand den sofortigen Einsatz nicht zuläßt. Diäternährung, z. B. Mehlsuppe anstelle von Brot, wo gewöhnliche Kost nicht vertragen wird.* [...] *Die vorstehenden Maßnahmen zur körperlichen Kräftigung von sowjet. Kr. Gef. sind zweckbedingt und berühren nicht die geistige und politisch-weltanschauliche Einstellung zu den Sowjets an sich."*[178]
Am 13. Dezember 1941 hatte das OKW bereits eine Erhöhung der Wochenrationen angeordnet.[179] Hochwertige Lebensmittel sollten – soweit mög-

Deutschen Wehrmacht. 13. Juli 1945. Nürnberger Dokumente 383 PS. AStSG, Sammlung Zeithain. Allerdings gab Lang an, daß die „Balanda" zweimal am Tag, insgesamt eineinhalb Liter pro Person, ausgegeben wurde.

176 Ebd.

177 Vgl. hierzu Chorun-Kommission; Sächs. HStA, LRS Min. d. Innern, Landespolizeibehörde der Volkspolizei Sachsen, Bd. 042, Bl. 192.

178 Befehl OKW/AWA/Kriegsgef. ID. Betr.: Herstellung und Erhaltung der Arbeitsfähigkeit der sowjet. Kr. Gef. 18. 12. 1941 (Abschrift); Nds. HStA, Hann. 80 Lbg. III Acc. V, Nr. 51. Zum Befehl vom 26. November 1941 vgl. Streit, Keine Kameraden, S. 146.

179 OKW, 13. 12. 1941; BA Berlin, Rechnungshof Dt. Reich 32.01/5401, Bl. 13. Nunmehr sollten zur Ausgabe kommen: 2600 g Brot (in der Zusammensetzung 72 Prozent Roggenschrot und 28 Pro-

lich – weiterhin nicht zur Verteilung kommen: *„Aus ernährungswirtschaftlichen Gründen ist es geboten, das Freibankfleisch, und zwar sowohl das minderwertige als auch das bedingt taugliche Fleisch, weitestgehend für die Ernährung der russischen Kriegsgefangenen zu erfassen."*[180]
Auch diese neuen Verpflegungssätze waren unzureichend. Schon bei gesunden Menschen führt eine solche Ernährung in kurzer Zeit zu Entkräftung und Unterernährung; und hier handelte es sich um Gefangene, die schon einen Hungerwinter hinter sich gebracht hatten.
Aber selbst die viel zu niedrigen Rationen kamen häufig nicht im vollen Umfang zur Verteilung. Immer wieder ergaben sich Lieferengpässe bei Lebensmitteln, die für die Stalags vorgesehen waren, denn die Versorgung der sowjetischen Kriegsgefangenen stand in der Prioritätenliste an letzter Stelle. So beschwerte sich Generalleutnant Erich von Botzheim, Kommandeur der Kriegsgefangenen in Dresden, im Mai 1942 beim zuständigen sächsischen Landesernährungsamt: *„Das Stellv. Gen. Kdo. hat mit Bedauern von der Mitteilung Kenntnis genommen, daß die Kartoffelzufuhren in Sachsen mangelhaft eingehen, daß ferner keine Vorräte an Kohlrüben vorhanden sind, auch daß Sie beabsichtigen, die Wochenrationen der nichtsowjetischen Kr. Gef. an Kartoffeln herabzusetzen und den sowjet-russ. Kr. Gef. überhaupt keine Kartoffeln zu geben, außerdem allen Kr. Gef. das Frischgemüse zu entziehen."*[181] Der Entzug der Kartoffeln und der sich anbahnende Mangel an Kohlrüben war für die Gefangenen um so bedrohlicher, als ihre Verpflegung vorrangig aus Kartoffeln und vor allem Rüben bestand. Häufig waren Lebensmittel bei der Ankunft im Lager bereits verschimmelt. Da Ersatzlieferungen ausgeschlossen waren, wurden dann eben verdorbene Lebensmittel ausgegeben.[182] Diebstähle von Wachmannschaften reduzierten die an die Stalags gelieferte Verpflegung nicht selten noch. Auch in Zeithain wurden *„Eßwaren unterschlagen und verschoben.*[183] *"*

Die für den Sommer und Herbst 1942 zu erwartende weitere Verschlechterung der Gefangenenversorgung beschäftigte in der Folge die für den Arbeitseinsatz verantwortlichen Militär- und Zivilverwaltungsinstanzen immer wieder. Am 30. Juni wandte sich beispielsweise das Reichsministerium

zent vollwertiges Zuckerschnitzel), 250 g Fleisch, 130 g Fett, 150 g Nährmittel auf Gerstengrundlage, zweieindrittel Liter Magermilch, 70 g Zucker, drei kg Kartoffeln, 16,5 kg Kohlrüben, 1125 g Frischgemüse, 275 g Sauerkohl, 14 g Tee-Ersatz und 175 g Salz.

180 Erlaß des RMI. Betr.: Verwertung des Freibankfleisches für russische Kriegsgefangene. 12.11.1941 (Abschrift); Nds. HStA, Hann. 122a Acc. XXXIV, Nr. 391. Zitiert auch bei Borgsen/Volland, Das Stalag X B, S. 143.

181 Kdr. Kriegsgef. WK IV. Betr.: Ernährung der im Bereich des Landesarbeitsamtes Sachsen eingesetzten Kr. Gef. 14. 5. 1942; BA Berlin, R 41/173, Bl. 3.

182 Vgl. Stalag VI A Hemer, S. 86.

183 Aussage K., 19.1.1967. Verf. Zeithain; Nds. HStA, Nds. 721 Gö Acc. 103/87, Nr. 14, Bl. 194.

für Ernährung und Landwirtschaft mit dem Hinweis an den GBA, Sauckel, bei allgemeinen Kürzungen der Kartoffelzuteilungen sei es nur „recht und billig", wenn auch die Gefangenen reduzierte Rationen erhalten würden.[184] Für die sowjetischen Gefangenen blieb es aber anscheinend bei der vorübergehenden Streichung der Kartoffelrationen.
Im Verlauf des Sommers 1942 wurde zunehmend deutlich, daß die sowjetischen Gefangenen bei so unzureichender Ernährung nicht in der Lage waren, die abverlangten Arbeitsleistungen auch nur annähernd zu erbringen. Im Herbst 1942 teilte in diesem Zusammenhang das Reichsministerium für Ernährung und Landwirtschaft den Ernährungsämtern mit, es könne *„mit Rücksicht auf die Versorgungslage* [...] *den vielfach vorgebrachten Wünschen auf Erhöhung der Verpflegungssätze der sowjetischen Kriegsgefangenen und der Ostarbeiter nur in beschränktem Umfang entsprochen werden. Es werden Zulagen für Lang- und Nachtarbeiter eingeführt, die Herstellung des Zuckerschnitzelbrotes aufgehoben, die Kartoffel- und Brotration – Brot nur, soweit es sich um Schwerstarbeiter handelt – erhöht."*[185] Die folgende Aufstellung (Tab. 3) zeigt die neu festgelegten Verpflegungssätze:

Wochenration	Normalarbeiter	Lang- und Nachtarbeiter	Schwerstarbeiter	Bergarbeiter unter Tage
Brot	2600 g	2600 g	4400 g	4400 g
Fleisch	250 g	300 g	500 g	600 g
Fett	130 g	150 g	260 g	300 g
Kartoffeln	7000 g	7000 g	7000 g	7000 g
Nährmittel	150 g	150 g	150 g	150 g
Zucker	110 g	110 g	110 g	110 g
Tee-Ersatz	14 g	14 g	14 g	25 g

Tab. 3: Verpflegungssätze der in der Rüstungsindustrie bzw. in der gewerblichen Wirtschaft beschäftigten (in Lagern untergebrachten) sowjetischen Kriegsgefangenen (BA Berlin, R 43 II/614, Bl. 154.)

Aber auch die neuen Ernährungssätze konnten die so dringend benötigte Arbeitskraft nicht herbeizaubern. Bereits zwei Monate später, am 7. Dezember 1942 verfügte der BdE deshalb, den sowjetischen Kriegsgefangenen Brot in der gleichen Zusammensetzung wie für die Zivilbevölkerung auszugeben.[186]

184 RMEL, 30. 6. 1942; BA Berlin, R 41/173, Bl. 7.

185 RMEL. Betr.: Verpflegungssätze der Kriegsgefangenen und Ostarbeiter (Ostarbeiterinnen). 6. 10. 1942; BA Berlin, R 43 II/614, Bl. 154.

186 ChHRüst u. BdE, 7. 12. 1942. Betr.: Brot für sowjetische Kriegsgefangene im Heimatkriegsgebiet; BA Berlin, R 43 II/670a, Bl. 64. Ausdrücklich wurde darauf verwiesen, daß es sich hierbei um die Brotausgabe für sowjetische Kriegsgefangene im Reichsgebiet handele. In den besetzten Gebieten wurde anscheinend weiterhin „Russenbrot" ausgegeben.

Im Verlauf des Jahres 1943 kam es zu weiteren Anhebungen der Rationen. Doch noch immer waren die Russen erheblich schlechter verpflegt als die Angehörigen anderer Nationalitäten (vgl. Tab. 4), die nicht nur mehr, sondern auch bessere Lebensmittel erhielten.

Ration für 14 Tage	Sowjetische Kriegsgefangene	Nichtsowjetische Kriegsgefangene
Fleisch	400 g	500 g
Fett	260 g	437 g
Getreidenährmittel	162,5 g	162,5 g
Teigwaren	87,5 g	87,5 g
Kartoffelstärkeerzeugnisse	50 g	50 g
Zucker	220 g	350 g
Brot	5200 g	4650 g
Tee-Ersatz	28 g	–
Kartoffeln	10 000 g	10 000 g
Käse	–	62,5 g
Quark	–	62,5 g
Kafee-Ersatz u. Zusatzmittel	–	124 g
Marmelade	–	350 g

Tab. 4: Verpflegungssätze für sowjetische und nichtsowjetische Kriegsgefangene im Vergleich (Stand 30. 8. 1943) (BA Berlin, R 14/214, Bl. 199)

Erst 1944 ordnete das Reichsministerium für Ernährung und Landwirtschaft mit Wirkung vom 21. August die Gleichstellung der sowjetischen Kriegsgefangenen an. Nicht humanitäre Gründe waren ausschlaggebend, es geschah vielmehr *„im Interesse der Erhaltung und Steigerung der Arbeitsfähigkeit der sowjetischen Kriegsgefangenen und der Ostarbeiter (Ostarbeiterinnen), die in der gewerblichen Wirtschaft, insbesondere in der Rüstungsindustrie beschäftigt werden"*.[187] Noch ehe die neue Regelung in Kraft trat, wies das Ministerium ergänzend darauf hin, daß nun allgemein Pferde- und Freibankfleisch auszugeben sei.[188] Dies betraf weiterhin in erster Linie die sowjetischen Kriegsgefangenen, die ausschließlich auf die Lagerverpflegung angewiesen waren. Die Gefangenen der meisten anderen Nationalitäten erhielten häufig sogenannte Liebesgabenpakete aus der Heimat und konnten vom Internationalen Komitee vom Roten Kreuz (IKRK) betreut und versorgt werden; diese Möglichkeit gab es für die Russen und die italienischen Militärinternierten[189] nicht.

187 RMEL, 26. 7. 1944. Betr.: Verpflegung der sowjetischen Kriegsgefangenen und der Ostarbeiter (Ostarbeiterinnen); BA Berlin, R 43 II/614, Bl. 161.

188 RMEL, 9. 8. 1944; BA Berlin, R 43 II/614, Bl. 162.

189 Vgl. zu den italienischen Militärinternierten Kap. 5.1 bis 5.6.

Die späte Gleichstellung mit den anderen Nationalitäten hat sich kaum noch auf die Ernährungssituation der sowjetischen Gefangenen auswirken können, da sich die Versorgungslage in den letzten Kriegsmonaten allgemein verschlechterte. Für Kriegsgefangene und Zwangsarbeiter bestanden die festgelegten Rationen häufig nur auf dem Papier, zur Verteilung kamen sie nicht. Dies ergibt sich beispielsweise aus einer Anweisung des Kommandeurs der Kriegsgefangenen im Wehrkreis IV, der Ende August 1944 die Stalags nochmals darauf hinwies, daß die sowjetischen Kriegsgefangenen inzwischen allen anderen gleichgestellt seien. Zugleich ordnete er an, daß *„auch bei Verpflegungskürzung* [...] *soviel Nahrung gereicht werden* [muß], *daß der Kgf. leistungsfähig bleibt."*[190]

Das Fazit ist eindeutig: *„Die Erlasse über die den Gefangenen zugebilligten Verpflegungssätze spiegeln dieses Umdenken zwar wider, doch bis zum Kriegsende blieben die Rationen unzulänglich. Sie galten außerdem nie den betroffenen Menschen, sondern zielten allein auf die Ausbeutung ihrer Arbeitskraft."*[191] Ab 1942 verfuhr das OKW nach dem Grundsatz, den sowjetischen Kriegsgefangenen so wenig Verpflegung wie möglich, aber soviel wie unbedingt nötig zuzugestehen; dabei reichte die als notwendig erachtete Menge oftmals nicht oder nur knapp zum Überleben aus: Hunger blieb in Zeithain bis zuletzt ein ständiger, furchtbarer Begleiter der Kriegsgefangenen.

3.6 Die Verbreitung von Seuchen

Drei epidemische Krankheiten verbreiteten sich unter den sowjetischen Kriegsgefangenen im Lager Zeithain in schneller Folge: Ruhr, Fleckfieber und Tuberkulose.

Unmittelbar nach dem Eintreffen der ersten Gefangenen brach eine Ruhrepidemie aus, die von Juli bis Oktober 1941 wütete. Die schlimmen Zustände in Zeithain begünstigten die Verbreitung der Ruhr: die Enge im unvollendeten Lager, das Zusammenleben kranker und gesunder Menschen auf engstem Raum, das Fehlen geeigneter Abortanlagen. Es gab zu wenige und viel zu primitive Stangenlatrinen, die außerdem nicht desinfiziert wurden. Die Abfuhr und Beseitigung der Exkremente war nicht organisiert, die Latrinen deswegen permanent überfüllt. Deshalb suchten viele die Aborte erst gar nicht auf: Die einen, weil sie wegen ihrer Erkrankung zu geschwächt waren, die anderen, weil sie nicht im Kot waten wollten. Vor

190 Kdr. Kriegsgef. im WK IV, 23.8.1944. Betr.: Behandlung der Kriegsgefangenen, Leistungssteigerung; BA-MA, RH 49/101.

191 Hüser/Otto, Das Stammlager 326, S. 87.

allem in den ersten Monaten war das gesamte Gelände mit Exkrementen verschmutzt.[192]

In dieser Zeit erkrankten nicht weniger als 20 Prozent der Lagerinsassen.[193] Viele von ihnen verheimlichten ihre Erkrankung, um nicht in die als „Todeshäuser" verrufenen Ruhrbaracken gebracht zu werden. Die Gesamtzahl der in dieser Zeit an der Ruhr Gestorbenen läßt sich nicht genau ermitteln. Überliefert ist allerdings eine Auswertung des Sterberegisters der Gemeinde Lichtensee, die der Mediziner Prof. Dr. Winkler für die Chorun-Kommission erarbeitet hatte. Von den 206 im September und Oktober 1941 im Lager umgekommenen Kriegsgefangenen, die in diesem Sterberegister verzeichnet waren, sind 58 Prozent an der Ruhr, 18 Prozent an Entkräftung, 14 Prozent an Tuberkulose und Lungenkrankheiten sowie sechs Prozent an „Herzfehlern" verstorben; bei vier Prozent waren sonstige Todesursachen angegeben.[194] Erst mit Einbruch der Kälte im November ging die Zahl der Ruhrerkrankungen zurück. Aber auch im Winter 1941/42 waren weiterhin 25 Prozent aller Krankheitsfälle Ruhrerkrankungen.[195]

Zur gleichen Zeit traten in Zeithain die ersten Fleckfiebererkrankungen auf. Als Beginn der Fleckfieberepidemie nannten die von der Chorun-Kommission befragten Zeugen den Oktober bzw. den November 1941.[196] Der Standesbeamte der Gemeinde Lichtensee hatte zumindest für den Oktober diese Krankheit noch nicht als Todesursache verzeichnet. Trotzdem sind möglicherweise bereits zu diesem Zeitpunkt die ersten Gefangenen daran verstorben. Daß das Fleckfieber-Krankheitsbild deutschen Medizinern weitgehend unbekannt gewesen sein soll, wie der Lagerarzt Sonntag behauptete,[197] ist aufgrund der im Wehrkreis I sowie im „Generalgouvernement" gemachten Erfahrungen eher zweifelhaft. Die Fleckfieberepidemie betraf die Mehrzahl der „Russenlager" in Deutschland. So wurde etwa am 10. Februar 1942 festgestellt, daß von insgesamt 61 mittlerweile mit sowjetischen Kriegsgefangenen belegten Stalags im Reichsgebiet nur noch 13 fleckfieberfrei seien.[198] Eine der wenigen Ausnahmen war das Stalag 326 (VI K)

192 Vgl. Chorun-Kommission; Sächs. HStA, LRS Min. d. Innern, Landespolizeibehörde der Volkspolizei Sachsen, Bd. 042, Bl. 199–201 sowie 204.

193 Vgl. ebd., Bl. 98.

194 Ebd., Bl. 174. Dem Lichtenseer Standesbeamten fiel die Aufgabe zu, die Todesopfer unter den im Lazarett im sogenannten Waldlager befindlichen sowjetischen Kriegsgefangenen zu registrieren.

195 Vgl. ebd., Bl. 199.

196 Vgl. ebd., Bl. 200.

197 Ebd., S. 19. Zudem wiesen sowjetische Gefangene, die bereits früher einmal mit dieser Krankheit infiziert gewesen waren, häufig atypische Symptome auf. OKW/AHA. Betr.: Ärztliche Maßnahmen bei Sowjet-Kr. Gef., 8. 12. 1941; Nds. StA W, 91 N/284.

198 Der Beauftragte für den Vierjahresplan, Geschäftsgruppe Arbeitseinsatz, 10. 2. 1942; BA Berlin, R 41/281, Bl. 270.

Senne, in dem durch eine rechtzeitige und gründliche Entlausung die epidemische Verbreitung verhindert und die Krankheit auf wenige Fälle beschränkt werden konnte.[199]
Es waren polnische Ärzte, die im November 1941 den Ausbruch der Seuche in Zeithain erkannten.[200] Fleckfieber wird durch Kleiderläuse übertragen. Deshalb begünstigten die Verhältnisse im Lager die Verbreitung der Krankheit: Das Lager war überfüllt, die Gefangenen stark verlaust. In den oftmals nur halbfertigen Baracken drängten sie sich nachts aneinander, um sich so etwas besser zu wärmen. Ehemalige Lagerinsassen berichteten, daß Quarantänebestimmungen auch nach Ausbruch der Epidemie nicht eingehalten wurden. Neu ankommende sowjetische Kriegsgefangene hätten eigentlich im Vorlager eine Quarantänezeit von, je nach Art der Seuche, 14 bis 21 Tagen verbringen müssen. Statt dessen wurden sie im Vorlager nur registriert und anschließend sofort ins Hauptlager verlegt. Eine regelmäßige Entwesung der mit Ungeziefer verseuchten Pritschen ließ die Lagerverwaltung nicht durchführen. Unter diesen Umständen verbreitete sich die Seuche schnell, zumal die Fleckfieber-, aber auch die Ruhrkranken nach Angaben der Chorun-Kommission nicht isoliert wurden.[201]

Noch Anfang Dezember 1941 hatte das OKW die Hoffnung gehegt, die Epidemie in den Griff zu bekommen und den Arbeitseinsatz wie geplant weiterlaufen lassen zu können. Deswegen ordnete es zur Eindämmung der Seuchen weitreichende Quarantänebestimmungen an: *„Soweit Sowjet-Gef. sich noch im Lager befinden, dürfen sie erst nach einwandfreier Entlausung und notwendigerweise anschließender Quarantäne in Arbeit eingesetzt werden. Hierbei ist folgendermaßen zu verfahren: Nach der Entlausung Unterbringung in sauberen Unterkünften, 8 Tage danach nochmalige Entlausung und entweder Unterbringung in neuen sauberen Unterkünften oder in den bisherigen Unterkünften nach vorangegangener Entwesung dieser Unterkünfte. Nach der 2. Entlausung können die Kr. Gef. auf Arbeit abgegeben werden, wenn sie an diesem Tage insgesamt 21 Tage sich bereits im gleichen Lager befinden und in diesem Lager Fleckfieber nicht aufgetreten ist."*[202]
Die Hauptsorge galt aber einer möglichen Infizierung der deutschen Wachmannschaften in den Lagern: *„Alle in Sowjet-Kr. Gef.-Lagern oder bei Sowjet-Kriegsgefangenenarbeitskommandos diensttuenden deutschen Wehr-*

199 Vgl. Hüser/Otto, Das Stammlager 326, S. 81–82.

200 Vgl. Chorun-Kommission; Sächs. HStA, LRS Min. d. Innern, Landespolizeibehörde der Volkspolizei Sachsen, Bd. 042, Bl. 29.

201 Ebd., Bl. 200–205.

202 OKW. Betr.: Ärztliche Maßnahmen bei Sowjet-Kr. Gef. 8.12.1941; Nds. StA W, 91 N/284.

machtsangehörigen sind", so das OKW weiter, *„bis auf weiteres in regelmäßigen Abständen von mindestens 14 Tagen – wenn nicht anders möglich, mit behelfsmäßigen Einrichtungen – zu entlausen. Die Lagerkommandanten sind dafür verantwortlich, daß diese Maßnahme* ***ohne Rücksicht auf Dienstgrad und Person*** *durchgeführt wird."*[203]

Die angeordneten Maßnahmen in Zeithain erbrachten – wie in fast allen „Russenlagern" – nicht die erwünschten Ergebnisse, da die Voraussetzungen für eine regelmäßige und gründliche Entlausung fehlten. In den beiden Entlausungsbaracken konnten die Gefangenen selbst bei einem 24stündigen Betrieb gar nicht in ausreichender Zahl entlaust werden.[204] Die Seuche breitete sich daher weiter rapide aus: Mitte Dezember 1941 mußte das gesamte Zeithainer Lager unter Quarantäne gestellt werden. Damit waren nicht nur die Kriegsgefangenen, sondern auch die Wachmannschaften isoliert. Am 9. Dezember 1941 schrieb Leutnant K. an seine Frau: *„Es ist vielleicht nur noch eine Frage von Stunden, daß wir ins C-Lager (die Offiziere) umziehen müssen. Seuchen-Isolierung. Eine dumme Sache! Gemütlichkeit? Vorbei!"*[205]

Der Gefangene Gutyrja schilderte später die Zeit der Quarantäne aus seiner Sicht: *„Da begann die Flecktyphusepidemie. Täglich starben bis zu 500 Menschen an dieser Krankheit. Die Toten wurden in Massengräbern bestattet, in die man sie in mehreren Reihen übereinander legte. Elend, Kälte, Hunger, Krankheiten, Sterben – so sah es zu dieser Zeit im Lager Nr. 304 – IV H aus.* [...] *Die Flecktyphusepidemie zwang die faschistische Lagerwache, in der Nacht vom 31. 12. 1941 zum 1. 1. 1942 das Lager durch ein Schloß zu verschließen*[206] *und nur die äußere Lagerwache aufrecht zu erhalten. Die Deutschen getrauten sich nicht mehr in das Lager.* [...] *Diese Quarantänezeit dauerte ungefähr bis zum März 1942. In diesen Monaten hatte sich das Leben im Lager von Grund auf verändert.* [...] *Im Frühjahr 1942 lebten im Lager noch ungefähr 3000 abgezehrte Menschen. Die Übrigen waren vor Hunger, Kälte, an Typhus und Ruhr gestorben."*[207] Über die Zahl der Fleckfieberopfer gehen die ausgewerteten Aussagen weit auseinander.

203 Ebd. Hervorhebung im Original.

204 Vgl. Chorun-Kommission; Sächs. HStA, LRS Min. d. Innern, Landespolizeibehörde der Volkspolizei Sachsen, Bd. 042, Bl. 205.

205 Brief vom 9. 12. 1941. Erinnerungen K.; AStSG, Sammlung Zeithain. Auch die anderen „Russenlager" wurden – teilweise bereits Anfang Dezember – unter Quarantäne gestellt. Vgl. Borgsen/Volland, Das Stalag X B, S. 159.

206 Gutyrjas Terminierung der Schließung des Lagers weicht somit um ungefähr zwei Wochen von derjenigen des Leutnants K. ab. Jedoch ist hierbei zu beachten, daß Gutyrja seine Erinnerungen Jahrzehnte nach dem tatsächlichen Erleben zu Papier gebracht hatte.

207 Erinnerungen Gutyrja; Sammlung Förster.

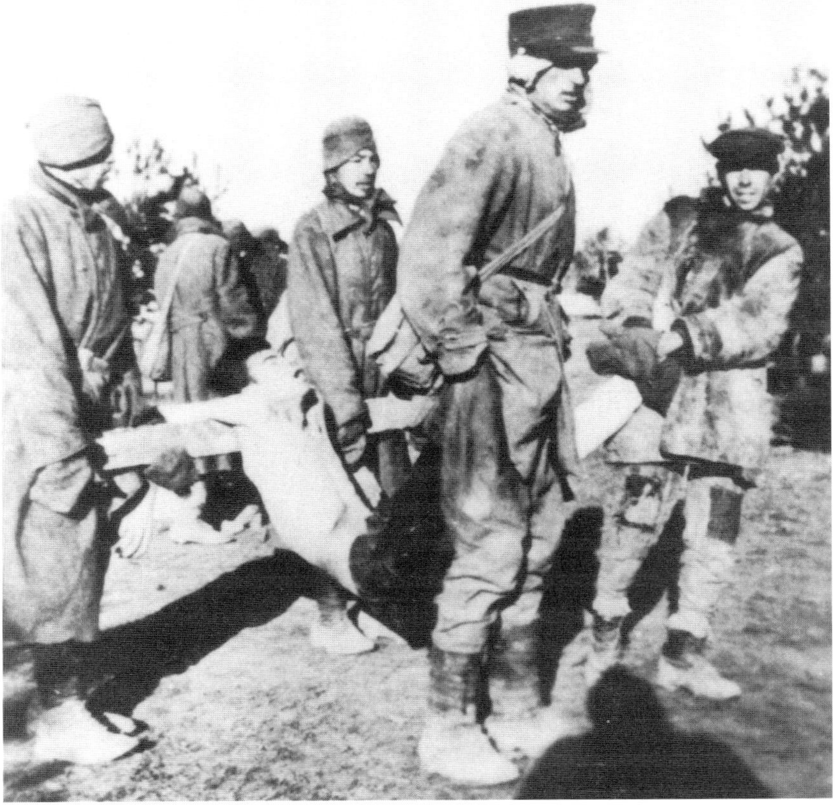

Transport eines Toten im Lager, Herbst 1941.

Den Erinnerungen eines Wachmanns zufolge, der von September bis Dezember 1941 für die Zählappelle zuständig war, starben anfangs täglich 20 Personen. Diese Zahl habe sich aber schnell auf bis zu 200 Tote pro Tag gesteigert.[208] Angaben, bis zu 600 Gefangene seien täglich verstorben, erscheinen kaum glaubwürdig.[209] Die große Zahl von Toten und die nicht mehr zu überschauenden Leichenberge mögen zu solchen Unsicherheiten und stark voneinander abweichenden Schätzungen geführt haben. Leutnant K. schilderte Anfang November 1941 in seinem Tagebuch die Zustände im Lager: *„5. 11. 41: Lagerwache. Schneematschwetter. Lange Reihen von Toten vor den Baracken. In den Schlamm geworfen. Ich bin allein, fotografiere. Das Entsetzlichste: die Baracke der Halbtoten: Tote, Sterbende, röchelnde Schwerkranke, alles durcheinander.* [...] *16. 11. 41: Lagerkon-*

208 Aussage Kr., undatiert. Verf. Zeithain; Nds. HStA H, Nds. 721 Gö Acc. 103/87, Nr. 14, Bl. 192.

209 Aussage Kr., 22. 2. 1968. Ebd., Nr. 14/2, Bl. 684.

trolle. Tote, Tote, Tote! Klagen an, schreien stumm mit offenem Mund und toten Augen, in denen noch das Leben flackert."[210] Das Massensterben nahm solche Ausmaße an, daß der Lagerkommandant seinen Wachmännern bereits am 16. November 1941 verbot, darüber zu sprechen oder zu schreiben.[211]
Einige wohl verläßliche Angaben über die Anzahl der Opfer haben wir für die letzten Tage vor Verhängung der Quarantäne und Schließung des Lagers. Nur ein Bruchteil der Opfer unter den sowjetischen Kriegsgefangenen verstarb allerdings unmittelbar am Fleckfieber. Viele Gefangene waren bereits in ihrer Kindheit oder Jugend daran erkrankt und soweit immunisiert, daß die Seuche für sie nicht tödlich endete.[212] Einer der Zeithainer Lagerärzte nannte in seinen Unterlagen die Anzahl der unmittelbar an Fleckfieber verstorbenen Gefangenen:[213]

22.11.	2	28.11.	0
23.11.	2	1.12.	0
24.11.	0	2.12.	11
26.11.	3	3.12.	12
27.11.	8	4.12.	66

Da die Epidemie in den „Russenlagern" aber mit den geschilderten Lebensbedingungen dort zusammenhing, starben viele der bereits durch Unterernährung entkräfteten Gefangenen aufgrund beider Ursachen. Dr. Sonntags Unterlagen über die Sterblichkeit im Lager sind für den gleichen Zeitraum folgende Zahlen zu entnehmen:

19.11.	197	27.11.	128	4.12.	136
20.11.	188	28.11.	157	5.12.	169
22.11.	151	29.11.	148	6.12.	151
23.11.	184	1.12.	155	7.12.	138
24.11.	185	2.12.	128	8.12.	113
26.11.	145	3.12.	147		

Weitere Angaben finden sich im Untersuchungsbericht Prof. Winklers über die Sterberate in den Wochen vom 5. bis zum 12. Februar und vom 19. bis zum 25. Februar 1942. In dieser Zeit starben 399 bzw. 382 Gefangene, also durchschnittlich ungefähr 60 am Tag.[214]

210 Erinnerungen K.; AStSG, Sammlung Zeithain.

211 Brief K. vom 16.11.1941. Ebd.

212 Vgl. OKW/AHA. Betr.: Ärztliche Maßnahmen bei Sowjet-Kr. Gef., 8.12.1941; Nds. StA W, 91/284.

213 Vgl. Chorun-Kommission; Sächs. HStA, LRS Min. d. Innern, Landespolizeibehörde der Volkspolizei Sachsen, Bd. 042, Bl. 25. Weitere Angaben fehlen, da der Arzt selbst an Fleckfieber erkrankte. Ebd., Bl. 26. Aus den Unterlagen der Chorun-Kommission ist nicht eindeutig ersichtlich, ob es sich hierbei ebenfalls um Unterlagen von Dr. Sonntag gehandelt hatte.

214 Ebd., Bl. 20.

Über die Entwicklung der Sterblichkeit nach Verhängung der Quarantäne weichen die Berichte der Zeitzeugen deutlich voneinander ab. Prof. Winkler meinte in seinem Bericht, mit dem 20. November 1941 sei der Höhepunkt des Menschensterbens überschritten gewesen.[215] Die Chorun-Kommission hingegen kam in ihrem Abschlußbericht zu dem Ergebnis, daß sich die Krankheit auch im Dezember ungehemmt weiter ausbreitete. Verläßliche Zahlen für den Zeitraum Dezember 1941 bis Januar 1942 konnte sie jedoch nicht ermitteln.[216]

Viele Wachmannschaften erkrankten ebenfalls an Fleckfieber. Leutnant K.: *„Im Lager tobte eine schreckliche SEUCHE: FLECKFIEBER!!! Wir wurden zwecks Isolierung in das C-Lager verlegt, gerade am 13. 12. zu meinem Geburtstag! Schon waren mehrere Mannschaften an dieser Seuche gestorben, und über 100 lagen im Lazarett."*[217] Zu dem hohen Krankenstand unter den deutschen Mannschaften kam es, obwohl die Lagerverwaltung alles versucht hatte, um die Seuche außerhalb des „Russenlagers" einzudämmen: *„Heute wieder ein unruhiger Tag: unsere Baracken wurden vergast, da mußten wir umziehen – ich mit Hauptm. Ullmann zusammen in eine ziemlich unfreundliche Bude, nur mit dem allernotwendigsten ausgerüstet, alles andere mußte zurückbleiben zur Entseuchung. Erst am Montag geht es in die alte Wohnung zurück."*[218] Trotz aller Maßnahmen war auch für die deutschen Wachmannschaften infolge der „dummen Sache" nicht nur die „Gemütlichkeit" vorbei: Nach der Erinnerung von Hauptmann L. starben innerhalb von fünf Wochen 24 Wachmänner, 15 Prozent des gesamten Lagerpersonals. Im Winter 1941/42 sollen während der Epidemie insgesamt etwa 20 bis 25 Prozent der im Lager lebenden Wachmannschaften gestorben sein.[219]

Im März 1942 wurde die Quarantäne aufgehoben, im April bzw. Mai 1942 war Zeithain wieder fleckfieberfrei.[220]

Die gesamte Quarantänezeit über hatte das Stalag 304 (IV H) keine Neuzugänge aufgenommen. Auch zu Verlegungen von Gefangenen in andere Lager kam es nicht.[221] Zeithain war während dieser vier, fünf Monate hermetisch abgeriegelt. Dadurch sollten vor allem Panikreaktionen in der deut-

215 Ebd.

216 Vgl. ebd., Bl. 200–201.

217 Erinnerungen K.; AStSG, Sammlung Zeithain. Hervorhebung im Original.

218 Postkarte K. vom 9. 1. 1942. Ebd.

219 Aussage L., 30. 1. 1967. Verf. Zeithain; Nds. HStA H, Nds. 721 Gö Acc. 103/87, Nr. 14, Bl. 199, sowie Niederschrift Z., 23. 10. 1967. Ebd., Nr. 14/3, Bl. 878–879.

220 Vgl. Chorun-Kommission; Sächs. HStA, LRS Min. d. Innern, Landespolizeibehörde der Volkspolizei Sachsen, Bd. 042, Bl. 25.

221 Ebenso wurde in anderen Lagern zur Eindämmung der Epidemie verfahren. Vgl. hierzu Hüser/Otto, Das Stammlager 326, S. 73, sowie Borgsen/Volland, Das Stalag X B, S. 162.

Das Ende der Quarantäne (Gruppenbild der Wachmannschaften), März 1942.

schen Bevölkerung – mancherorts machten gar Gerüchte über Pest und Cholera unter den Bewohnern der umliegenden Dörfer die Runde – verhindert werden.[222] Die Quarantäne galt in erster Linie dem Schutz der Bevölkerung und der Wachmannschaften, *„die bisher noch nicht mit Fleckfieber in Berührung gekommen sind und bei denen das Fleckfieber meist unter schweren Krankheitserscheinungen verläuft."*[223] Bei allen Maßnahmen ging es prinzipiell erst in zweiter Linie um die Gesundheit der sowjetischen Kriegsgefangenen.

Die dritte große Seuche, die Tuberkulose, spielte in Zeithain anfänglich nur eine geringe Rolle. Im Sterberegister der Gemeinde Lichtensee war nur bei ungefähr vier Prozent der verzeichneten Toten „Tuberkulose" als Todesursache angegeben. Im Frühjahr und Sommer 1942 begann die Zahl der Tbc-Erkrankungen allerdings rasch anzusteigen. Eine Auflistung vermerkte am 29. April 1942 unter 616 Lazarettkranken bereits 175 Tbc-Fälle. Ab Ende 1942 wurde die inzwischen sehr starke Verbreitung von Tbc zu einem der Haupt-

222 Vgl. ebd.

223 OKW/AHA. Betr.: Ärztliche Maßnahmen bei Sowjet-Kr. Gef., 8.12.1941; Nds. StA W, 91/284.

probleme in den Gefangenenlagern auf Reichsgebiet. Deshalb war es seit Anfang 1943 eine der Hauptaufgaben des nunmehrigen Kriegsgefangenen-Reservelazaretts Zeithain, die Tbc-Fälle des Wehrkreises IV zu konzentrieren und zu isolieren.[224]
Das geschah vor allem, um einen möglichst reibungslosen Arbeitseinsatz der sowjetischen Kriegsgefangenen zu gewährleisten.

3.7 Arbeitseinsatz

Zunächst hatte die NS-Führung den Arbeitseinsatz sowjetischer Kriegsgefangener aus Sicherheitsgründen kategorisch abgelehnt. Die Furcht vor einer möglichen Indoktrination der deutschen Bevölkerung war dabei bestimmend: *„Es muß weiterhin bedacht werden, daß der Nationalsozialismus das deutsche Volk zwar von der Krankheit des Bolschewismus befreit hat, daß aber eine gewisse Anfälligkeit dazu immer noch besteht.* [...] *Es darf nicht vergessen werden, daß in unserem Volk noch 5000000 Menschen leben, die früher einmal kommunistisch gewählt haben."*[225] Deshalb erschien ein Arbeitseinsatz der sowjetischen Kriegsgefangenen „völlig undenkbar".[226]
Wirtschaftliche Beweggründe führten allerdings bereits im Juni 1941 dazu, daß das beim OKW zuständige Wehrwirtschafts- und Rüstungsamt und das Reichsarbeitsministerium dem Gedanken eines Arbeitseinsatzes sowjetischer Kriegsgefangener näher traten: *„Mit einer aus heutiger Sicht für die NS-Ideologen geradezu unverfroren anmutenden Selbstverständlichkeit bereiteten sie von Ende Juni 1941 den ‚Russeneinsatz' in einer Art und Weise vor, als habe es Vorbehalte von Wehrmachts- sowie Partei- und Staatsführung kaum gegeben."*[227]
Es war reiner Pragmatismus, der zu diesem Kurswechsel geführt hatte. Die Gefangenen und die Bürger der besetzten sowjetischen Gebiete waren das letzte nennenswerte Arbeitskräftepotential, das zur Verfügung stand (mit Ausnahme der italienischen Militärinternierten ab 1943/44).[228] Daß die Wehrmacht den Feldzug im Osten nicht wie erwartet als „Blitzkrieg" führen und gewinnen konnte, hatte weitreichende Auswirkungen auf die Wirt-

224 Vgl. Chorun-Kommission; Sächs. HStA, LRS Min. d. Innern, Landespolizeibehörde der Volkspolizei Sachsen, Bd. 042, Bl. 26. Vgl. hierzu auch Kap. 3.8 und 3.9.

225 So äußerte sich Goebbels Sommer 1942. Zitiert nach Streit, Keine Kameraden, S. 193.

226 Reichsaußenminister Ribbentrop schloß mit diesen Worten gegenüber einem Vertreter des türkischen Außenministeriums den Arbeitseinsatz der sowjetischen Kriegsgefangenen kategorisch aus. Vgl. ebd.

227 Otto, Vernichten, S. 128.

228 Vgl. Streit, Keine Kameraden, S. 201. Vgl. hierzu auch Kap. 5.1.

schaft gehabt. Die ständigen Aushebungen der Wehrmacht in den Betrieben zeigten sich bereits im Sommer 1941 in einem Fehlbestand von 2,6 Millionen Stellen.[229]

Die Voraussetzung für den Arbeitseinsatz hatte die Wehrmacht durch die Einrichtung der „Russenlager“ und die penible Registrierung der Kriegsgefangenen geschaffen. Den ideologischen Bedenken gegen den „Russeneinsatz“ sollte durch die „Aussonderungen“ Rechnung getragen werden. Bereits am 4. Juli 1941 erhielt diese Konzeption während einer Besprechung im Wehrwirtschafts- und Rüstungsamt, an der auch Vertreter der Abteilung für Kriegsgefangene im OKW, des Reichsministeriums für Ernährung und Landwirtschaft, der Dienststelle Rosenberg,[230] des Beauftragten für den Vierjahresplan und des Reichsarbeitsministeriums teilnahmen, breite Zustimmung: *„In der Besprechung wurde zunächst festgestellt, dass nach bisher von höchster Stelle erteilten Weisungen russische Kriegsgefangene überhaupt nicht in Arbeit eingesetzt werden sollen. Angesichts des dringenden Bedarfs der Wirtschaft und insbesondere der Landwirtschaft an Kriegsgefangenen sei jedoch das OKW bemüht, eine Freigabe von russischen Kriegsgefangenen für den Arbeitseinsatz zu erwirken.“* Der Sofortbedarf an Kriegsgefangenen für den Arbeitseinsatz wurde auf 500 000 festgelegt.[231] Bereits einen Tag später wandte sich das OKW nochmals mit der Bitte an Göring, *„sich für eine Lockerung der bisherigen Richtlinien einzusetzen.[232] “*

Das Oberkommando bereitete den Arbeitseinsatz nun konsequent vor. Am 21. Juli 1941, dem selben Tag, an dem der Einsatzbefehl Nr. 9 an die „Russenlager“ ausgegeben wurde, erhielten die Rüstungsinspektionen der einzelnen Wehrkreise die Richtlinien über den „Russeneinsatz“.[233] Diese legten ebenso wie mehrere in den folgenden Wochen herausgegebene Befehle die Grundsätze des Arbeitseinsatzes fest. Das OKW erhob den „kolonnenmäßigen Einsatz“ zum Prinzip, um so die Bewachung an den Arbeitsstätten gewährleisten zu können: Die Gefangenen sollten nur in geschlossenen Gruppen von mindestens 20 Personen zum Einsatz kommen. Weiterhin ordnete es die strikte Isolierung der sowjetischen Kriegsge-

229 Vgl. Herbert, Fremdarbeiter, S. 137.

230 Die Dienststelle Rosenberg wurde am 17. 11. 1941 zum Reichsministerium für die besetzten Ostgebiete aufgewertet.

231 Vgl. zur Genese der Entscheidung für den Arbeitseinsatz ausführlich Otto, Vernichten, S. 127 bis142. Hier S. 127. Vgl. den Vermerk über die Besprechung im Wehrwirtschafts- und Rüstungsamt: RAM. Betr.: Arbeitseinsatz von russischen Kriegsgefangenen, 5. 7. 1941; BA Berlin, R 41/168, Bl. 123–125. Zitat Bl. 123.

232 OKW, WiRüAmt an den Beauftragten für den Vierjahresplan, 5. 7. 1941; BA Berlin, R 41/168, Bl. 127.

233 Siehe Otto, Vernichten, S. 130. Die Richtlinien waren am 8. 7. 1941 herausgegeben worden. Zu den Anordnungen über den „Russeneinsatz“: BA-MA, RW 19/2109.

fangenen an den Arbeitsstätten und in den Unterkünften der Arbeitskommandos an; sie sollten sich nicht „hetzerisch" betätigen können. Auch mußte so beim Waffeneinsatz zur Verhinderung von Fluchtversuchen keine Rücksicht auf andere Gefangene oder gar deutsche Zivilisten genommen werden.[234]

Nur drei Tage nach dem Rundschreiben über die Grundsätze des Arbeitseinsatzes erteilte das OKW am 24. Juli 1941 den Wehrkreisen II, IV, VI, VIII, X und XI die „Ermächtigung", Franzosen, Serben und Polen im wehrmachteigenen Einsatz durch jeweils 2000 sowjetische Kriegsgefangene abzulösen. Das Oberkommando wies dabei nochmals auf den unbedingten Kolonneneinsatz hin. Ausdrücklich ordnete es an, daß „Asiaten und deutschsprechende Russen" ganz ausgeschlossen bleiben sollten. Mit dieser Weisung traf das OKW zwei wichtige Entscheidungen zum „Russeneinsatz": Zum einen ermöglichte es eine erste „Umsetzung" von Gefangenen in Arbeitsstellen, zum anderen stellte es erstmals den Grundsatz isolierter „Russenlager" in Frage. Anfang August entschied sich das OKW dann endgültig für den „Russeneinsatz", allerdings nicht ohne darauf hinzuweisen, daß er als „notwendiges Übel" auf das erforderliche Mindestmaß zu beschränken sei.[235] Hitler begrenzte zudem die Höchstzahl der nach Deutschland zu überführenden sowjetischen Kriegsgefangenen auf 120 000.[236]

Trotz dieser unmißverständlichen Beschränkung ließ sich der mittlerweile in Fluß geratene Zustrom in die Lager auf Reichsgebiet nicht mehr kanalisieren oder gar stoppen: Am 10. August befanden sich über 150 000, am 1. Oktober 1941 mehr als 288 000 sowjetische Gefangene in Deutschland. Ab Anfang August (mancherorts sogar früher) wurden sie systematisch zur Arbeit eingesetzt.[237]

Zwei Wochen nachdem der „Russeneinsatz" im Wehrkreis IV begonnen hatte, konnte der Präsident des Landesarbeitsamtes Sachsen am 15. August 1941 dem Reichsarbeitsministerium einen ersten Erfahrungsbericht geben.[238]

Bemerkenswert ist, daß in keinem Fall die eigentlich als unabdingbar geforderte Überprüfung dem Arbeitseinsatz vorausgegangen war. Die zuständi-

234 Vgl. u. a. OKW, AWA/Kriegsgef., 8. 9. 1941. Dok. 1519–PS. IMT, Bd. XXVII, S. 274–283.

235 OKW, Kriegsgef. Betr.: Arbeitseinsatz der kriegsgefangenen Russen, 24. 7. 1941; BA-MA, RW 19/836. Vgl. auch Otto, Vernichten, S. 130–131.

236 OKW, Kriegsgef. Betr.: Arbeitseinsatz sowjetischer Kriegsgefangener, 2. 8. 1941; BA-MA, RW 19/836.

237 So Otto, Vernichten, S. 132–133.

238 Präsident LAA Sachsen. Betr.: Einsatz von Kriegsgefangenen: hier: Erfahrungen im Russeneinsatz, 15. 8. 1941; BA Berlin, R 41/168, Bl. 25. Auf den außerordentlich frühen Beginn des Arbeitseinsatzes im Wehrkreis IV weist Otto, Vernichten, S. 133, Anm. 103, hin.

gen Stapostellen hatten erst Ende Juli ihre Einsatzbefehle erhalten; bis zum Beginn der „Aussonderungen" vergingen oft mehrere Wochen. Das zunächst starre Festhalten des OKW an der Abfolge „Aussonderungen" – Arbeitseinsatz hatte die „Russenlager" derart anwachsen lassen, daß sie kaum noch zu kontrollieren und zu organisieren waren. Sie drohten im Chaos zu versinken. Dies galt auch, und sogar in starkem Maße, für Zeithain. Also kamen die Gefangenen ohne Überprüfung in die Arbeitskommandos und andere Kriegsgefangenenlager.[239]

Im Wehrkreis IV kam es wegen der chaotischen Verhältnisse in Zeithain sehr früh zu einer Verteilung der Gefangenen auf die übrigen Stalags. Bereits in der Bestandsmeldung für den 1. September 1941 wiesen alle Lager (mit Ausnahme des Stalag IV C Wistritz) sowjetische Kriegsgefangene in einer Stärke von mehreren tausend Personen auf.[240] Ihre schnelle Verteilung erfolgte wegen des großen Zustroms nach Zeithain, der dort nicht mehr bewältigt werden konnte: Während am 15. Juli in einer ersten Bestandsliste 2000 sowjetische Kriegsgefangene an die WASt gemeldet wurden,[241] wies die folgende Statistik vom 10. August 1941 bereits 31955 Personen aus! Das war die größte Anzahl Gefangener, die es im Lager Zeithain jemals gab.[242] Solche Massen überforderten die Lagerverwaltung völlig: Weil die Registrierung zu lange dauerte, wurden viele Gefangene aus Zeithain im August und September auf die übrigen Lager des Wehrkreises, aber auch auf diverse Arbeitskommandos im süddeutschen Raum verteilt. Das nur 15 Kilometer von Zeithain entfernte Stalag IV B Mühlberg spielte bei der Umverteilung der Zeithainer Gefangenen im Wehrkreis eine bedeutende Rolle. Dort nahm man nun die Registrierung und die geplanten „Aussonderungen" vor. Ähnlich verhielt es sich mit denjenigen Gefangenen, die in den süddeutschen Raum, insbesondere in die Wehrkreise VII und XVII (aber auch IX), weitergeleitet worden waren.

Wie erwähnt, wies der Leiter des Einsatzkommandos Zeithain, Uhlenhaut, noch am 25. September 1941 die Stapoleitstelle München darauf hin, daß die sowjetischen Kriegsgefangenen unüberprüft aus Zeithain abtransportiert würden, die geplanten „Aussonderungen" somit in den Arbeitskommandos vorzunehmen waren.[243] Die nachgeholte Überprüfung wurde vom

239 Erhalten ist die Anordnung des Wehrkreis-Kommandos XVII, derzufolge die sowjetischen Kriegsgefangenen *„in dem im M. Stammlager XVII B* [Krems-Gneixendorf] *abzugrenzenden Ostteil des Lagers aufgenommen"* wurden. Weiter hieß es: *„Die Zuweisung wird allmählich in Teilraten aus Russenlagern des Altreichs erfolgen."* WK-Kdo. XVII, Abt. Kgf. Betr.: Einsatz von sowjetrussischen Kriegsgefangenen, 5. 9. 1941; BA-MA, RH 53–17/192.

240 Vgl. Otto, Vernichten, S. 94–95.

241 OKW/Abt. Kriegsgef. Russenlager, 15. 7. 1941; BA-MA, RW 6/v.184, Bl. 151.

242 Ebd., Bl. 161.

243 Fernschreiben der Stapoleitstelle Dresden an Stapoleitstelle München, 25. 9. 1941; Nds. HStA H, Nds 721 Gö Acc. 103/87, Nr. 14/38, DH 9.

Einsatzkommando der Stapoleitstelle München mit „tödlicher Effizienz“ durchgeführt, wie die nach Herkunftslagern geordneten Auflistungen der „Ausgesonderten“ belegen: Eine Aufstellung allein für den Zeitraum bis Ende November 1941 verzeichnete ungefähr 160 aus dem Stalag 304 (IV H) Zeithain, stammende Gefangene, wobei die kleinste registrierte Erkennungsmarken-Nummer „7“, die höchste „19572“ war.[244] Demzufolge waren in Zeithain, aber auch in anderen Lagern des Wehrkreises IV, zwischen August und Anfang November 1941 laufend Transporte für bayrische Lager zusammengestellt worden. Die Aufstellung der Stapo München verzeichnete zum Beispiel fast genauso viele aus Mühlberg wie aus Zeithain stammende Gefangene, ebenfalls ungefähr 160.[245]
Weiterhin lassen sich beispielsweise zahlreiche Gefangene mit Zeithainer bzw. Mühlberger Erkennungsmarken in den Sterbefallmeldungen des Stalag IX B Bad Orb vom Januar 1942 feststellen.[246] Es handelte sich hierbei allerdings um kein regionales oder gar Zeithainer Spezifikum: Das OKW hatte aus ähnlichen Gründen in größerem Umfang Gefangene aus dem Stalag 326 (VI K) Senne in andere Lager verlegt. Für Sommer und Herbst 1941 läßt sich festhalten: *„Die Kommandanten waren gewiß froh über jeden sowjetischen Soldaten, den sie in ein anderes Lager oder in ein Arbeitskommando abgeben konnten, regten das möglicherweise sogar von sich aus an.“*[247]
Mithin war die Umverteilung der Gefangenen auf andere Lager neben der beträchtlichen Sterberate ein Hauptgrund für die rasche „Entvölkerung“ Zeithains. Die Bestandsmeldung für den 1. Oktober 1941 verzeichnete nur noch 11046 sowjetische Kriegsgefangene, von denen sich – dies ist die erste derartige Meldung – 3310 im Arbeitseinsatz befanden.[248]

Alle Vorgaben zur Beschränkung des „Russeneinsatzes“ waren somit hinfällig geworden: Am 15. Oktober wurde der bedingte, am 31. Oktober 1941 der umfassende Arbeitseinsatz der sowjetischen Kriegsgefangenen befoh-

244 Verzeichnis der vom Einsatzkommando des Chefs der Sicherheitspolizei und des SD (Stapoleitstelle München) ausgesonderten sowjetischen Kriegsgefangenen im Wehrkreis VII; Bay. StA N, KV Ankl. Dok. Fotokop. Nr. R 178 Teil 2, Bl. 301–306. Dies bedeutet zudem, daß bei einer durchschnittlichen „Aussonderungs“-Quote von ungefähr zehn bis 15 Prozent allein bis Ende November ca. 1000–1500 aus Zeithain stammende Gefangene im Wehrkreis VII überprüft wurden. Selbst bei einer höheren Quote hatte das Einsatzkommando noch immer mehrere hundert „Zeithainer“ in diesem Zeitraum verhört.

245 Ebd.

246 Stadtarchiv Bad Orb, Aufstellung über die in der Zeit vom 1. 1. bis zum 9. 1. 1942 im Stalag IX B Bad Orb verstorbenen sowjetischen Kriegsgefangenen.

247 Otto, Vernichten, S. 141. Vgl. hierzu auch Hüser/Otto, Das Stammlager 326, S. 108, sowie Keller, „Russenlager“, S. 114–115, zur Situation in den Lagern in der Lüneburger Heide.

248 OKW/Abt. Kriegsgef. Sowjet-Lager im Reich, 1. 10. 1941; BA-MA, RW 6/v. 184, Bl. 170.

len.[249] Zu dieser Grundsatzentscheidung Hitlers notierte der Leiter der Parteikanzlei, Martin Bormann: *„Der Führer sprach am gestrigen Abend über den notwendigen Einsatz der russischen Kriegsgefangenen; es sei notwendig, diese dazu billigsten Arbeitskräfte baldigst produktiv anzusetzen, denn füttern müssten wir die Gefangenen doch und es wäre widersinnig, dass sie in den Lagern als unnütze Esser faulenzten."*[250] Wenige Wochen später hieß es in einem Befehl Hitlers: *„Die Zuführung der sowjet. Kr. Gef. in die Rüstungs- und Kriegswirtschaft ist für die Aufrechterhaltung der Rüstungskapazität und für die Leistungsfähigkeit unserer Kriegswirtschaft nunmehr entscheidendes Problem geworden."*[251]
Zu diesem Zeitpunkt war ein erheblicher Teil der sowjetischen Kriegsgefangenen bereits verhungert, ermordet, litt an Seuchen oder war so entkräftet, daß an einen Arbeitseinsatz kaum zu denken war.[252] Außerdem kamen die meisten „Russenlager" wegen der grassierenden Epidemien im Winter 1941/42 unter Quarantäne. So vermerkte das für Zeithain zuständige Rüstungskommando Dresden in seinem Wochenbericht für Anfang Dezember 1941: *„Sowjetische Kriegsgefangene konnten bisher nur in geringer Zahl zugewiesen werden. Die Zuweisung stockt z.Zt. völlig wegen Seuchengefahr."*[253] Auch nach Aufhebung der Quarantäne im Frühjahr 1942 änderte sich die Lage nicht. Wegen der miserablen Behandlung in den Vormonaten standen kaum noch Arbeitsfähige zur Verfügung. Der Arbeitseinsatz konnte erst im Sommer 1942 mit neuen Gefangenen in größerem Umfang realisiert werden.

Alle überlieferten Personalkarten belegen, daß sowjetische Kriegsgefangene aus Zeithain, die dem Arbeitseinsatz zugeführt wurden, in von anderen Stalags aus geführte Arbeitskommandos versetzt wurden.[254] Beispielsweise kam der Gefangene Vasilij Korčev (Erk.-Marken-Nr. 23.165) am 27. September 1941 mit einem Transport aus dem Oflag 58 Siedlice in Zeithain an. Nach seiner Registrierung, einer Schutzimpfung gegen Pocken und

249 So Herbert, Fremdarbeiter, S. 139.

250 Aktennotiz Bormann, 15.10.1941; BA Berlin, R 43 II/670a, Bl. 41.

251 Chef OKW Keitel, 24.12.1941; BA Berlin, R 43 II/670a, Bl. 45.

252 Vgl. zur Ernährung der Gefangenen Kap. 3.5.

253 KTB RüKdo Dresden, 1.10.–31.12.1941; BA-MA, RW 21–15/9, Bl. 51. Leider enthalten die KTB des Rüstungskommandos bzw. der Rüstungsinspektion Dresden – im Gegensatz zu denen anderer Rüstungsinspektionen und Rüstungskommandos – kaum Informationen zum Arbeitseinsatz sowjetischer wie auch anderer Kriegsgefangener.

254 Einschränkend muß angemerkt werden, daß noch keinerlei Personalkarten von in den Stahlwerken Gröditz und Riesa eingesetzten Gefangenen aufgefunden wurden. Die beiden Werke befanden sich in unmittelbarer Nähe Zeithains. Laut Kilian, Kriegsgefangenenzentrale Torgau, S. 86, gehörte aber zumindest das Arbeitskommando Gröditz zum Stalag IV D Torgau.

Typhus (16. Oktober) wurde er am 23. Oktober 1941 in das zum Stalag IV A Hohnstein gehörige Arbeitskommando Stroga verlegt.[255]

Dies entsprach – unter Umgehung der Zwischenstation Mühlberg – genau der Vorgehensweise, die Uhlenhaut Ende September 1941 angekündigt hatte: *„Zeithain ist Auffanglager für den Wehrkreis röm 4. Von dort werden die Russen dem Durchgangslager Mühlberg zugeführt, das in wenigen Tagen Aussonderungen nach arbeitseinsatzmäßigen Gesichtspunkten durchführt und alsdann die Gefangenen einer Anzahl weiterer Stalags zuführt."*[256] Zeithain besaß somit mit großer Wahrscheinlichkeit die Funktion eines zentralen Aufnahmelagers für den Wehrkreis IV, und damit für das mitteldeutsche bzw. sächsische Industrierevier.[257]

Die Gefangenen, die sich in den Monaten Oktober 1941 bis August 1942 in Zeithain im Arbeitseinsatz befanden (vgl. Tab. 5), hatten vor allem die Aufgabe, das Lager aufzubauen. Mit diesem Auftrag wurde es auch während der Quarantänezeit im Winter 1941/42 weitergeführt.

Monat	Okt. 41	Dez. 41	Jan. 42	Feb. 42	April 42	Mai 42	Juni 42	Aug. 42
Gesamtzahl	11046	10677	7298	5685	3729	3615	3469	2980
im Arbeitseinsatz	3310	1361	250	513	660	1578	1486	1260

Tab. 5: Monatsübersicht Oktober 1941 bis August 1942 über die im Arbeitseinsatz befindlichen sowjetischen Kriegsgefangenen des Stalag 304 (IV H) Zeithain.[258]
(BA-MA, RW 6/v. 184, Bl. 170; /v. 450, Bl. 12, 20, 27, 44, 55, 65, 78.)

Außerdem wurden die Gefangenen zu Ladetätigkeiten auf dem Bahnhof Jacobsthal, an einer Anlegestelle für Elbkähne nahe der Ortschaft Zschepa und in den Vorratslagern des Stalag, zu Erdarbeiten auf dem Truppenübungsplatz, zu Lagerarbeiten in der Heeres-Munitionsanstalt sowie zum Ausheben von Gräbern und zu Bestattungsarbeiten eingesetzt. Weiterhin mußten sie in der Schneiderei und in der Schusterwerkstatt des Lagers Wehrmachtaufträge ausführen. Hinzu kam ein unregelmäßiger Einsatz auf Bauernhöfen der Umgebung.[259]

255 Es ließen sich zahlreiche weitere Beispiele anführen. Vgl. Personalkarte I V. Korčev; AStSG, Sammlung Zeithain.

256 Fernschreiben der Stapoleitstelle Dresden an Stapoleitstelle München, 25.9.1941; Nds. HStA H, Nds 721 Gö Acc. 103/87, Nr. 14/38, DH 9.

257 Vgl. Hüser/Otto, Das Stammlager 326, S. 108.

258 Zur Gesamtzahl der Gefangenen in Zeithain vgl. Kap. 8.

259 Vgl. Bericht Melnikov an den Leiter der politischen Verwaltung der Gruppe der sowjetischen Besatzungstruppen in Deutschland, Kadašnik, 3.7.1947. Siehe außerdem Protokoll der Chorun-Kommission, November 1946; AStSG, Sammlung Zeithain.

Gefangene im Arbeitseinsatz, Frühjahr 1942.

Entladearbeiten am Bahnhof Jacobsthal, Herbst 1941.

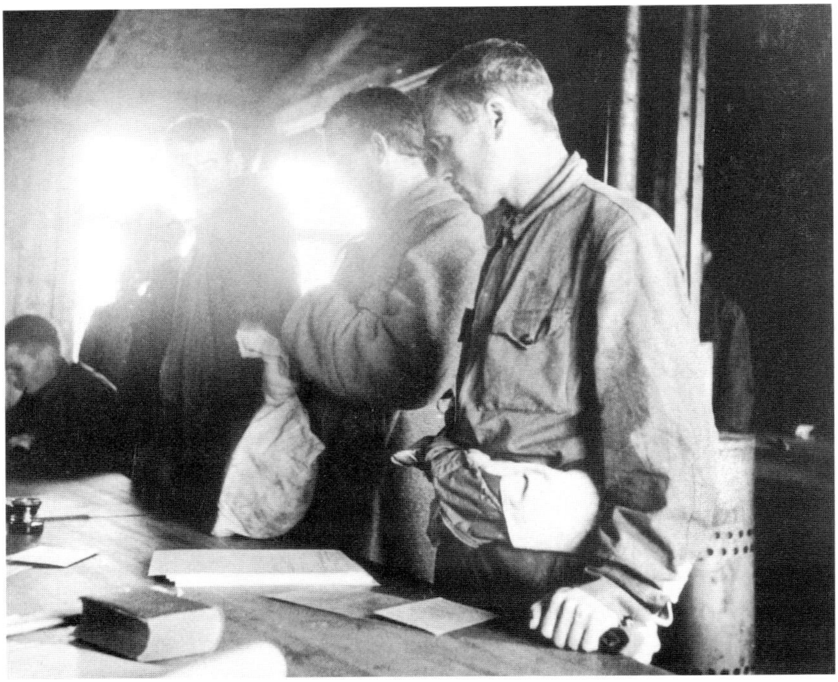

Gefangener (1. v. l.) bei der Arbeit in der Schreibstube, Winter 1941/42.

Große Arbeitskommandos waren im Wehrkreis IV im Braunkohlebergbau tätig, in den Betrieben der chemischen Industrie in der Region Halle (Buna, Leuna, Schkopau) sowie in den Werken der Mitteldeutschen-Stahlwerke AG in Riesa, Gröditz und Lauchhammer. Zudem wurden sowjetische Kriegsgefangene aus Zeithain im Steinkohlebergbau bei Zwickau sowie im Oberbauwerk Wülknitz eingesetzt.

Hier spielte die Arbeitsleistung der Gefangenen schon bald eine wichtige Rolle: Die Rüstungsproduktion des Stahlwerkes Gröditz beispielsweise umfaßte ungefähr 87 Prozent der gesamten Rüstungserzeugnisse der Mittelstahlgruppe. Der forcierte Ausbau des Werks zu einem Rüstungsbetrieb hatte trotz umfangreicher Einberufungen von „Gefolgschaftsmitgliedern" zur Wehrmacht einen deutlichen Anstieg der Beschäftigtenzahlen zur Folge. Die Gesamtbelegschaft stieg von 1940 bis 1942 um 500 auf insgesamt 7900 Werksangehörige. Im gleichen Zeitraum wuchs der Anteil der ausländischen Arbeiter – Kriegsgefangener und Zwangsarbeiter – auf 42 Prozent der Beschäftigten; 1942 waren 62 Prozent von ihnen sowjetische Kriegsgefangene und Ostarbeiter.[260]

Der harte, zwölf bis vierzehn Stunden dauernde Arbeitstag der Gefangenen, die ohne ausreichende Ernährung häufig direkt am Arbeitsort in pro-

260 Vgl. hierzu Dörr, Zum Vorgehen der faschistischen Betriebsführung, S. 88–89.

Transport eines Arbeitskommandos mit der Feldbahn, vermutlich Frühjahr 1942.

visorischen Unterkünften untergebracht waren, forderte zahlreiche Opfer. Eine unbekannte Zahl verstarb infolge der Lebens- und Arbeitsbedingungen nach kurzer Zeit an Entkräftung oder hungerbedingten Krankheiten.[261] Tuberkulose breitete sich vor allem unter den im Bergbau Beschäftigten und den in feuchten und kalten Unterkünften „Wohnenden" aus. In immer größerer Zahl transportierte man Tbc-Kranke in das Zeithainer Lazarett. Diese kamen aus den Betrieben in der unmittelbaren Umgebung des Stalag Zeithain, aus dem Gröditzer Stahlwerk etwa,[262] und aus den übrigen Lagern des Wehrkreises.[263]

Aus Sorge vor Flucht und Sabotage erhielten die Wachmannschaften der Arbeitskommandos vom OKW ähnliche Befehle wie die in den Stalags.[264] Jegliche Widersetzlichkeit und Nachlässigkeit bei der Arbeit sollte sofort unterbunden werden.[265] Insbesondere zu Beginn des Arbeitseinsatzes im Herbst 1941 war das Vorgehen gegen die Gefangenen schonungslos. In einer Anweisung Görings vom 7. November 1941 hieß es: *„Aufsicht: Wehrmachtsangehörige während der Arbeit, aber auch deutsche Arbeiter, die hilfspolizeiliche Funktionen wahrzunehmen haben.* [...] *Die Strafskala kennt*

261 Vgl. für die Senne Hüser/Otto, Das Stammlager 326, S. 113.

262 Vgl. Dörr, Zum Vorgehen der faschistischen Betriebsführung, S. 107–108.

263 Vgl. die Transportmeldungen des Kdr. M.-Stammlager IV D, Gruppe Einsatz; BA-MA, RH 49/101. Vgl. auch Kap. 3.8 und 3.9.

264 Vgl. Kap. 4.1.

265 OKW/AWA/Kriegsgef. Allg. Betr.: Behandlung sowj. Kr. Gef., 24. 3. 1942; BA-MA, RW 6/v. 278.

zwischen Ernährungsbeschränkung und standrechtlicher Exekution im allgemeinen keine weiteren Stufen."[266]

Ein etwas besseres Los als in der Industrie hatten die Gefangenen normalerweise in der Landwirtschaft, wo sie in der Regel besser behandelt und verpflegt wurden.[267]

Als 1942 nach der Sommeroffensive erneut sowjetische Kriegsgefangene in großer Zahl nach Deutschland kamen, wurde der Wehrkreis IV vom OKW bevorzugt versorgt. Nachdem die Zeithainer Verwaltung noch im August 1942 lediglich 2980 Gefangene in seiner monatlichen Bestandsliste nach Berlin gemeldet hatte, waren es in der Septemberstatistik 21151![268] Im Spätsommer des Jahres kam es daraufhin zu einer schnellen Umverteilung auf andere Lager innerhalb und außerhalb des Wehrkreises. Binnen eines Monats reduzierte sich die Zahl der in Zeithain Gefangenen auf nunmehr 6698. Dafür stieg beispielsweise die Anzahl der sowjetischen Gefangenen im Stalag IV F Hartmannsdorf um etwa 3000 und in den Stalags IV A Hohnstein, IV C Wistritz und IV G Oschatz um jeweils circa 2000.[269] Zudem scheinen aus Zeithain mehrere Transporte mit insgesamt ungefähr 10000 Gefangenen zum Einsatz in belgischen Steinkohlegruben abgegangen zu sein.[270] Im Herbst 1942 verlor das Stalag 304 (IV H) dann aber bereits seine bisherige Funktion für den Arbeitseinsatz im Dresdner Wehrkreis.

3.8 Das Krankenrevier des Stalag 304 (IV H) und das Kriegsgefangenenlazarett „Waldlager" Zeithain

Obwohl die Geschichte sowjetischer Kriegsgefangener in Zeithain, rein zeitlich betrachtet, überwiegend die Geschichte des Kriegsgefangenenlazaretts gewesen ist, wissen wir über letztere leider weniger als über die „Stalag-Phase". Das hat verschiedene Gründe. Quellen staatlicher Provenienz sind nur spärlich überliefert. Auch der sonst so ausführliche Untersuchungsbericht der Chorun-Kommission behandelt die Lazarettzeit nur sehr knapp. Hinzu kommt, daß in Erinnerungsberichten Überlebender die Situation im Krankenrevier kaum erwähnt wird. Eine Ausnahme sind hier die

266 Dok. 1193–PS. IMT, Bd. XXVII, S. 58.

267 So Borgsen/Volland: Stalag X B, S. 145.

268 Vgl. Kriegsgefangenen-Bestandsmeldung, 1.9.1942; BA-MA, RW 6/v. 450, Bl. 87.

269 Vgl. Kriegsgefangenen-Bestandsmeldung, 1.10.1942; BA-MA, RW 6/v. 450, Bl. 96. Zur Zahl der Gefangenen in Zeithain vgl. auch Kap. 8.

270 Vgl. Kjung, Nevidimyj Šit, S. 163–187.

Berichte von zwei Ärztinnen, die als Angehörige der Roten Armee in Kriegsgefangenschaft geraten waren. Was die erste Zeit der Lagergeschichte angeht, so darf man das Lazarett im sogenannten Waldlager und das Krankenrevier des Stalag 304 (IV H) nicht verwechseln. Denn neben dem (in allen Lagern obligatorischen) Krankenrevier wurde bereits vor Eintreffen der ersten Kriegsgefangenen in der Nähe des gerade im Aufbau befindlichen Stalag ein Kriegsgefangenenlazarett eingerichtet. Dessen Aufstellung als „Reservelazarett (Kgf.) Waldlager Zeithain", so seine offizielle Bezeichnung, hatte das Wehrkreiskommando am 30. Juni 1941 angeordnet. Seinen Namen hatte das Lazarett nach einem zwei bis drei Kilometer vom Stalag entfernt gelegenen Wäldchen, in dem sich ein ehemaliges SA-Lager befand. Dessen Gebäude nutzte man für das Lazarett. Das Waldlager war dem Korpsarzt beim Stellvertretenden Generalkommando des IV. Armeekorps in Dresden unterstellt. Dem Aufstellungsbefehl entsprechend, stellte die Sanitäts-Ersatz-Abteilung 4 (Wehrkreis IV) das medizinische Personal. Das Lazarett wurde für 500 Kranke eingerichtet.[271]

Die Versorgung erkrankter Kriegsgefangener oblag zunächst serbischen und polnischen Ärzten.[272] Zudem sollen auch französische Mediziner tätig gewesen sein. Hingegen erlaubte die Lazarettleitung sieben seit Herbst 1941 im Lager befindlichen sowjetischen Ärztinnen keine selbständige Arbeit: sie mißtraute ihnen und ordnete sie deshalb den serbischen und polnischen Ärzten als Helferinnen unter. Mehrere sowjetische Krankenschwestern verteilte sie auf die verschiedenen Krankenbaracken.[273] Die deutschen Ärzte im Krankenrevier des Stalag und im Waldlager übten hauptsächlich Kontrollfunktion aus.[274]

Wahrscheinlich hatte das Waldlager bereits kurz nach seiner Errichtung die Funktion eines überregionalen Lazaretts inne. Es war dem OKW nicht gelungen, die geplante Isolierung der sowjetischen Gefangenen in speziellen „Russenlagern" aufrechtzuerhalten. Im gleichen Maß, in dem sie auf andere Lager verteilt wurden, mußte das ursprünglich für das Stalag 304 (IV H) eingerichtete Lazarett die Betreuung kranker Gefangener aus dem gesamten Wehrkreis IV mit übernehmen. Jedoch scheiterte auch in Zeithain die vorgesehene Konzentration von Gefangenen, die während einer der Epidemien erkrankt waren, an speziellen Lazarettlagern.[275] Die Wehr-

271 Vgl. Stammtafel des Res.-Laz. (Kgf.) Waldlager Zeithain; BA-MA, RH 53-4/15, Bl. 105, und Chorun-Kommission; Sächs. HStA, LRS Min. d. Innern, Landespolizeibehörde der Volkspolizei Sachsen, Bd. 042, Bl. 195.

272 Brief Šlykov, 5–7/1989; Sammlung Förster.

273 Vgl. Erinnerungen Pimenova; AStSG, Sammlung Zeithain.

274 So auch in anderen Lazaretten für sowjetische Kriegsgefangene. Vgl. Hüser/Otto, Das Stammlager 326, S. 79, sowie Borgsen/Volland, Das Stalag X B, S. 156.

275 Siehe Hüser/Otto, Das Stammlager 326, S. 76.

machtplaner hatten eine derart immense Zahl Seuchenkranker nicht erwartet; die rasche Ausbreitung und schnelle zeitliche Abfolge von Ruhr, Fleckfieber und Tbc torpedierte ihr Konzept schon nach wenigen Wochen. Im Waldlager nahm die Lazarettleitung bereits im Herbst 1941 nur noch Gefangene auf, die an keiner Seuchenerkrankung litten. Infektiöse Kranke mußten im Stalag verbleiben.[276] Eine Antwort darauf, wer im Herbst und Winter 1941 in das Waldlager kam, ist im Untersuchungsbericht der Chorun-Kommission nicht zu finden. Vielleicht ist die Erinnerung Vladimir Šlykovs zutreffend: *„Im Revier Jacobsthal* [im Waldlager] *befanden sich nur solche Kriegsgefangene, die chirurgisch behandelt werden mußten."*[277] Selbst wenn es der Lagerleitung im Herbst 1941 zunächst noch gelungen sein sollte, seuchenkranke Gefangene zu isolieren, so ist doch anzunehmen, daß in Zeithain wie andernorts die *„medizinische Betreuung* [der sowjetischen Kriegsgefangenen] *im Rahmen der damals obwaltenden Hungerstrategie kalkuliert vernachlässigt wurde und im wesentlichen lediglich eine elementare medizinische Selbsthilfe der Gefangenen zuließ."*[278] Anfang 1942 kam es zu einer Umstrukturierung der Krankenversorgung im Stalag 304 (IV H). Am 28. Januar wurde das im Lager befindliche Krankenrevier ausgebaut. Wenige Tage später, am 10. Februar, kam es zunächst zur Auflösung des Waldlagers, das gleichwohl knapp zwei Wochen später vom nunmehr als Hauptlazarett bezeichneten Krankenrevier als „Erweiterung" übernommen wurde.[279] Von der Verlegung der Patienten des Waldlagers berichtete im Rückblick Šlykov: *„Anfang 1942 brachte man alle kriegsgefangenen Kranken und das Personal des Reviers Jacobsthal* [des Waldlagers] *in die Holzbaracken des Lagers 304 H Zeithain, wo ich auch als Sanitäter im Verbandsraum und in den Operationsräumen arbeitete. Sie brachten mich auf den oberen Pritschen im Zimmer des kriegsgefangenen Personals unter. Hier wohnten sowohl Sanitäter als auch Ärzte, Aufwarter, Polizei."*[280] Mitte Februar 1942 begann die Lagerleitung mit der Unterbringung der Seuchenkranken im Lazarett.[281] Voraussetzung für den Arbeitseinsatz war, die Gesundheit der Gefangenen zu erhalten.[282]

276 Vgl. Chorun-Kommission; Sächs. HStA, LRS Min. d. Innern, Landespolizeibehörde der Volkspolizei Sachsen, Bd. 042, Bl. 195.

277 Vgl. Brief Šlykov, 5–7/1989; Sammlung Förster.

278 Borgsen/Volland, Das Stalag X B, S. 157.

279 Vgl. Stammtafeln des Reserve-Lazaretts Zeithain bzw. des Res.-Laz. (Kgf.) Waldlager Zeithain; BA-MA, RH 53-4/15, Bl. 102–104.

280 Vgl. Erinnerungen Šlykov; Sammlung Förster.

281 Vgl. Chorun-Kommission; Sächs. HStA, LRS Min. d. Innern, Landespolizeibehörde der Volkspolizei Sachsen, Bd. 042, Bl. 195. Welche Funktion das Waldlager zu dieser Zeit hatte, ist nicht klar.

282 So Borgsen/Volland, Das Stalag X B, S. 157.

Nach Aufhebung der Quarantäne diente das Kriegsgefangenenlazarett Zeithain als Tbc-Lager des Wehrkreises IV. Aus Transportanordnungen läßt sich ersehen, daß im Sommer 1942 Überstellungen Tbc-kranker Russen aus den Stalags sowie den Arbeitskommandos (Arb.-Kdos.) keine Seltenheit waren. So ordnete der Lagerarzt des Stalag IV D Torgau beispielsweise am 20. August 1942 den Transport der Gefangenen Levachov (Arb.-Kdo. Besenlaublingen), Babenko (Arb.-Kdo. Halle-Trotha) sowie Koval und Dovbuš (Arb.-Kdo. Zöberitz) nach Zeithain an. Eine weitere Meldung ist für den 9. September überliefert, als der Torgauer Lagerarzt erneut zwei sowjetische Kriegsgefangene aus dem Bereich Naundorf überstellen ließ.[283] Daß an Tbc erkrankte Gefangene aus Halle, wo es ebenfalls ein Lazarett gab,[284] nach Zeithain kamen, zeigt, daß dort bereits im Sommer 1942 Tuberkulosefälle zusammengefaßt und isoliert werden sollten.

3.9 Vom Stalag 304 (IV H) zum Kriegsgefangenen-Reservelazarett WK IV Zeithain

Die Konzentration und Isolierung von seuchenkranken Gefangenen wurde ab Anfang 1943 Hauptzweck des Lagers Zeithain. Vermutlich aufgrund der Tatsache, daß das Stalag 304 (IV H) infolge der Seuchen des vergangenen Winters und der Überstellung zahlreicher Gefangener in Arbeitskommandos fast menschenleer war, befahl das OKW im Spätsommer 1942 die Verlegung des Lagers nach Loewen in Belgien: Das bedeutete, daß die Stabseinheiten am 8. September nach Loewen kommandiert und dort dem Militärbefehlshaber in Belgien und Frankreich unterstellt wurden, um ein neues Gefangenenlager unter der alten Bezeichnung Stalag 304 zu errichten.[285]
Für das in Zeithain verbleibende Lager ordnete das OKW die organisatorische Unterstellung unter das in unmittelbarer Nähe befindliche Lager Mühlberg an. Ab Oktober 1942 offiziell als dessen Zweiglager geführt, trug es fortan die Bezeichnung Stalag IV B/Z Zeithain.[286] Zur gleichen Zeit begann die sukzessive Umwandlung des Stalag zum zentralen Kriegsgefangenen-Reservelazarett des Wehrkreises IV. Bereits im Herbst 1942 ließ

283 Vgl. hierzu die Meldungen des Kdr. M.-Stammlager IV D, Gruppe Arbeitseinsatz; BA-MA, RH 49/101.

284 Außer in Zeithain existierten im WK IV weitere Kriegsgefangenen-Lazarette in Halle, Leipzig und Mühlberg. Vgl. Kilian, Kriegsgefangenenzentrale Torgau, S. 84.

285 Vgl. Stammtafel des Stalag 304; BA-MA, RH 49/10.

286 Vgl. Belegstärkennachweis Kgf.-Lager vom 1. 10. 1942; BA-MA, RW 6/v. 451, Bl. 96. Zeithain trug somit die offizielle Lagerbezeichnung des Stalag Mühlberg („IV B“) mit dem Zusatz „Z“ (für Zeithain).

die Lagerleitung die ersten nicht als krank registrierten Gefangenen nach Mühlberg bzw. in verschiedene Arbeitskommandos überstellen.[287] Hierüber berichtete der ehemalige Gefangene Levin: *„Wann dies genau erfolgte* [Wechsel der Bezeichnung], *erinnere ich mich nicht. Aber ich weiß genau, daß die Arbeiterkommandos des Lagers 304-H* [unter anderem] *in die Kohleschächte nach Belgien geschickt wurden. (Mit einer Gruppe fuhr Nikolaj Kjung ab.) Es blieben alle Kranken am Ort, kleine Gruppen von ‚Genesenden' für die Betreuung des Lagers und fast das gesamte medizinische Personal."*[288]
Von Oktober 1942 bis zum Februar 1943 umfaßte das Lazarett das Lagergelände vom Vorlager bis zu den Steinbaracken. In einem Teil des Steinbarackenlagers waren seuchenkranke Gefangene untergebracht.[289] Am 26. Februar 1943 wurde das Waldlager endgültig geschlossen und noch am selben Tag das sogenannte C-Lager des ehemaligen Stalag als Teillazarett eröffnet.[290] Nur wenige Tage später, am 10. März 1943, übernahm das Lazarett das Holzbarackenlager als Erweiterung.[291] Im Endausbau umfaßte es laut einer Statistik von 1944 7990 Betten. Es handelte sich damit um ein außergewöhnlich großes Lazarettlager.[292] Der genaue Zeitpunkt, zu dem das Lager seine Stalag-Funktionen endgültig abgab und unter der Bezeichnung Reserve-Lazarett (Kgf.) Zeithain zum zentralen Kriegsgefangenenlazarett für den Wehrkreis IV wurde, ist aus der Überlieferung nicht exakt zu bestimmen. Zumindest ist feststellbar, daß dies spätestens Anfang Februar 1943 der Fall gewesen sein muß: Denn in der monatlichen Kriegsgefangenen-Bestandsübersicht des OKW fand das Stalag IV B/Z letztmalig im Januar 1943 Erwähnung. Zu diesem Zeitpunkt waren 3765 sowjetische Gefangene in Zeithain registriert.[293] Einige Informationen über den Aufbau und die Belegung des Lagers zum Jahreswechsel 1942/43 lassen sich einem sowjetischen Untersuchungsbericht aus der Nachkriegszeit entnehmen: *„Ab Dezember* [1942] *wurde das Lager 304-N zum (zentralen) Reservelazarett für Kriegsgefangene des 4. Militärbezirks umorganisiert;*

287 Siehe Chorun-Kommission; Sächs. HStA, LRS Min. d. Innern, Landespolizeibehörde der Volkspolizei Sachsen, Bd. 042, Bl. 99.

288 Vgl. Brief Levin, Dezember 1988; Sammlung Förster.

289 Ebd., Bl. 195.

290 Vgl. Stammtafel des Reserve-Lazaretts Zeithain; BA-MA, RH 53–4/15, Bl. 100.

291 Vgl. ebd., Bl. 101.

292 Vgl. die Aufstellung der Sanitäts-Ersatzabteilung des WK IV vom 1.12.1944; BA-MA, RH 12–23/565. Hüser/Otto, Das Stammlager 326, S. 79, schließen bereits aufgrund der „extrem hohen Zahl von 2368 Betten" auf eine überregionale Bedeutung des Kriegsgefangenenlazaretts Staumühle in der Senne.

293 Bestand an Kriegsgefangenen im OKW-Bereich, 1.1.1943; BA-MA, RW 6/v. 451, Bl. 1.

es wurde ein deutscher Stabsarzt herangeholt, Ausrüstung und Medikamente wurden geliefert, und die medizinische Betreuung wurde wesentlich verbessert.
Das Reservelazarett bestand aus zwei Abteilungen: a) der Tuberkulose-Abteilung mit bis zu 3000 Tbc-Kranken [und] *b) der therapeutischen Abteilung mit etwa gleich vielen Kranken, bestehend aus einer Chirurgie-Baracke, einer Baracke für Augenkrankheiten und einem Zahnarzt-Kabinett.*
Dem Reservelazarett wurde ein kleines Lager belassen, in dem untergebracht waren: a) das Kommando der Genesenden mit einer Gesamtzahl von bis zu 1000 Personen, das zu Erdarbeiten auf dem an das Lager angrenzenden Schießplatz eingesetzt wurde; b) Arbeitskommandos von bis zu 2000 Personen, die bei Innenarbeiten im Lazarett (Kommando der Totengräber und Verpflegungsbeauftragten), in der Schneiderei und der Schusterwerkstatt, im Lebensmittel- und im Sachmittellager sowie bei Be- und Entladearbeiten beschäftigt waren. Insgesamt befanden sich Ende 1942 im Lager und Lazarett bis zu 9000 Kriegsgefangene."[294]
Parallel zum Ausbau der Krankenreviere setzten zu Beginn des Jahres 1943 verstärkt Zugänge von Kranken ein. Allein die Anzahl der in den Steinbaracken untergebrachten Tbc-Patienten bewegte sich in der Folge zwischen 3000 und 5000 Personen.[295]

Über die Ausstattung und die näheren Lebensumstände im Stalag 304 (IV H) und im Kriegsgefangenenlazarett Waldlager Zeithain haben wir für den Zeitraum zwischen Juli 1941 und Ende 1942 nicht sehr viele Informationen. Allerdings läßt sich aufgrund der Veränderungen, die Anfang 1943 im Lazarett vorgenommen wurden, auf die Bedingungen davor schließen: Im April begann der Umbau der durchgängigen Pritschen in zweistöckige Bettstellen sowie die Verlegung elektrischer Leitungen in den Baracken. Weiterhin ließ die Lagerleitung im Holzbarackenlager Windfänge, Nachtaborte, eine Röntgenanlage und eine „Badeanlage", im Steinbarackenlager Waschräume, Abortanlagen und ebenfalls Windfänge errichten sowie die Gebäude durch Zwischenwände unterteilen. Die Gefangenen erhielten fortan Strohsäcke als Matratzen und alte Decken. Nun ließ die Lagerleitung teilweise auch Kleidungsstücke verteilen. Beim Baden führte sie einen regelmäßigen Wäschewechsel ein. Die Ernährung änderte sich jedoch kaum und war den Bedürfnissen Kranker nach wie vor nicht angemessen; nur die

294 Bericht des Garde-Generalleutnants der Panzertruppen Melnikov an den Leiter der Politischen Verwaltung der Gruppe der sowjetischen Besatzungstruppen in Deutschland, 3.7.1947; AStSG, Sammlung Zeithain.

295 Siehe Chorun-Kommission; Sächs. HStA, LRS Min. d. Innern, Landespolizeibehörde der Volkspolizei Sachsen, Bd. 042, Bl. 99.

„Balanda" kam im Lazarett von da an regelmäßiger als zuvor zur Ausgabe.[296] Trotz der baulichen Verbesserungen sollen prophylaktische Maßnahmen gegen die weitere Verbreitung der Seuchen weitgehend gefehlt haben; es fehlte vor allem an Medikamenten.[297] Die Betreuung der Kranken hatte die Lagerleitung entgegen den ursprünglichen Bedenken mittlerweile kriegsgefangenen sowjetischen Militärärzten übertragen. Gutyrja erinnerte sich, daß sie trotz der primitiven Umstände versuchten, den Patienten so gut es ging zu helfen: *„An einem Herbsttag sammelte ein Hitleroffizier medizinische Mitarbeiter für die Sanitärabteilung, die im Lager gebildet worden war. Mit Mühe hob auch ich die Hand. Wie sagt man, ich hatte Glück. Ich begann im Verbandszimmer oder der Sanitärabteilung des Lagers zu arbeiten. Es gab sehr viel Arbeit. Vom Morgen bis zum Abend machten wir Verbände; Hunderte teurer Genossen gingen täglich durch meine Hände und durch die Hände meiner Genossen. Nach Möglichkeit reinigten wir die Wunden von Würmern und Eiter, linderten die Qualen der Menschen."*[298]
Und im Bericht Šlykovs heißt es: *„Im Verbandsraum und im chirurgischen Zimmer arbeiteten auch Kriegsgefangene: Der Arzt-Chirurg Gurgen Setrakovič Malchasjan, die Operationsschwester Ljubov Vasiljevna, die Feldscherinnen Galja, Tonja, Anja. An die Familiennamen erinnere ich mich nicht. Als Feldscherinnen der chirurgischen Abteilungen arbeiteten Maria Vassiljevna Gomančuk, Lydia Nikolajevna Romanenka, die mir sehr halfen, als ich an Typhus erkrankte. Unter Leitung Nikolaj Sidorovič Bakštajevs arbeitete das ganze Kollektiv freundschaftlich, gut organisiert, bemüht, die Leiden der Kranken maximal zu erleichtern.* [...] *Unter dem medizinischen Personal des Lagers waren echte Patrioten der Heimat. Sie lebten in Gruppen. Ein Freund stand dem anderen Freund mit Leib und Seele bei. Sie versuchten, sich und die anderen nicht kleinkriegen zu lassen. Das half uns durchzustehen. Ich erinnere mich* [hierbei] *an die kriegsgefangenen Feldschere Nikolaj Gutyrja, Sascha Chomjak, Ludvig Nadešdin, Nikolaj Čirun, an Doktor Pjotr Petrovič Chvartov."*[299]
Doch oftmals war kaum mehr als moralischer Zuspruch möglich. Die Ärztin Anna Markson, die in der Röntgenabteilung arbeitete, erinnerte sich: *„Es war schwer, die Hungerkrankheiten zu heilen. Vor Hunger war das Gesicht geschwollen. Es gab ja keine Medizin in den Baracken. Für 75 Menschen gab man 20–30 Tabletten und 5 Ampullen Glukose aus. Uns Ärzten blieb ein Mittel – das Wort, das heißt, seine Kranken moralisch zu unterstützen und*

296 Vgl. ebd., Bl. 21 und 196.

297 Vgl. ebd., Bl. 99.

298 Erinnerungen Gutyrja; Sammlung Förster.

299 Erinnerungen Šlykov; Sammlung Förster.

sie im Lazarett zu behalten [...]."[300] Selbst das regelmäßige Bad barg für die kranken Gefangenen Gefahren. Sommers wie winters wurden sie von den Wachmannschaften in Unterwäsche und Holzschuhen zur Badebaracke gebracht, wo sie bei jedem Wetter in einer langen Schlange darauf warten mußten, an die Reihe zu kommen.[301]

Neben den Tbc- und Hungerkranken, kamen auch viele Gefangene nach Zeithain, die nicht mehr arbeitsfähig waren. So berichtete ein sowjetischer Arzt: *„In unserem sogenannten Lagerlazarett sammelte man Invaliden aus mehreren kleinen Lagern und Arbeitskommandos, die in Werken und Betrieben Sachsens ihre Arbeitsfähigkeit verloren hatten. Unter ihnen waren solche, die an Armen und Beinen amputiert worden waren; welche, denen eine Hand oder mehrere Finger fehlten. Alle diese Leute brachte man in das ‚Lazarett Zeithain' zum langsamen Sterben! Während die Kriegsgefangenen des eingetroffenen ‚Ersatzes' ihre menschliche Gestalt bewahrt hatten, waren die Gefangenen aus den Arbeitskommandos sehr erschöpft."*[302]

In der Lazarettzeit des Lagers starben die Gefangenen vor allem an Seuchen (in erster Linie an Tbc), an Hunger und Kälte.[303] 1943, während der Lazarettzeit, lag die Sterberate im Lager unterschiedlichen Zeugenaussagen zufolge zwischen mindestens zwei bis drei und maximal bis zu 35 Toten pro Tag.[304]

3.10 Die „Bestattung" sowjetischer Kriegsgefangener

Unter den geschilderten Bedingungen kamen in Zeithain und anderen Lagern auf Reichsgebiet bis zum Frühjahr 1942 Hunderttausende sowjetische Kriegsgefangene ums Leben. Als die organisatorischen Schwierigkeiten bei der Bestattung der Leichen offenbar wurden, erließen das OKW und der Reichsminister des Innern, Wilhelm Frick, gesonderte Bestimmungen über die Beerdigung. Das OKW befahl den Stalag-Kommandanten, die Leichen nicht in Särgen, sondern in Öl-, Teer- oder Asphaltpapier gewickelt zu bestatten.[305] Papier in ausreichender Menge sei bei der „nächstgelegenen Papiergrosshandlung" anzufordern, der Verbrauch wegen der allgemeinen

300 Brief Markson, undatiert; Sammlung Förster.

301 Siehe Chorun-Kommission; Sächs. HStA, LRS Min. d. Innern, Landespolizeibehörde der Volkspolizei Sachsen, Bd. 042, Bl. 96.

302 Zitiert nach Dörr, Zum Vorgehen der faschistischen Betriebsführung, S. 108.

303 Vgl. Chorun-Kommission; Sächs. HStA, LRS Min. d. Innern, Landespolizeibehörde der Volkspolizei Sachsen, Bd. 042, Bl. 99–100.

304 Vgl. ebd., Bl. 21.

305 OKW, Kriegsgef. 12. 11. 1941; BA-MA, RW 6/v. 270, Bl. 116.

Leichen auf dem Lagergelände, Winter 1941/42.

Papierknappheit *„auf das Notwendigste zu beschränken"*.[306] Bei einem „gleichzeitigen Anfall" mehrerer Toter seien diese in einem Gemeinschaftsgrab beizusetzen. Etwa zur gleichen Zeit ging in Gemeinden in der Nachbarschaft von Kriegsgefangenenlagern eine Anordnung des Innenministeriums über die Beerdigung sowjetischer Kriegsgefangener ein. Diese sah vor, die Leichen schnellstmöglich in Papier gewickelt in Gemeinschaftsgräbern auf den Friedhöfen der Gemeinden zu beerdigen: *„Hierbei sind die Leichen nebeneinander (nicht übereinander) in der ortsüblichen Grabestiefe zu betten. Auf Friedhöfen ist als Begräbnisort ein entlegener Teil zu wählen. Feierlichkeiten und Ausschmückungen der Gräber haben zu unterbleiben."*[307]

Besondere Sorge bereitete Frick die Infektionsgefahr für deutsche Zivilisten bei den Bestattungsarbeiten: *„Litt der verstorbene sowjetische Kriegsgefangene an einer übertragbaren Krankheit, so hat die Überführung und Bestattung im Einvernehmen mit dem örtlich zuständigen Gesundheitsamt zu erfolgen. Die zur Aufbewahrung der Leichen benutzten Räume (Bahnhofsschuppen, Leichenhallen) sowie die benutzten Gefährte sind in jedem Falle einer Desinfektion zu unterziehen. Die mit der Aufbahrung, dem Transport und der Bestattung beauftragten Personen sind über die notwendigen hygienischen Maßnahmen – insbesondere Desinfektion nach Berühren von Leichen – zu belehren."*[308] Auch in der Umgebung von Zeithain

306 OKW. Betr.: Beschaffung von Packpapier für die Einhüllung sowj. Leichen, 1943; BA-MA, RW 6/v. 270, Bl. 116.

307 RMdI. Betr.: Bestattung von Leichen sowjetischer Kriegsgefangener durch die Gemeinden. 27.10.1941 (Abschrift); KA Riesa, Zeithain Nr. 41. Die Gemeinde Zeithain erhielt diese Anordnung vom Landrat des Kreises Großenhain.

308 Ebd.

kam es, wie die überlieferten Sterberegister der Gemeinde Lichtensee bezeugen, zu Beerdigungen sowjetischer Kriegsgefangener auf Gemeindefriedhöfen.

In Zeithain wurden nicht einmal die Anordnungen des OKW umgesetzt, die Bestattungen auf primitivstem Niveau vorsahen. Die zum „Leichenhaus" des Lagers umfunktionierte Baracke war ständig mit Toten überfüllt, so daß Leichen in langen Reihen auf dem Lagergelände lagen. Häufig waren sie nackt, da ihnen andere Gefangene Kleider und Schuhe abgenommen hatten.[309] Nicht selten kam es vor, daß noch Lebende „irrtümlich" zu den Toten gelegt wurden: *„Die Leichen wurden auf Betonplätzen übereinander gestapelt, bewacht von Polizeispitzeln. Aus einem dieser Stapel von Toten kroch im Dezember 1941 der Oberfeldwebel Grigorij Pagalnikov. Seinen Platz auf dem ‚Friedhof' hatte er etwas voreilig erhalten, offensichtlich befand er sich in einem solchen Zustand der Bewußtlosigkeit, daß die Sanitäter keinerlei Lebenszeichen bei ihm mehr erkennen konnten. In der Kälte kam er wieder zu sich, begann sich zu rühren. Der Wachhabende fluchte nur böse, als er Pagalnikov bemerkte, ohne diesem jedoch nur irgendwie zu helfen, buchstäblich aus dem Grabe zu steigen."*[310]
Die überwiegende Zahl der Toten wurde in Zeithain seit August 1941 in Massengräbern bestattet.[311] Für ihren Transport mußten Bauern aus der Umgebung des Lagers Pferdefuhrwerke zur Verfügung stellen. Als im Herbst 1941 immer mehr Menschen starben, setzte die Lagerverwaltung Lastkraftwagen ein, um die Leichen zu den Grabanlagen zu bringen. Schließlich mußten sowjetische Kriegsgefangene eine Feldbahn bauen, auf der sie die Toten in Loren zu den Gräbern schoben. Die nackten Leichen wurden – entgegen den Anordnungen nicht einmal in Papier gewickelt – in langen Reihen und in drei bis vier Schichten übereinander „bestattet"; die Beerdigungskommandos warfen sie einfach in die vorbereiteten Massengräber.[312]
Im Dezember 1941 waren die beiden ersten Massengräber überfüllt. Das Beerdigungskommando mußte wegen der weiterhin hohen Sterberate umgehend ein neues Massengrab anlegen. Da der Frost die Beerdigungen behinderte, mußte die gefrorene oberste Erdschicht weggesprengt werden.[313] Über die Bestattungen in den Massengräbern notierte Leutnant K.

309 Vgl. Chorun-Kommission; Sächs. HStA, LRS Min. d. Innern, Landespolizeibehörde der Volkspolizei Sachsen, Bd. 042, Bl. 30.

310 Volkind, Živoe slovo, S. 379.

311 Siehe Chorun-Kommission; Sächs. HStA, LRS Min. d. Innern, Landespolizeibehörde der Volkspolizei Sachsen, Bd. 042, Bl. 65.

312 Vgl. ebd., Bl. 3.

313 Aussage L., 30. 1. 1967. Verf. Zeithain; Nds. HStA H, Nds. 721 Gö Acc. 103/87, Nr. 14, Bl. 199.

Das Bestattungskommando bei der Arbeit. Rechts im Bild ein Wachmann mit – laut Anordnungen verbotener – Peitsche, Winter 1941/42.

im Januar 1942 in sein Tagebuch: *„Heute Dienst beim Russenbegräbnis. 500 in einer Reihe! Über 12000 liegen schon im Massengrab. Ich will es nicht vergessen dieses Bild, wie sie die Toten abladen von der Lore, wie sie frosthart klappernd aufschlagen, in die Tiefe poltern, mit offenen Augen ihrer Schändung zusehen, sich nicht wehren können. Welches Ende von Menschen, wie ich selber einer bin, von Menschen mit Blut und Seele."*[314]

314 Erinnerungen K., 16.1.1942; AStSG, Sammlung Zeithain.

4. Selbstbehauptung, Solidarität und Widerstand

4.1 Flucht

Mit dem Eintreffen der ersten Gefangenen in Deutschland im Juli 1941 ergab sich für Wehrmacht und Polizei ein neues Problem: Fluchtversuche sowjetischer Kriegsgefangener.[315] Aufgrund der NS-Propaganda hielt die Bevölkerung entflohene sowjetische Kriegsgefangene für viel bedrohlicher als Gefangene anderer Nationen; insbesondere auf dem Land fürchtete man um Leben und Besitz.[316] Fluchtversuche sowjetischer Kriegsgefangener sollten deshalb besonders rigoros unterbunden werden. Die Wachmannschaften wurden immer wieder darauf hingewiesen, daß auf flüchtende Russen das Feuer sofort, ohne den üblichen Warnruf oder Warnschuß, zu eröffnen sei.[317]

In den ersten Wochen und Monaten kamen Fluchtversuche in Deutschland vor allem auf den Transporten zu den Lagern, vereinzelt auch aus diesen selbst vor. Für den Wehrkreis IV und Zeithain sind nur einige wenige Beispiele dokumentiert. So liegt beispielsweise eine Meldung der Kriminalpolizeistelle Nürnberg-Fürth vom 26. August 1941 vor, in der die Straftaten zweier aus dem Lager Mühlberg stammender sowjetischer Kriegsgefangener angezeigt wurden. Sie waren eine Woche zuvor zusammen mit 28 anderen zwischen Hof und Marktredwitz aus einem Transportzug entwichen.[318] Die Kriminalpolizeistelle Breslau etwa meldete, daß während eines Eisenbahntransports nach Zeithain am 28. September 1941 130 sowjetische Kriegsgefangene in Oberschlesien geflüchtet waren.[319]

315 Zur Fluchtproblematik vgl. insbesondere Osterloh, Untersuchung von Beispielen, S. 97–129. Vgl. auch bei Herbert, Fremdarbeiter, S. 309–314, sowie Streim, Die Behandlung sowjetischer Kriegsgefangener, S. 208–213.

316 Vgl. zur Einstellung der deutschen Bevölkerung zu den sowjetischen Kriegsgefangenen Kap. 4.5.

317 Vgl. beispielsweise Stellv. Gen. Kdo. XI: Merkblatt für Arbeitskommandos der sowjetischen Kriegsgefangenen, November 1941; Nds. StA W, 91 N/284.

318 Kripo Nürnberg-Fürth an Kdr. Kgf. im WK XVII. 26. 8. 1941; BA-MA, RH 53–17/192.

319 Vgl. Brodskij, Die Lebenden kämpfen, S. 112.

Wie in anderen Lagern, so dürften wohl auch in Zeithain Fluchtversuche hauptsächlich in der Aufbauphase geglückt sein, als die Sicherungsanlagen noch nicht vollständig ausgebaut waren. Über die Gesamtzahl der Fluchten in dieser Zeit lassen sich aufgrund der mangelhaften und verstreuten Überlieferung der Fahndungsaufrufe weder für das gesamte Reichsgebiet noch für das Lager Zeithain genaue Aussagen treffen.[320]

Nach Fertigstellung der Lagerbefestigungen bot sich vor allem auf Transporten sowie beim Arbeitseinsatz Gelegenheit zur Flucht. Waren Gefangene entkommen, hatten die Wachmannschaften schnellstmöglich mehrere Schritte zu unternehmen: Den zuständigen Behörden mußten detaillierte Angaben zu den geflohenen Personen gemeldet werden. Diese veranlaßten eine großräumige Fahndung unter Angabe der Erkennungsmarkennummer sowie der genauen Beschreibung des Flüchtigen.[321] Der zuständige Bezirkskommandeur der Ordnungspolizei, das Stalag sowie die nächstgelegene Polizeidienststelle waren unverzüglich zu benachrichtigen. In besonderen Fällen, wie etwa bei Massenfluchten, Aufruhr oder Sabotage, konnte die Polizei um Hilfe ersucht werden. Die Wachmannschaften des Arbeitskommandos mußten die Fahndung nach entflohenen Kriegsgefangenen sofort aufnehmen,[322] die verantwortliche Stalag-Kommandantur hatte dem Kommandeur der Kriegsgefangenen im Wehrkreis nach folgendem Muster Meldung zu erstatten: *„1) Bei stattgehabten Fluchten oder Fluchtversuchen von Kriegsgefangenen ist dem Kdr. d. Kgf. nach beschleunigt unter Heranziehung der Gruppe Abwehr vorzunehmender Klärung der ganzen Sachlage eingehender Bericht zu erstatten, der darüber Aufschluss zu geben hat: a) wie die Flucht usw. erfolgte, b) wie in den letzten 3 Tagen vor der Flucht der Wach- und Kontrolldienst geregelt war und wie sich ggflls. der Kgf. das in der Regel zur Flucht benötigte deutsche Geld, Zivilkleider, Karten, Konserven usw. verschaffen konnte, c) inwieweit schuldhaftes Versäumnis der Bewachungs- oder Abwehrorgane vorliegt und dementsprechend durchgegriffen wurde, d) welche Massnahmen getroffen wurden, um eine Wiederholung der Fluchten zu verhindern."*[323]

In dem Merkblatt, das der Kommandeur der Kriegsgefangenen des Wehrkreises IV, von Botzheim, zu Beginn des Arbeitseinsatzes sowjetischer

320 Die Anzahl der Fluchten und Fluchtversuche im gesamten Reichsgebiet wird diskutiert in: Osterloh, Untersuchung von Beispielen, S. 127–130.

321 Vgl. Hüser/Otto, Das Stammlager 326, S. 134.

322 Stellv. Gen.-Kdo. XI A. K., Wk-Kdo. Abt. Kgf. Hannover, November 1941; Nds. StA W, 91 N/284.

323 Kdr. Kgf. WK IV. Betr.: Fluchten und Fluchtversuche der Kriegsgefangenen. 7.11.1941; BA-MA, RH 49/104.

Kriegsgefangener herausgegeben hatte, wies er die Stalag-Kommandanten sowie die Wachmannschaften der Arbeitskommandos auf Maßnahmen zur Verhinderung von Gefangenenfluchten hin: *„Wachvorgesetzte haben* ***ständig darauf*** *zu achten, dass bei allen patroullierenden ständigen Posten bez. Streifen in u. ausserhalb der Lager wie auch bei Revisionen der Unterkünfte der Kgf. diese Gänge nach* ***Weg, Zeit*** *und* ***Zahl*** *ganz* ***unregelmäßig*** *erfolgen. Die Kgf. müssen in ständiger Ungewissheit gehalten werden, ob, wann u. wie die nächste Revision bez. der nächste Patrouillengang usw. erfolgt.* ***Jede schematische Handhabung des Wach- und Kontrolldienstes begünstigt nur Fluchtversuche.****"*[324]
Erschwert wurden die Fahndungen nach flüchtigen Russen dadurch, daß diese „[...] *bei Fluchten sich meist ihrer Erkennungsmarke entledigen und daher oft nicht mehr als Krs. Gef.* [sic!], *besonders nicht als* ***Sowjet.-Kr. Gef.*** *erkennbar sind* [...]. *"*[325] Um deren Identifizierung als sowjetische Kriegsgefangene nach der Wiederergreifung zu erleichtern, ordnete das OKW die permanente Kennzeichnung aller gefangengenommenen Rotarmisten an. Diese Kennzeichnung sollte in Form eines mit Höllensteinstift aufgetragenen Kreuzes auf der Innenseite des linken Unterarmes vorgenommen werden. Für die ersten Tage nach Herausgabe dieses Erlasses sind einige Vollzugsmeldungen einzelner Stalags überliefert.[326] Das Oberkommando hob diesen Befehl allerdings kurze Zeit später wieder auf.[327]
Nachdem das OKW dieses Vorhaben aufgegeben hatte, befahl es, den Rotarmisten zumindest durch gründliches Abscheren der Kopf- und Barthaare Fluchten zu erschweren, da die Gefangenen dadurch leicht als solche zu erkennen waren.[328] Diese „Kennzeichnung" war naturgemäß zeitweilig und entsprach nicht der eigentlichen Intention, die sowjetischen Kriegsgefangenen dauerhaft kenntlich zu machen. Wenige Monate später, im Juli 1942, erließ das OKW deshalb erneut eine Anordnung, die Kriegsgefangenen mit einer Art „Brandzeichen" zu kennzeichnen: *„Das Merkmal besteht in einem nach unten geöffneten spitzen Winkel von etwa 45º und 1 cm Schenkellänge auf der linken Gesäßhälfte (^), etwa handbreit von der Afterspalte entfernt."*[329] Weiter hieß es in dem Befehl, daß das „Merkmal" den

324 Ebd. Hervorhebungen im Original.

325 OKW, Kriegsgef. Allg. Betr.: Kennzeichnung der sowjetischen Kriegsgefangenen. 16.1.1942; Nds. StA W, 91/N 284. Abgedruckt ist dieser Befehl in Hüser/Otto, Das Stammlager 326, S. 134.

326 Z. B. Stalag XVII B Krems-Gneixendorf. Betr.: Kennzeichnung der sowjet. Kgf. 4.2.1942; BA-MA, RH 53–17/186.

327 Vgl. Streit, Keine Kameraden, S. 257.

328 OKW, Chef Kriegsgef., Befehlssammlung Nr. 12, 8.4.1942; BA-MA, RW 6/v. 270, Bl. 74.

329 OKW, Chef Kriegsgef./San/Allg. zur Kennzeichnung der sowjetischen Kriegsgefangenen, 20.7.1942; BA Berlin, R 58/400, Bl. 71. Abgedruckt bei Hüser/Otto, Das Stammlager 326, S. 135. Zum folgenden ebd.

Gefangenen durch ein *„oberflächliches Ritzen der gespannten Haut mit der mit chinesischer Tusche benetzten, vorher ausgeglühten Lanzette"* beigebracht werden sollte. Der Hinweis, daß bei der Kennzeichnung der Gefangenen tiefe Wunden zu vermeiden seien, hatte keinen medizinischen Hintergrund. Vielmehr wollte man vor einer Beeinträchtigung des Arbeitseinsatzes warnen.

Dieser zweite Befehl zeigt, daß das Oberkommando den ersten Kennzeichnungsbefehl weder aus humanitären noch aus moralischen Bedenken zurückgenommen hatte.[330] Vermutlich gaben technische oder medizinische Probleme den Ausschlag. Jedoch setzte das OKW auch die zweite Aktion kurze Zeit später aus und stellte sie letztlich endgültig ein.[331] Die Vermutung ist naheliegend, daß es an Personal und Material zur Durchführung mangelte. Es gab aber auch Proteste, beispielsweise seitens des Amtes Ausland/Abwehr, gegen diese „Brandmarkung" der Gefangenen.[332]

Im Sommer und Herbst 1942 gab es weitere Versuche, die Flucht von Kriegsgefangenen zu erschweren. Sowohl das OKW wie auch die einzelnen Wehrkreise ordneten zusätzliche Sicherheitsvorkehrungen an. Da Gefangene ihre Fluchtversuche meist nachts unternähmen, sollten ihnen auf Transporten bei Einbruch der Dämmerung die Schuhe,[333] einem anderen Erlaß zufolge in den Unterkünften der Arbeitskommandos über Nacht Hosen und Schuhe abgenommen werden.[334]

Da alle Maßnahmen Fluchten von Kriegsgefangenen nicht hatten verhindern können, diese im Gegenteil sogar noch zunahmen, gab das OKW am 22. September 1942 den sogenannten „Fluchterlaß" heraus.[335] Auf Basis einer Auswertung aller vorgefallenen Fluchten hatte es einen Maßnahmenkatalog zusammengestellt:[336] Die Wachmannschaften sollten die Gefangenen regelmäßig auf den schonungslosen Gebrauch der Schußwaffen aufmerksam machen; die Unterkünfte waren möglichst häufig und in unregelmäßigen Zeitabständen zu durchsuchen, wobei kein Unterschied zwischen den Quartieren der Offiziere und Mannschaften gemacht werden

330 Vgl. Streit, Keine Kameraden, S. 257.

331 Vgl. Fernschreiben OKW/AWA/Kriegsgef. Allg. an WK Kdo. XVII, 3. 8. 1942. In diesem Fernschreiben wurde die vorläufige Aussetzung der Maßnahme angeordnet, da eine nochmalige Verfahrensänderung geplant sei. Dazu ist es – soweit bekannt – nicht gekommen; BA-MA, RH 53–17/183.

332 Vgl. zur Beendigung der Aktion Hüser/Otto, Das Stammlager 326, S. 134, sowie Streit, Keine Kameraden, S. 258.

333 Abwehrstelle WK VI, Sammelverfügung Nr. 7, 29. 9. 1942; BA-MA, RH 49/112.

334 OKW, Merkblatt für Einrichtung und abwehrmäßige Sicherung eines Kriegsgefangenen-Arbeitskommandos. 1. 8. 1942; KA Herford, Herford Stadt, HF I/1.

335 OKW Chef Kriegsgef/Allg, 22. 9. 1942; BA-MA, RH 49/112.

336 Ebd.

durfte. Zur Kontrolle der Stimmungslage bei den Gefangenen forderte es eine Intensivierung der Postüberwachung.[337]

Obwohl die Fluchtversuche dennoch zunahmen, waren sie – vielleicht mit Ausnahme der letzten Kriegsmonate – keine Massenerscheinung oder gar politische Demonstration.[338] Hauptmotiv der Flucht waren vielmehr die Lebensumstände in den Lagern: die miserable Behandlung dort, Furcht, den „Aussonderungen" zum Opfer zu fallen, der Arbeitseinsatz sowie der ständige Hunger.[339] Mit dem Mut der Verzweiflung versuchten die sowjetischen Kriegsgefangenen ihrer hoffnungslosen Lage zu entrinnen. Die Aussicht, nach einer geglückten Flucht in die Heimat zu gelangen, bestand freilich kaum.[340]
Zur Gesamtzahl der Fluchten im OKW-Gebiet liegen nur vereinzelte Angaben vor. So war im „Fluchterlaß" vom 22. September 1942 die Rede davon, daß von Kriegsbeginn bis zum 30. August 1942 35208 Unteroffiziere und Mannschaften sowie 678 Offiziere erfolgreiche Fluchtversuche unternommen hätten. Dies ergab einen Monatsdurchschnitt von ungefähr 2400 Flüchtigen für alle Lager zusammengenommen.[341] Einer Aufstellung des OKW vom 1. Mai 1944 läßt sich eine Gesamtzahl von 66694 Fluchten entnehmen.[342] Somit waren zwischen dem 1. September 1942 und dem 30. April 1944 weitere 30808 erfolgreiche Fluchtversuche unternommen worden. Dies entspricht einem monatlichen Durchschnitt von ungefähr 1500. Eine zeitliche und regionale Differenzierung läßt sich aus diesen An-

337 Durch Auswertung der Kriegsgefangenenpost in den Zensurstellen sollte ein Stimmungsprofil der Gefangenen erarbeitet werden. Die Berichte der einzelnen Lager und Wehrkreise wertete die Auslandsbrief-Prüfstelle im Amt/Ausl. Abwehr in einer nach Nationalitäten geordneten Monatsübersicht aus. Vgl. Eichholtz, Geschichte der deutschen Kriegswirtschaft, Bd. II, S. 291, Anm. 568. Diese Überwachungsmethode konnte für sowjetische Kriegsgefangene erst spät und lediglich in begrenztem Umfang angewendet werden. Erst im Dezember 1942 wurde der beschränkte Postverkehr für sowjetische Kriegsgefangene zugelassen. Dieser wurde als widerrufbare Vergünstigung und ausschließlich für Kontakte derjenigen Gefangenen gewährt, die aus den besetzten Gebieten stammten. Rd.Erl. CSSD, 4. 12. 1942. Diese Weisung bezog sich auf den entsprechenden Erlaß des OKW/Kriegsgef./Allg. (V), 19. 11. 1942; BA Berlin, RD 19/3, Bl. 49. Mitte 1943 wurde der Postverkehr mit Personen in den besetzten Gebieten grundsätzlich für alle sowjetischen Kriegsgefangenen zugelassen. Rd.Erl. CSSD, 17. 6. 1943; BA Berlin, RD 19/3, Bl. 63.

338 Über einen – zudem politisch motivierten – Massencharakter der Fluchten berichtete beispielsweise Seeber, Zwangsarbeiter, S. 222.

339 Exemplarisch steht hierfür die Aussage des sowjetischen Kriegsgefangenen Ivan Krevenko, der nach seiner Wiederergreifung im Verhör angab: *„Mir gefiel die strenge Zucht in dem Lager nicht. Auch sagte mir die Arbeit in der Fabrik nicht zu."* Vernehmungsniederschrift. Nauendorf (Saalkr.), 23. 10. 1942; BA-MA, RH 49/104.

340 Vgl. hierzu die Ausführungen in Osterloh, Untersuchung von Beispielen, S. 172.

341 OKW Chef Kriegsgef./Allg., 22. 9. 1942; BA-MA, RH 49/112.

342 Beweisdokument der Nürnberger Kriegsverbrecherprozesse NOKW-2125: „Nachweisung des Verbleibs der sowjet. Kr. Gef. nach dem Stand vom 1. 5. 1944", hier nach Jacobsen, Kommissarbefehl, S. 232.

gaben nicht ableiten. In den letzten Wochen und Monaten des Krieges dürften die Zahlen sprunghaft angestiegen sein.[343]

Im Gegensatz zur ersten Zeit, als Gefangene überwiegend aus Verzweiflung Fluchtversuche unternommen hatten, soll es ab Frühjahr 1943 zu ungefähr 300 von der Zeithainer Widerstandsgruppe geplanten Fluchten gekommen sein. Das läßt sich jedoch nicht genauer belegen. Fest steht, daß selbst eine gründliche Vorbereitung den Flüchtigen meist nicht weiterhalf. So berichtete der ehemalige Gefangene Šlykov, daß er zusammen mit zwei weiteren Gefangenen im Sommer 1943 aus Zeithain entkommen sei: *„Im Sommer gelang es mir, die Genossen um St. P. Zlobin zu überzeugen, mir die Flucht zu gestatten. Wir flohen zu dritt. Der Älteste* [war ein] *Hauptmann der sowjetischen Armee. Im Lager war er in der Gruppe der Genesenden. Der dritte war Soldat und arbeitete in der Küche. Den Ausbruch organisierte das Arbeitskommando des Holzlagers der Station Jacobsthal. Im Lager kannten wir uns nicht. Unsere Gruppe wurde von Genossen unserer Organisation zusammengestellt. Man gab uns die Marschroute nach dem Süden* [in] *Richtung Tschechoslowakei und mir den Auftrag darüber zu berichten, daß im Lager eine Parteiorganisation besteht und die Verbindungen zu Partisanen oder zu tschechoslowakischen Kommunisten herzustellen. Man gab uns Kleidung, Nahrung, eine Landkarte, Kompaß, Taschenlampe, Zeltplane, Kochgeschirr und Feldflaschen.*
In den Nächten liefen wir. Am Tage versteckten wir uns in Wäldern, Gebüschen oder Getreidefeldern. Wir gingen in kleine Ansiedlungen (Vorwerke), mit dem Ziel irgendwelche Nahrung zu finden. Wir fanden Milch, Gemüse, Beeren und ähnliches. Manchmal kochten wir im Wald. Eines Tages, als wir uns in den Bergen im Wald versteckten, hat man uns zufällig entdeckt, und wir wurden durch Polizisten und Zivile gefangen. Das war zwölf oder dreizehn Tage nach der Flucht.
Man brachte uns ins Lager IV B nach Mühlberg. Bei den Deutschen war es üblich, Flüchtlinge [aus Zeithain], *die gefaßt wurden in dieses Lager zu bringen* [...]. *Aus dem Lager 304 H in Zeithain flohen viele in jenem Sommer, aber an ihre Namen erinnere ich mich nicht und ich weiß auch nicht, wo sie heute sind."*[344]

In Artikel 50 des Genfer Kriegsgefangenenabkommens heißt es zur Behandlung entflohener Gefangener, die gefaßt werden, unter anderem: *„Entwichene Kriegsgefangene, die wieder ergriffen werden, bevor sie ihr*

343 Vgl. Osterloh, Untersuchung von Beispielen, S. 127–128.

344 Vgl. die Erinnerungen Šlykovs, Mai–Juli 1989; Sammlung Förster. Massenfluchten sollen demzufolge auch nicht stattgefunden haben.

Heer erreichen oder das von dem Heer, das sie gefangen genommen hat, besetzte Gebiet verlassen konnten, dürfen nur disziplinarisch bestraft werden." Artikel 56 ergänzt: *„In keinem Fall dürfen Kriegsgefangene zur Verbüßung von Disziplinarstrafen in Strafanstalten (Gefängnisse, Kerker, Zuchthäuser usw.) verbracht werden. Die Räume, in denen Disziplinarstrafen verbüßt werden, müssen gesundheitlich einwandfrei sein."*[345]
Auf die in deutschem Gewahrsam befindlichen sowjetischen Kriegsgefangenen fand diese Bestimmung keine Anwendung. Spätestens ab August 1941 wurden sie dem Sicherheitsdienst übergeben und von diesem exekutiert.[346] Am 22. November 1941 legte ein Erlaß des OKW die Behandlung Wiederergriffener genau fest: Diese waren aus der Kriegsgefangenschaft zu entlassen und der Gestapo zu übergeben, die die Einlieferung in ein Konzentrationslager anordnete. Dort wurden die Gefangenen liquidiert.[347]
Im März 1942 gab das Oberkommando aufgrund des Arbeitskräftebedarfs der Kriegswirtschaft neue Bestimmungen zur Behandlung der sowjetischen Kriegsgefangenen heraus. Dabei regelte es auch die Behandlung Wiederergriffener neu: Die Gefangenen mußten in jedem Fall, auch wenn sie bei einer Polizeidienststelle eingeliefert wurden, dem nächstgelegenen Stalag überstellt werden. Der Lagerkommandant hatte die Fluchtgründe zu untersuchen. Wenn diese ausschließlich im Hunger oder Heimweh bestanden hatten und keine Straftaten begangen worden waren, sollte der Gefangene nach einer disziplinarischen Bestrafung wieder seinem Arbeitskommando zugeführt werden. Selbst wenn er auf der Flucht Verbrechen begangen hatte, bedeutete dies jetzt nicht mehr zwingend Übergabe an die Gestapo. Es stand den Kommandanten der Kriegsgefangenenlager frei zu entscheiden, ob eine lagerinterne Bestrafung ausreichend sei. In solchen Fällen mußte die Gestapo auch gar nicht hinzugezogen werden. Wenn ein wiederergriffener Kriegsgefangener der Gestapo übergeben wurde, so war er aus der Kriegsgefangenschaft zu entlassen; die Überstellung mußte das Stalag der WASt in Berlin melden.[348]

345 RGBl. 1934, Teil II, S. 246 sowie 248.

346 Vgl. Streit, Keine Kameraden, S. 256. Streim, Die Behandlung sowjetischer Kriegsgefangener, S. 213, gibt an, daß die wiederergriffenen Gefangenen im OKH-Bereich ermordet wurden. Im OKW-Bereich seien sie in den ersten Monaten des Krieges gemäß dem Genfer Kriegsgefangenenabkommen disziplinarisch bestraft worden. Es ist jedoch zu bezweifeln, daß ausgerechnet die Wiederergriffenen den völkerrechtlichen Bestimmungen gemäß behandelt wurden.

347 Zum OKW-Erlaß vom 22.11.1941 vgl. Streit, Keine Kameraden, S. 108 und 346, Anm. 154. Streim, Die Behandlung sowjetischer Kriegsgefangener, S. 213–214, relativiert diese Aussage Streits, indem er schreibt, daß die Gefangenen in der Regel liquidiert wurden. Streit, Keine Kameraden, S. 411, Anm. 158, der sich auf eine Besprechung des Chefs der Werkspolizei des Krupp-Konzerns, v. Bülow, mit einem Vertreter des Kriegsgefangenenwesens stützt, kann entnommen werden, daß eine Überstellung an die Gestapo Exekution bedeutete.

348 OKW/AWA/Kriegsgef. Allg. Zur Behandlung sowjetischer Kriegsgefangener, 24. 3. 1942; BA-MA, RW 6/v. 278. Diese Überprüfung der Flucht entsprach schon eher der Intention des Genfer

Bereits im Mai 1942 modifizierte das OKW diesen Erlaß erneut. Es wies auf die Erfahrung hin, daß Flüchtige fast zwangsläufig Diebstähle oder Überfälle begehen mußten. Deshalb wurde angeordnet, daß wiederergriffene sowjetische Kriegsgefangene *„[...] der nächsten Polizeidienststelle zu übergeben* [seien], *die baldmöglichst feststellt, ob der Flüchtling Straftaten begangen hat. Ist dies nicht der Fall, so wird er dem Kriegsgefangenenlager zum Zwecke der Bestrafung für die Flucht und zu späterem erneuten Arbeitseinsatz wieder zur Verfügung gestellt.“*[349]
Wurden Straftaten ermittelt – was nach den Feststellungen des OKW die Regel gewesen sein dürfte –, war der Gefangene nun doch wieder der Gestapo zu übergeben. Dieses Vorgehen unterstrich Heydrich, der in einem Brief dem GBA, Sauckel, zusagte, bei der Überprüfung von sowjetischen Kriegsgefangenen solle im Zweifelsfall für den Arbeitseinsatz entschieden werden. Gleichzeitig betonte er allerdings, daß der Gefangene bei politischen „Hetzereien“ und bei Fluchtfällen mit Verbrechen weiterhin in ein Konzentrationslager einzuweisen sei.[350] Wie weit der Begriff „Straftat“ gefaßt war, verdeutlicht die Bekanntmachung „Warnung an alle Kgf.“, die mit dem Hinweis schloß, daß jedes der aufgezählten Delikte die Überstellung an den SD zur Folge haben würde: *„Als Schädigung der deutschen Kriegswirtschaft sind u. a. anzusehen: a) Zerstörung oder Beschädigung von Gebäude- oder Barackenteilen (z. B. Durchbrüche durch Wände oder Fußböden usw.), b) Zerstörung, Beschädigung oder Diebstahl von Einrichtungsgegenständen (z. B. Beschädigung von Bettbrettern beim Stollenbau, Beschädigung der Lichtleitung usw.), c) Umändern der den Kgf. nicht persönlich gehörenden Uniformen, d) Diebstahl von Werkzeugen, Rohstoffen, unberechtigter Verbrauch von elektrischem Strom beim Stollenbau usw., e) Fälschung und Diebstahl von Ausweisen usw.“*[351] Eine Flucht ohne solche „Straftaten“ war fast unmöglich. Die von Heydrich bereits im Mai 1942 bekräftigte Regelung blieb bis Kriegsende in Kraft.[352]
Der ehemalige Gefangene des Stalag 304 (IV H) und Häftling des KZ Buchenwald Nikolaj Kjung berichtete über das Schicksal der an den SD überstellten Wiederergriffenen am Beispiel eines Kameraden: *„Über sich sagte er wortkarg: ‚[...] Ich flüchtete aus der Gefangenschaft. Wurde eingefangen.*

Abkommens, jedoch sollten auf der Flucht begangene Verbrechen gerichtlich geahndet werden. Vgl. RGBl., 1934, Teil II, S. 245 (Art. 52).

349 OKW, AWA, Kriegsgef. Allg., 5. 5. 1942; BA Berlin, RD 19/3, Bl. 41–42. Vgl. auch die Darstellung bei Streim, Die Behandlung sowjetischer Kriegsgefangener, S. 214.

350 Mitteilung des CSSD an den GBA, 15. 5. 1942; BA Berlin, R 41/172, Bl. 5.

351 Stalag IV D, Gruppe Abwehr, 23. 9. 1943; BA-MA, RH 49/98.

352 Die letzte belegbare Überstellung in ein Konzentrationslager ist mit dem 21. 11. 1944 datiert. Vgl. Streit, Keine Kameraden, S. 410, Anm. 146.

Das sogenannte Hochbinden: Die Bestrafung wiederergriffener Flüchtlinge. Zeichnung des Gefangenen S. Pachomov (undatiert).

Leistete Widerstand – ich ermordete mit einem selbstgemachten Messer zwei Feldgendarmen. Jetzt bringt man mich um', schloß er. Wir beruhigten ihn, indem wir ihn darauf hinwiesen, daß man ihn an Ort und Stelle hätte erschießen können. Dafür brauchte man keinen irgendwohin zu schicken. Aber wir irrten uns. Wir waren kaum aus dem Auto ausgestiegen, als man Posdnyšev unter besonderes Geleit nahm, und nach rechts in eine einstöckige lange Baracke führte. [Hierbei muß es sich um die Genickschußanlage, den sogenannten „Pferdestall" gehandelt haben.] *Wir sahen ihn niemals mehr. Erst viele Tage später erfuhren wir, daß man Posdnyšev erschossen hatte ...*"[353]

Für Zeithain sind einige Fälle völkerrechtswidriger Bestrafungen von Kriegsgefangenen belegt. Drakonische Strafmaßnahmen, vollzogen an den Wiederergriffenen, sollten auf die übrigen Gefangenen abschreckend wirken. So befand sich im Vorlager ein abgetrenntes Areal, in dem die Lagerleitung auf der Flucht verhaftete Gefangene unterbringen ließ. Möglicherweise handelte es sich um einen sogenannten Sonderpferch, in dem man ansonsten „ausgesonderte" Gefangene bis zu ihrem Abtransport nach Buchenwald einsperrte.[354] Nach Aussage eines ehemaligen Dolmetschers wurden wiederergriffene Flüchtlinge mit auf den Rücken gebundenen Händen an einem Pfahl hochgezogen (das sogenannte ‚Hochbinden'). Diese qualvolle Strafmaßnahme kugelte den Gefangenen die Arme aus.[355]
Gesichert ist, daß die Lagerleitung mindestens in einem Fall sowjetische Kriegsgefangene nach ihrer Wiederergreifung hinrichten ließ. Diese Flüchtlinge waren nach schweren Mißhandlungen „zum Tode durch den Strang" verurteilt worden, da man sie der Ermordung des Gefreiten Otto Hase beschuldigte. Erinnerungen anderer Gefangener zufolge hatten diese sich jedoch längst auf der Flucht befunden, als Hase aus dem Lager verschwand.[356] Jedenfalls kam es zur Hinrichtung der drei sowjetischen Kriegsgefangenen. Ein ehemaliger Wehrmachtangehöriger, der 1942 einen Transport zur „Muna" begleitet hatte, erinnerte sich: *„Wachmannschaften zeigten uns dann drei Russen, die an einem Lichtmast aufgehängt waren. Es wurde uns erklärt, daß es sich um wiedereingefangene Ausbrecher handelte."*[357] Bestätigt werden diese Angaben durch Eintragungen der deutschen Lagerverwaltung in die Personalkarten I der Gefangenen Sitnikov, Petrunin und Faseev: *„28. 12. 42 gehängt, † 29. 12. 42, begr. Russ. Friedhof* [...] *am 30. 12. 42"*.[358]

353 Erinnerungen N. F. Kjung; Sammlung Förster.

354 Aussage L. vom 13. 6. 1967. Verf. Zeithain; Nds. HStA H, Nds. 721 Gö Acc. 103/87, Nr. 14/1, Bl. 441.

355 Aussage Kr. vom 19. 1. 1967. Verf. Zeithain; Nds. HStA H, Nds. 721 Gö Acc. 103/87, Nr. 14/1, Bl. 144.

356 Vgl. Förster, Das Schicksal Sitnikovs – Tod durch Erhängen.

357 Aussage R. vom 1. 12. 1967. Verf. Zeithain; Nds. HStA H , Nds, 721 Gö Acc. 103/87, Nr. 14/2, Bl. 642.

358 Personalkarten Sitnikov, Petrunin und Faseev; AStSG, Sammlung Zeithain.

4.2 Widerstand

Bis zum Herbst 1942 hatte es in Zeithain keinen organisierten Widerstand, sondern nur vereinzelte Aktionen gegeben.[359] So berichtete Gutyrja, daß er 1941 anläßlich des 24. Jahrestages der Oktoberrevolution eine Zeitung hergestellt hatte, in der er alles sammelte, was ihm dazu einfiel. Einzelne Artikel sollen sich kritisch mit Kriegsgefangenschaft befaßt haben, andere gegen das nationalsozialistische Deutschland und vor allem die Hilfspolizisten im Lager gerichtet gewesen sein.[360] Die Zeitung hätten die Gefangenen dann in verschiedenen Baracken des Krankenreviers verlesen.
Die erste Möglichkeit, sich aktiv gegen das im Lager herrschende Regime zu wehren, bot sich den Gefangenen, als das Stalag im Winter 1941/42 unter Quarantäne gestellt und daraufhin von den deutschen Wachmannschaften nicht mehr betreten wurde. Diese Gelegenheit nutzten die Gefangenen, um die im Lager herrschende Machtverteilung zu verändern: *„Die gesamte innere Lagerleitung war der russischen Polizei und der russischen Kommandantur übergeben“*;[361] damit versuchten sie vor allem die Allmacht der Hilfspolizisten zu brechen. Sie entwaffneten und mißhandelten die Kollaborateure. Zumindest ein den Gefangenen bekannter V-Mann der Lagerleitung soll – laut Gutyrja – umgebracht worden sein.
Die Angabe Šlykovs, daß es möglich gewesen sei, „unzuverlässige“ bzw. kollaborierende Gefangene aus dem Lager in Arbeitskommandos zu schicken, stützen Berichte aus anderen Lagern. Da den Lagerverwaltungen normalerweise nicht ausreichend Soldaten mit russischen Sprachkenntnissen zur Verfügung standen, mußten sie Russen, die Deutsch sprachen, für Verwaltungsaufgaben einsetzen. Beim Dienst in den Schreibstuben konnten diese die Personalkarten von Gefangenen fälschen und so auf den Verbleib oder Nichtverbleib bestimmter Personen im Lager Einfluß nehmen.[362] Beispielsweise nutzten die dort Beschäftigten die Gelegenheit, von „Aussonderungen“ Bedrohte dem Zugriff des Einsatzkommandos zu entziehen. Sie gaben ihnen eine neue Identität, indem sie deren Personalkarten gegen Karten bereits Verstorbener austauschten. So änderten sie beispielsweise die Namen der beiden jüdischen Gefangenen Levin und Volkind sowie des

359 Der später in der sowjetischen Literatur postulierte breite Widerstand *„in den Lagern des faschistischen Deutschlands bereits in der ersten Periode des Krieges (1941 bis 1942)“* konnte bislang für das Zeithainer Lager ebensowenig wie für die meisten anderen Kriegsgefangenenlager im damaligen Reichsgebiet nachgewiesen werden. Vgl. beispielsweise Kjung/Talmant, Aus der Geschichte, S. 68.

360 Vgl. Erinnerungen Gutyrja; Sammlung Förster.

361 Vgl. ebd.

362 Vgl. ebd. Siehe hierzu auch Brjuchanov, Stranica istorii, S. 210–211.

Offiziers Dementev in Fedorov, Durbrochov und Ignatenko. Diese entkamen so den „Aussonderungen" und überlebten die Kriegsgefangenschaft.[363]
Trotz solcher Beispiele kann für die erste Phase (1941/42) noch nicht von einem organisierten Widerstand der sowjetischen Kriegsgefangenen in Zeithain gesprochen werden.
Es war eher so, daß der alltägliche Überlebenskampf zu einer Entsolidarisierung der Gefangenen führte. Jeder war sich selbst der Nächste. Um so bemerkenswerter erscheint die Haltung von Gefangenen, die trotzdem bemüht waren, ihren Mitgefangenen beizustehen. Šlykov erinnerte sich: *„Der Hunger, der Wunsch Gleichgesinnte zu haben, Freunde im Unglück, bewegte die Menschen dazu, sich in kleinen Gruppen, sogenannten Kolchosen, zu vereinigen – das bot mehr Chancen sich zu verteidigen als auch zu ernähren. Diese Grüppchen waren unterschiedlich in ihrer Stimmung* [und] *Größe."*[364]

Aus mehreren Gründen begannen die Gefangenen erst zu Beginn des Jahres 1943 mit Versuchen, sich zu organisieren. Die zentrale Figur im Stalag 304 (IV H) war der Überlieferung zufolge der parteilose sowjetische Schriftsteller Stepan P. Zlobin. Er war Anfang August 1942 in das Lager eingeliefert worden. Zu Beginn des Jahres 1943 kam es zunächst zu einigen propagandistischen Aktionen unter den Gefangenen. Boborykin zufolge organisierten einige von ihnen im Januar 1943 eine Veranstaltung zu Ehren Lenins.[365] S. M. Avakumov berichtete hierbei den anderen Gefangenen über das Leben Lenins. Zudem soll im Februar 1943 zum 25. Jahrestag der Roten Armee eine Veranstaltung mit 150 Teilnehmern stattgefunden haben. Hierfür hatte Zlobin gemeinsam mit dem Maler Pachomov eine Zeitung („Gefangene Wahrheit") gestaltet, die sie vor ihren versammelten Kameraden verlasen. Außerdem soll Zlobin ein Puppenspiel geschrieben haben, in dem Hitler, Goebbels und Göring karikiert wurden.[366]

Auf Betreiben Zlobins – über dessen entscheidende Rolle berichten alle ehemaligen Gefangenen übereinstimmend – wurde am 3. April 1943 eine

363 Vgl. Brief Markson, undatiert; Sammlung Förster.

364 Vgl. Erinnerungen Šlykov; Sammlung Förster.

365 Dementev zufolge soll diese Veranstaltung gegen den ausdrücklichen Willen zahlreicher anderer Gefangener stattgefunden haben. Diese befürchteten, daß so die Abwehr auf die Organisatoren aufmerksam gemacht werden könnte und mehr Schaden als Nutzen entstehen würde. Tatsächlich kam es zum Verhör mehrerer sowjetischer Kriegsgefangener, unter ihnen Boborykin. Da ihnen jedoch nichts nachgewiesen werden konnte, entließ die Abwehr sie wieder. Boborykin wurde daraufhin in das Stalag IV B Mühlberg verlegt. Vgl. Bericht Dementev; AStSG, Sammlung Zeithain.

366 Vgl. Erinnerungen Boborykin; Sammlung Förster.

Widerstandsgruppe ins Leben gerufen.[367] Zunächst soll sie 21 Mann stark gewesen sein. Zu ihr gehörten neben Mitgliedern der KPdSU auch Komsomolzen und Parteilose. Die Leitung der Gruppe (Sekretär) hatte Zlobin inne, der dem sogenannten Büro (dem neben ihm selbst I. A. Kostrykin, N. N. Dementev, N. S. Gutyrja sowie N. P. Titov angehörten) vorstand.[368] Die wichtigsten selbstgesteckten Ziele der Organisation waren:

„a) Die Bewahrung des Lebens der Sowjetbürger,
b) der Kampf gegen Feinde der Sowjetunion,
c) der Kampf gegen die Gewinnung der sowjetischen Kriegsgefangenen für die Organisationen, die durch den deutschen Faschismus gebildet wurden,
d) die Organisierung der Flucht aus den Kriegsgefangenenlagern,
e) die Diversionsarbeit in deutschen Industriebetrieben und in der Landwirtschaft."[369]

Das Programm unterschied sich kaum von dem anderer Gruppen, beispielsweise dem des „Hannoveraner Komitees" im Stalag XI C Bergen-Belsen.[370]

Die Formierung eines organisierten Widerstandes in Zeithain war nicht Sache Zlobins allein, aber seine Ankunft im Lager war möglicherweise der entscheidende Anstoß. Sie fiel in eine Zeit, in der sich das Verhalten der sowjetischen wie der übrigen Kriegsgefangenen allgemein zu ändern begann.

Das Jahr 1943, beginnend mit der Niederlage der Wehrmacht in der Schlacht um Stalingrad, wurde generell zur Zäsur. Die Abwehroffiziere in den Stalags konnten jetzt verstärkt widersetzliches Verhalten bei den Kriegsgefangenen feststellen.[371]

367 Vgl. Erinnerungen Šlykov; Sammlung Förster. Die Ärztin Markson sowie der ehemalige Gefangene Boborykin datierten die Gründung der Organisation auf den 4. 4. 1943. Vgl. Brief Markson sowie Erinnerungen Boborykin; Sammlung Förster.

368 Vgl. die Erinnerungen Boborykins sowie den Brief Ljaljakins, Levins und Zlobinas vom Dezember 1993. Beides Sammlung Förster. In dem Brief berichten Ljaljakin sowie Levin, daß V. V. Dudaev im Oktober 1944 als Ersatz für Zlobin in das Büro der Organisation gewählt wurde. Nach kurzer Zeit war das Büro bereits auf sieben Mitglieder erweitert worden.

369 Aus dem „Statut der Organisation"; Sammlung Förster. Den Erinnerungen Nadešdins zufolge hatte sich die Organisation auch das Ziel gestellt, die medizinische Betreuung der Gefangenen zu verbessern. Vgl. Brief Nadešdin; Sammlung Förster.

370 Auch das „Hannoveraner Komitee" wollte gegen Kollaboration kämpfen, Fluchten vorbereiten, gegenseitige Hilfe organisieren, sich mit Gefangenen anderer Nationen verbünden, „Diversions-, Sabotage- und Zersetzungsarbeit" leisten sowie sich gegen die Wachmannschaften zur Wehr setzen. Vgl. Brjuchanov, Stranica istorii, S. 210–211.

371 Siehe hierzu die Berichte der Monate Februar bis Mai 1943. Amt Ausl./Abw., Kgf.-Post Monatsübersicht; BA-MA, RH 49/112. Herbert, Fremdarbeiter, S. 316, bezeichnet die Niederlagen im Winter 1942/43 mit dem Höhepunkt der Schlacht um Stalingrad als Ausgangspunkt für eine organisierte Widerstandstätigkeit.

Zudem fiel der Beginn des organisierten Widerstandes in Zeithain in eine Phase, in der das Lager gerade zum zentralen Reservelazarett für Kriegsgefangene im Wehrkreis IV umgewandelt wurde. Die Voraussetzungen für subversive Tätigkeiten waren für das medizinische Personal in Lazaretten und Krankenrevieren normalerweise erheblich günstiger als für die übrigen Gefangenen in den Stalags: Daß man Ärzte bis Ende 1944 relativ selten austauschte, sich diese dadurch untereinander besonders gut kannten und Kontakte zu vertrauenswürdigen Personen knüpfen konnten,[372] förderte vor allem in den Lazaretten die Bildung von Widerstandsgruppen. Folgerichtig kam dem medizinischen Personal eine wichtige Rolle beim Widerstand zu.[373]

Die Tätigkeit der Zeithainer Widerstandsgruppe im Lazarett war somit kein Einzelfall, sondern hatte Parallelen in anderen Lagern. Ähnliches ist beispielsweise aus dem Stalag 326 (VI K) Senne und aus dem Stalag VI D Dortmund bekannt.[374] Der stetige Menschenstrom zwischen Lagern und Lazaretten begünstigte die Verbreitung von Nachrichten. Bedingung für den fortwährenden Informationsaustausch war die Mitarbeit des Pflegepersonals, vor allem der Ärzte. Nach den Erinnerungen der Gefangenen nutzte das medizinische Personal in Zeithain seine Stellung, um die Kranken in den Baracken zu beeinflussen.

Häufig äußerten sich Widersetzlichkeit und Widerstand der Gefangenen in Propagandaaktionen. Dadurch wollten sie ihre Kameraden von Kollaboration abhalten und in ihrer Treue zur Sowjetunion bestärken.[375] Einer der Schwerpunkte war deshalb die Verbreitung von Informationen über den Kriegsverlauf. Den Berichten zufolge stellte die Widerstandsgruppe in Zeithain mehrere Flugblätter her, die in den Baracken verlesen und teilweise in den Wundverbänden Genesender in andere Lager geschmuggelt wurden. Die Flugblätter sollen unter anderem zum Thema gehabt haben: „Was ist der Faschismus?“, „Die Erde brennt unter den Füßen der Faschisten“, „Was ist das Vlasovtum?“, „Über das große russische Volk“.[376] Ein Flugblatt („Aufruf an die sowjetischen Kriegsgefangenen“) stellte die Gruppe, den Angaben Kotljarovs zufolge, auf einem Wachsmatrizenvervielfältiger in einer Auflage von 50 Exemplaren her.[377] Es war meist der Gefangene Kromov,

372 So Hüser/Otto, Das Stammlager 326, S. 145.

373 Vgl. die Briefe Levins und Nadešdins; Sammlung Förster.

374 Zum Stalag 326 vgl. beispielsweise Siltschenko, Das Lager 326, S. 27–56, sowie für das Stalag VI D Aslanow, Von der Wolga an die Ruhr.

375 Vgl. beispielsweise Siltschenko, Das Lager 326, S. 37.

376 Vgl. Brief Ljaljakin/Levin/Zlobina sowie Brief Boborykin; Sammlung Förster.

377 Brief Kotljarov, 25. 3. 1959; Sammlung Förster.

der die Flugblätter in der Apotheke des Lagers herstellte.[378] Über die Gesamtzahl der verschiedenen Flugblätter und ihre Auflagen ist nichts bekannt.

Die Tätigkeit verschiedener Gruppen in den Lagern war auch der deutschen Abwehr bekannt. Im April 1943 stellte das Amt Ausland/Abwehr fest, daß sich unter den Kriegsgefangenen in den Arbeitskommandos ein gut funktionierender Kurierdienst gebildet habe, der Informationen, Gerüchte und Flugblätter in den Lazaretten austausche und weitergebe.[379] Im August 1943 wies es die Lagerkommandanten in einem Rundbrief darauf hin, daß *„Lazaretteinrichtungen und Krankenreviere* [...] *dem A. O.* [Abwehroffizier] *als Nachrichtenzentralen und Unruheherde bekannt* [sind]. *Umsomehr müssen sie abwehrmässig betreut werden. Der häufige Wechsel von Kranken erschwert aber das Aussuchen von V-Leuten unter den Kranken selbst. Es wird deshalb empfohlen, im Einverständnis mit dem Lagerarzt und dem Chefarzt des Lazaretts, einen zuverlässigen V-Mann mit einer simulierten Krankheit in das Lazarett oder Revier zu schieben und Beobachtungen melden zu lassen. Das Spiel kann, soweit möglich, wiederholt oder mit einem anderen V-Mann durchgespielt werden. Auf Trennung von Offizieren und Mannschaften – hauptsächlich den Sowjet-Russen – in den Lazaretten, ist hinzuweisen."*[380] Zunächst blieben allerdings alle Bemühungen der Abwehr in Zeithain erfolglos.

Im Programm der Zlobin-Gruppe war ebenfalls von der Planung und Durchführung von Diversionsaktionen beim Arbeitseinsatz die Rede. Zwar erwähnte Kotljarov in seinem Brief an Zlobin, daß die in Industrie und Landwirtschaft eingesetzten Kriegsgefangenen Ausschuß produziert hätten, geht aber nicht weiter auf dieses Thema ein.[381] Das Ausmaß von Sabotageaktivitäten der Zeithainer Gefangenen ist naturgemäß nicht mehr feststellbar. Geplante Aktionen konnten nur erfolgreich verlaufen, wenn sie unbemerkt blieben und der Arbeitgeber die Folgen als normale Ausschußproduktion oder Betriebsstörung betrachtete.[382]

378 Vgl. Bericht Dementev; AStSG, Sammlung Zeithain. In der Lagerapotheke arbeitete Zlobin, der dort wegen seiner Kenntnisse des lateinischen Alphabets eingesetzt worden war.

379 Amt Ausl./Abw., Kgf.-Post Monatsübersicht Mai 1943, 1. 7. 1943; BA-MA, RH 49/112.

380 Amt Ausl./Abw. am 10. 8. 1943. BA-MA, RH 49/112.

381 Brief Kotljarov, 25. 3. 1959, Sammlung Förster.

382 Überliefert ist eine Aktennotiz Kaltenbrunners über Hitlers Anordnung zur Untersuchung eines Sabotagefalls in den Henschel-Werken in Kassel im Dezember 1943: *„Der Führer hat die exemplarische Bestrafung der Täter, auch vermutliche oder verdächtige* [sic!] *Personen befohlen. Diese sind im Werk selbst in Anwesenheit der Belegschaft aufzuhängen und dabei anzudrohen* [sic!], *daß in künftigen Fällen die zehnfache Anzahl aus dem Kreise verdächtiger oder vorschubleistender Personen aufgeknüpft werden wird."* Vermerk des CSSD, Kaltenbrunner. Zitiert nach Rürup, Der Krieg gegen die Sowjetunion, S. 186. Vgl. auch Herbert, Fremdarbeiter, S. 315–316.

Bekannt ist nur die Größenordnung der vom Reichssicherheitshauptamt jährlich registrierten „Sabotagefälle": *„Der zuständige Referent im RSHA, Hässler, berichtete rückblickend, ‚daß im Jahresdurchschnitt etwa 6800 Fälle von Einzelsabotage von kleiner Bedeutung zu verzeichnen waren, die nach dem Ergebnis der Ermittlungen fast ausnahmslos auf persönliche Verärgerung oder Vernachlässigung zurückzuführen waren. Zu großen oder Gruppensabotagen kam es nie.'"*[383] Dies war allerdings die Gesamtzahl aller festgestellten „Sabotagefälle", die sowohl von Sowjetbürgern als auch von Angehörigen anderer Nationalitäten verübt worden waren. Zudem erscheint es fraglich, ob es sich bei den erwähnten 6800 Fällen tatsächlich durchweg um Aktionen zur Störung der Produktion gehandelt hatte.[384]

Im weiteren Verlauf des Jahres 1943 kam es zu einer Ausbreitung der Widerstandsgruppe auf verschiedene Lager in der Umgebung von Zeithain. Unter der Führung von Šlykov in Schmorkau und Kotljarov in Königswartha entstanden Gruppen in zwei weiteren Lazaretten. Auch konnte zu einer im Juli 1943 in Mühlberg gegründeten Gruppe, die aus 12 Personen bestand, Kontakt aufgenommen werden. Die Organisation in Zeithain soll bis zum Ende des Krieges auf 58 Mitglieder angewachsen sein; zudem hätte sie 16 „antifaschistische Gruppen" mit insgesamt 250 Angehörigen ins Leben gerufen.[385] Deren Haupttätigkeit bestand in der Verbreitung von Informationen aus abgehörten Radiosendungen.[386]
Die Intensivierung der widerständigen Haltung unter den Kriegsgefangenen entsprach der allgemeinen Tendenz im Jahr 1944. Immer häufiger mußten die Spitzel des Sicherheitsdienstes und die zuständigen Abwehroffiziere jetzt feststellen, daß sich der Widerstandswille der sowjetischen Bürger im Reichsgebiet bedeutend verstärkt hatte.[387] Einigkeit besteht dar-

383 Herbert, Fremdarbeiter, S. 442, Anm. 198.

384 Der Verfolgungsapparat des NS-Regimes vermutete bei sowjetischen Kriegsgefangenen und „Ostarbeitern" oftmals auch bei betrieblichen Störungen zunächst einmal Sabotageabsichten. Ein „Sabotagefall", der zugleich den weit gefaßten Sabotagebegriff der Gestapo zeigt, wurde 1944 beim RSHA aktenkundig: *„Von der Stapoleitstelle* ***Hannover*** *wurden 8 sowjetrussische Kriegsgefangene, 1 Ostarbeiter und 3 Ostarbeiterinnen festgenommen, die in einem Wehrwirtschaftsbetrieb unter Ausnutzung der Verdunkelung und teilweise während des Fliegeralarms zahlreiche Treibriemendiebstähle und Diebstähle durch Herausschneiden von Lederstücken aus Panzerledersitzen begangen hatten. Daraus ergaben sich mehrtägige Lieferungsverzögerungen und Schwierigkeiten im Panzerfertigungsprogramm, so daß eine Anzahl Panzerkampfwagen dem unmittelbar bevorstehenden Fronteinsatz vorenthalten wurden. Das gestohlene Leder wurde zu Schaftstiefeln, Halbschuhen für russische Kriegsgefangene, Ostarbeiter, Ostarbeiterinnen und für einige Angehörige des mit der Bewachung der Kriegsgefangenen beauftragten deutschen Wachkommandos verarbeitet."* MwsE, Nr. 1, 1. 9. 1944; BA Berlin, R 58/213. Hervorhebung im Original.

385 Vgl. Brief Ljaljakin/Levin/Zlobina; Sammlung Förster.

386 Brief Markson, undatiert; Sammlung Förster.

387 SD-Bericht (Blaue Serie), 21. 2. 1944, in: Boberach, Bd. 16, S. 6349.

über, daß es *„einen breit gelagerten, vielseitigen Widerstand* [...] *unter den sowjetischen Kriegsgefangenen erst seit 1944* [gab], *als sie sicher sein konnten, daß der NS-Staat zusammenbrechen würde, und auch dann wurden die Widerstandsoperationen im allgemeinen verdeckt, vorsichtig und lokal, allenfalls regional orientiert durchgeführt.“*[388]

Trotz bzw. wegen der sich ausweitenden Widersetzlichkeiten verzeichnete das RSHA im Zeitraum zwischen März und September 1944 eine große Anzahl „aufgerollter“ Organisationen und verhafteter Personen. In der unvollständigen Überlieferung der „Meldungen wichtiger staatspolizeilicher Ereignisse“ wurden in diesem Zeitraum in 38 Städten aufgedeckte Organisationen mit mindestens 2700 Mitgliedern registriert. Im September 1944 zerschlug die Gestapo eine kommunistische Gruppe in Dresden, die aus neun „Ostarbeitern“ bestand.[389] Auch wenn Zeithain in dieser Auflistung keine Erwähnung findet, kam es im Lazarett ebenfalls zu Festnahmen: Bereits im März waren Zlobin und 16 weitere Personen verhaftet und zur Vernehmung in das Lager Mühlberg gebracht worden. Dies geschah im Zusammenhang mit der Aufdeckung der Flugblattproduktion im Lager. Da ihnen die Abwehr jedoch nichts nachweisen konnte, kamen sie nach einiger Zeit auf verschiedenen Wegen wieder in das Lazarett Zeithain zurück. Im Juli 1944 verhaftete die Abwehr mehrere Gefangene, als im Lazarett Schmorkau aus Zeithain stammende Flugblätter gefunden wurden. Zu den Festgenommenen zählten Dementev, Dudaev, Poljanin und Bogdanov, die der Gestapo übergeben und von dieser zum Verhör in die zuständige Stapoleitstelle nach Dresden gebracht wurden. Als Angehörige der Zeithainer Gruppe erfuhren, daß der deutsche Chefarzt des Lazaretts Erkundigungen über Zlobin einholte, organisierten sie dessen Transport in ein in Łódz gelegenes Lazarett. Dort wurde er im Januar 1945 befreit.[390]
Das Schicksal derjenigen, die unter dem Verdacht des organisierten (kommunistischen) Widerstandes der Gestapo in die Hände gerieten, war hart, nicht zuletzt weil in „staats- und reichsfeindlichen Angelegenheiten“ die sogenannte „verschärfte Vernehmung“ angewandt werden konnte. Diese konnte *„u. a. bestehen in einfachster Verpflegung (Wasser und Brot), hartes Lager, Dunkelzelle, Schlafentzug, Ermüdungsübungen und Stockhiebe, wobei bei mehr als 20 Stockhieben ein Arzt beizuziehen war.“*[391] Es ist anzu-

388 Borgsen/Volland, Stalag X B, S. 148.

389 Vgl. Herbert, Fremdarbeiter, S. 320–321.

390 Vgl. Ehrenhain Zeithain, S. 24–25.

391 Die „verschärfte Vernehmung“ war durch Heydrichs Erlaß vom 1. Juli 1937 und dessen Neufassung vom 12. Juni 1942 geregelt. Streim, Die Behandlung sowjetischer Kriegsgefangener, S. 150, Anm. 64.

merken, daß bei Verhören verdächtiger sowjetischer Kriegsgefangener die Verschärfungen in der Regel wohl im Kürzel „u. a." versteckt waren.[392]
Einen Eindruck von den Vernehmungen vermitteln die Erinnerungen Kotljarovs, den man im Lazarett Schmorkau verhaftete und anschließend der Gestapo überstellte: *„Wir wurden gefesselt und ins Dresdner Gefängnis gebracht. Dort verhörte man uns und schlug uns halb tot. Nach sechs bis sieben Stunden erneut Verhöre und wieder schlug man uns.* [...] *Ich wurde so zugerichtet, daß ich mich drei bis vier Tage nicht bewegen konnte. Der ganze Körper war blau, Nase und Gesicht stark verletzt. So wurden die Verhöre zwei Monate lang geführt.* [...] *Man beschuldigte mich, Flugblätter zur Organisierung der Flucht und Ermordung von Soldaten und Offizieren geschrieben zu haben. Ich leugnete alles. Man verbot, mir zwölf Tage zu essen zu geben. Am zwölften Tag, halbtot, verhörte man mich noch einmal. Ich gestand nichts, und erneut schlug man mich bis zur Bewußtlosigkeit. Man warf mich in die Zelle, danach erhielt ich wieder zu essen. In Einzelhaft saß ich sechs Monate, danach kam ich zu einem Arrestantentransport."*[393]

Bei den Widerstandshandlungen handelte es sich normalerweise um individuelle oder kollektive Versuche der Selbsterhaltung. Im Vordergrund stand zunächst die Erlangung und Verbreitung von Informationen über den Kriegsverlauf: *„Allein schon zur Erhaltung ihres Lebenswillens war es für die sowjetischen Kriegsgefangenen* [...] *notwendig, ihre mehrfache Isolation, in der sie* [...] *gehalten wurden, zu durchbrechen."*[394]
Dem medizinischen Personal war es in begrenztem Umfang möglich, Gefangene den Belastungen des Arbeitseinsatzes zu entziehen, indem es Kranke länger als notwendig im Lazarett behielt bzw. Gesunde als krank führte. Aber auch für Zeithain gilt, daß sich den Erinnerungsberichten ehemaliger Gefangener nicht eindeutig entnehmen läßt, ob *„die handelnden Ärzte und ihre Helfer vorwiegend aus humanitären Gründen alles Menschenmögliche für ihre gedemütigten, leidenden Mitgefangenen getan haben, oder ob sie damit bewußt politische Zeichen setzen wollten"*.[395]
Unstrittig ist, daß es zu keinem Zeitpunkt Pläne für größere Aktionen gab. Einen aktiven, über die vielfältigen Versuche der Selbsterhaltung hinausgehenden Widerstand gab es aus verschiedenen Gründen nicht. Schon allein der fortwährende Hunger schwächte die Widerstandskraft der sowjetischen Kriegsgefangenen. Nach der deutschen Niederlage in Stalingrad

392 Vgl. dazu ebd., S. 151, Anm. 69.

393 Kotljarov wurde anschließend, mit Zwischenstationen in Prag und Linz, in das KZ Mauthausen gebracht. Dort wurde er im Frühjahr 1945 befreit. Brief Kotljarov an Zlobin, 25.3.1959; AStSG, Sammlung Zeithain.

394 Borgsen/Volland, Stalag X B, S. 150.

395 Hüser/Otto, Das Stammlager 326, S. 151.

wurde zudem die Aussicht auf eine baldige Befreiung immer besser – ein gewichtiger Grund, keine lebensgefährlichen Widerstandshandlungen mehr zu riskieren.[396]
Aufschlußreich ist die Einschätzung des Widerstandspotentials unter den Kriegsgefangenen durch das Amt Ausland/Abwehr. Während man ursprünglich in beinahe jedem sowjetischen Kriegsgefangenen einen Verfechter der kommunistischen Ideologie und des sowjetischen Systems sehen wollte, hieß es im Januar 1943, daß nur ein Viertel der sowjetischen Gefangenen erklärte Gegner des nationalsozialistischen Deutschlands seien.
Diese Gruppe setze sich aus überzeugten Kommunisten und solchen Personen zusammen, deren Leben sich im Sowjetsystem positiv entwickelt hatte, vor allem städtischen Facharbeitern. Ebenfalls ein Viertel umfasse die Feinde des stalinistischen Systems. Hierbei, so hielt die Postüberwachungsstelle der Wehrmacht fest, handele es sich um „Intelligente" und in erster Linie um Bauern. Die andere Hälfte der Gefangenen, so notierte sie weiter, sei eher gleichgültig und hauptsächlich auf ihr Überleben bedacht. Diese Gruppe warte die weitere Entwicklung des Krieges ab.[397]

4.3 Kollaboration und Propaganda

Die Deutschen waren auf die Zusammenarbeit mit einem Teil der Kriegsgefangenen angewiesen, da ohne deren mehr oder weniger freiwillige Mitarbeit die Lager kaum hätten existieren können. Der Einsatz von Gefangenen in der Lagerverwaltung und bei der Lagerpolizei war zur Unterstützung der Wachmannschaften üblich: *„Die Funktionselite stand zwischen Wachpersonal und Insassen, kämpfte um Privilegien und suchte sich Gehilfen zur Unterstützung."*[398]
Wichtige Aufgaben der Funktionshäftlinge waren etwa Arbeit in den Küchen, den Magazinen oder den Werkstätten des Lagers, insbesondere aber die Tätigkeit in der Lagerregistratur.[399] Um den außerordentlich hohen Personalbedarf bei der Bewachung der Gefangenen zu decken, befahl das OKW in den „Anordnungen über die Behandlung sowjetischer Kr. Gef. in allen Kriegsgefangenenlagern" vom 8. September 1941: *„Aus geeigneten sowjet. Kr. Gef. ist eine Lagerpolizei in den Lagern und auf den größeren Arbeitskommandos zu bilden* [...]. *Zur wirksameren Durchführung ihrer*

396 Vgl. die Überlegungen von Borgsen/Volland, Stalag X B, S. 148–149.

397 Amt Ausl./Abw., Kgf.-Post Monatsübersicht Januar 1943, 27. 2. 1943; BA-MA, RH 49/112.

398 Sofsky, Die Ordnung des Terrors, S. 153.

399 Siehe Borgsen/Volland, Stalag X B, S. 18. Vgl. auch Kap. 4. 2.

Aufgaben darf die Lagerpolizei innerhalb der Drahtumzäunung mit Stökken, Peitschen oder ähnlichem ausgerüstet werden [...]. *"*[400]
Die deutsche Lagerverwaltung versuchte, unter den direkt nach der Ankunft von den übrigen sowjetischen Kriegsgefangenen abgesonderten Minderheitsangehörigen geeignete Personen für den Einsatz in der „inneren Lagerverwaltung", insbesondere als Hilfspolizisten, zu finden. In der Regel bildete sie diese Lagerpolizei aus Ukrainern, die die deutschen Wachmannschaften zu unterstützen hatten. Sie erhielten für ihre Dienste eine bessere Verpflegung und etwas Lagergeld.[401] Die Wehrmachtführung wußte die innersowjetischen Nationalitätenkonflikte geschickt auszunutzen, oft kam ihr dabei der latente oder ganz offene Antibolschewismus eines Teils der Gefangenen entgegen. Diese Lagerpolizisten gingen meist mit großer Brutalität gegen die sowjetischen, insbesondere die russischen Gefangenen vor. Den ehemaligen Gefangenen blieben sie noch lange in schlechter Erinnerung. Šlykov hielt in seinen Erinnerungen fest: *„Gleichzeitig gab es aber unter uns Landsleute (Polizisten), die die faschistische Ordnung unterstützten und Patrioten und Kommissare verfolgten."*[402]
Neben den Ukrainern warb die Lagerleitung bevorzugt „Volksdeutsche" für derartige Dienste. Sie beschäftigte diese zumindest so lange, bis über deren Freilassung oder Verbleib im Lager entschieden worden war.[403] Nach Berichten ehemaliger Gefangener konnte das Regime der Lagerpolizei in Zeithain zeitweilig eingeschränkt werden, als es während der Fleckfieberepidemie zur völligen Absperrung des Lagers kam und die Gefangenen selbst die Verwaltung übernehmen konnten.[404]

Bereits im Herbst 1941 begann die Wehrmacht, die sowjetischen Kriegsgefangenen in den Lagern des Reichsgebietes propagandistisch zu beeinflussen, um sie für die „deutsche Sache" zu gewinnen. Dazu gab sie Gefangenenzeitschriften in russischer („Klič" – Der Ruf) und ukrainischer („Nova Doba" – Neue Zeit) Sprache in einer Gesamtauflage von 130 000 Exemplaren heraus.[405] Nach den Erinnerungen ehemaliger Gefangener wurden

400 OKW/AWA, Abt. Kriegsgef., 8.9.1941. Dok. 1519–PS. Hier: IMT, Bd. XIX, S. 528.

401 Vgl. Borgsen/Volland, Stalag X B, S. 129.

402 Bericht Šlykov, Mai–Juli 1989; Sammlung Förster. Siehe beispielsweise auch die Berichte ehemaliger Gefangener des Stalag 326 (VI K). Hüser/Otto, Das Stammlager 326, S. 127.

403 Vgl. hierzu beispielsweise einen Fall aus dem WK XVII: Im Lager XVII B wurde der sowjetische Kriegsgefangene Ivan Ivanovič Linde im Oktober 1941 bei der Lagerpolizei beschäftigt. Stalag XVII B Krems-Gneixendorf an OKW, 29.10.1941; BA-MA, RH 53–17/187.

404 Siehe Erinnerungen Gutyrja; Sammlung Förster.

405 Bericht des SA-Brigadeführers Horn vom Ministerium für die besetzten Ostgebiete an den Hauptabteilungsleiter Dr. Leibbrandt im gleichen Ministerium, 24.11.1941; BA-MA, RW 6/v. 276, Bl. 4–7. Klič hatte eine Auflage von 100 000 und Nova Doba von 30 000 Exemplaren.

diese Zeitungen auch in Zeithain verteilt: *„Zu dieser Zeit begann man in Deutschland die Führerzeitung ‚Der Ruf' herauszugeben, und die deutsche Lageradministration belieferte die Kriegsgefangenen mit dieser Literatur. Ein deutscher Dolmetscher, den wir wegen seiner Propaganda über die Reinheit der arischen Rasse und die göttliche Bestimmung der deutschen Nation zur Herrschaft über die Welt ‚reine Seele' nannten, erläuterte in den Krankenzimmern selbst diese Zeitung* [...]. *"*[406] Für die illustrierte Propaganda griff die Wehrmacht auf die Materialien der sogenannten Aktivpropagandaarbeit an der Ostfront zurück.[407] Die Zeithainer Widerstandsgruppe verstand es, die beiden Zeitungen auch geschickt für die eigenen Interessen zu nutzen: *„Wenn diese Zeitungen in die Apotheke gelangten, schrieb S. P. Zlobin auf den Zeitungsrändern seine Kommentare nieder. In wenigen Zeilen vermochte er es, nicht nur die Verlogenheit und das antisowjetische Wesen der Zeitungsartikel aufzudecken, sondern auch die Artikel der Verfasser bloßzustellen. Diese Kommentare wurden auf die anderen Zeitungsexemplare übertragen und so von zuverlässigen Kameraden in den Baracken des Lagers oder Lazaretts verbreitet oder vorgelesen, und die Gefangenen hörten oder lasen mit großem Interesse diese Zeitungen mit den Kommentaren."*[408]

An sich hatten die Deutschen für mündliche Propagandaaktivitäten „Volksdeutsche" oder auch deutschsprechende Russen einsetzen wollen.[409] Die Realitäten des Lagers standen den Bemühungen der Wehrmachtpropagandisten jedoch meist diametral entgegen. Ebenso entwertete die Kenntnis der Gefangenen über das grausame Besatzungsregime der Deutschen in der Sowjetunion die Wirkung der Propaganda. Im Frühjahr 1942 sollte sie trotzdem noch erweitert werden. Oberstes Ziel war es nun aber, die Arbeitsleistung der sowjetischen Kriegsgefangenen zu erhöhen. Zu diesem Zweck schuf das OKW im März 1942 eine spezielle Propagandaabteilung, die Gruppe Wehrpropaganda IV (WPr IV). Sie sollte die Arbeitsmoral steigern helfen, „antibolschewistische" Stimmungen unterstützen, gegen sowjetische Agitatoren in den Lagern kämpfen sowie Fluchten und Sabotage entgegenwirken. Dafür sollten unter den Gefangenen „freiwillige Propagandisten" ausgewählt und in einem Ausbildungslager der Propagandaabteilung in Dabendorf, einem Ortsteil von Zossen südlich Berlins, ausgebildet werden.[410]

406 Vgl. Erinnerungen Boborykin; Sammlung Förster.

407 Zu den Materialien der Propagandakompanien an der Ostfront siehe beispielsweise Buchbender, Das tönende Erz, S. 60–88.

408 Vgl. Bericht Dementev; AStSG, Sammlung Zeithain.

409 Bericht Horn; BA-MA, RW 6/v. 276, Bl. 6.

410 Vgl. Brodskij, Im Kampf, S. 124–126.

Da bei den Abwehrstellen der einzelnen Wehrkreise und Gefangenenlager hinsichtlich des Aufgabenbereichs der Freiwilligen Propagandisten Unklarheit herrschte, sah sich das Amt Ausland/Abwehr Ende April 1943 dazu veranlaßt, diese nochmals zu präzisieren:

„Zweck und Ziel des Einsatzes ist lt. Mitteilung von W. Pr. IV:
1.) Durch Aufklärung und entsprechende Zielgebung die Arbeitsleistung der Kgf. zu steigern.
2.) Die Kgf. in die europäische Abwehrfront gegen den Bolschewismus einzuführen.
3.) Den bisher im wesentlichen deutschfeindlichen Block der Kgf. aufzuspalten und den Einfluss der Stalinanhänger zu brechen."[411]

Wie aus einer Sammelverfügung des Wehrkreises VI ersichtlich ist, gab es jedoch auch unerwartete Probleme. Die Abwehrstelle wies nämlich darauf hin, daß in Betrieben, die von Propagandisten aufgesucht worden waren, die Arbeitsleistung nachgelassen hätte. Die „freiwilligen Propagandisten" hatten statt Agitation gegen die Sowjetunion Propaganda für sie betrieben. Aus diesem Grund empfahl die Abwehrstelle den Abwehroffizieren des Wehrkreises VI, die Vorträge der Propagandisten von Dolmetschern überwachen und so kontrollieren zu lassen.[412]
Im Mai 1943 kam das Amt Ausland/Abwehr zu dem Urteil, daß noch keine abschließende Bewertung des Einsatzes der „freiwilligen Propagandisten" vorgenommen werden könne. Zwar seien gute Erfolge zu beobachten, doch müsse auch angemerkt werden, daß eine nicht genau bestimmbare Anzahl von Personen *„die Schwierigkeiten der sprachlichen Überwachung dazu benutzt* [hat], *deutschfeindliche Propaganda zu treiben."*[413]
Andererseits wandte sich der GBA im Juli 1943 an die Präsidenten aller Landesarbeitsämter und hob dabei nachdrücklich die erzielten Erfolge hervor. Dazu zähle eine wesentliche Erhöhung der Arbeitsleistung der Gefangenen. Die Aufgabe der Propagandisten beschrieb er so: *„Die Freiwilligen Propagandisten haben den Kriegsgefangenen den europäischen Sinn des Krieges klar und deutlich zu vermitteln und sich offen und bedingungslos für ein Zusammengehen mit Deutschland einzusetzen.* […] *Sie haben dabei u. a. zu betonen, daß eine vorbildliche Leistung im Arbeitseinsatz als eine*

411 Amt Ausl./Abw., 27. 4. 1943; BA-MA, RH 49/112. Aus dem vorliegenden Quellenmaterial ist weder allgemein für das Reichsgebiet noch speziell für das Lager Zeithain ersichtlich, aus welchen Personen sich die Gruppe der freiwilligen Propagandisten zusammensetzte und wie groß sie war.

412 Abwehrstelle WK VI, Sammelverfügung Nr. 8, 29. 6. 1943; BA-MA, RH 49/112.

413 Amt Ausl./Abw., Kgf.-Post. Monatsübersicht Mai 1943, 1. 7. 1943; BA-MA, RH 49/112.

aktive Teilnahme am Kampf gegen den Bolschewismus bewertet und auch belohnt wird."[414]

In den letzten Monaten des Krieges wollte die Wehrmacht durch die Propagandisten vor allem die Betreuung der antisowjetisch gesinnten Kriegsgefangenen intensivieren. Dies war nach Ansicht des OKW deswegen nötig, weil es wegen der Zwänge des Arbeitseinsatzes nicht möglich gewesen sei, *„antisowjetisch ausgerichtete Kriegsgefangene im Einvernehmen mit dem Arbeitsamt und Bedarfsträgern aus ihren Einsatzstellen herauszunehmen und mit Gleichgesinnten in anderen Arbeitskommandos unterzubringen. Notwendige Umgruppierungen dieser Art sind vom WPr-Beauftragten dem Arbeitseinsatz-Offizier zu melden. Auch ist vom WPr-Beauftragten dafür zu sorgen, daß Arbeitskommandos mit antisowjetisch ausgerichteten Kriegsgefangenen in der arbeitsfreien Zeit* [...] *bevorzugt mit Zeitungen, Zeitschriften und anderem propagandistischem Betreuungsmaterial versorgt werden."*[415]

Diese Bemühungen standen in Zusammenhang mit den Anstrengungen der Wehrmachtführung, entgegen den Bestimmungen des Genfer Abkommens „hilfswillige" Gefangene durch Werbemaßnahmen zum Dienst in verschiedenen Waffengattungen zu bewegen.[416] Denn während sich in den ersten Jahren des Krieges Gefangene durchaus noch in größerer Zahl freiwillig meldeten,[417] mußten diese gegen Ende des Krieges, als der Bedarf an den sogenannten Hiwis gewachsen war, stärker umworben werden.

Bemerkenswert ist, daß selbst in der Endphase des Zweiten Weltkrieges die Russkaja Osvoboditel'naja Armija (ROA – Russische Befreiungsarmee) des Generals Andrej Vlasov einen überraschend großen Zulauf verzeichnete. Vlasov hatte nach langen Bemühungen Ende 1944 die deutsche Erlaubnis zur Aufstellung seiner ROA in einer Größe von zwei Divisionen erhalten. Werber bemühten sich in den Lagern intensiv darum, Gefangene zum Eintritt in die „Vlasov-Armee" zu bewegen. Trotz des beträchtlichen Zulaufs dürfte die große Mehrheit der Gefangenen Vlasov und seine Anhänger als Verräter betrachtet haben.[418]

Auch die Zeithainer Widerstandsgruppe trat den Werbern propagandistisch entgegen. Doch auch hier hatten diese Erfolg.[419] Wieviel Übertritte zur „Vla-

414 GBA an die LAÄ-Präsidenten, 5. 7. 1943; Nds. HStA H, Nds 300 Acc. 27/71, Nr. 135.

415 OKW WFSt/WPr. Betr.: Anweisungen für die WPr-Beauftragten, 15. 12. 1944; BA-MA, RW 4/v. 24.

416 Vgl. Hüser/Otto, Das Stammlager 326, S. 130.

417 OKW/Kriegsgef., Sammelverfügung, 1941; BA-MA, RW 6/v. 270, Bl. 42. Hier ein Hinweis auf zahlreiche Meldungen für eine „Legion gegen Sowjetrußland".

418 So Hüser/Otto, Das Stammlager 326, S. 131. Zur Geschichte der ROA vgl. allgemein die (teilweise recht apologetische) Arbeit von Hoffmann, Die Geschichte der Wlassow-Armee.

419 Vgl. Bericht Dementev; AStSG, Sammlung Zeithain.

sov-Armee" insgesamt erfolgten, läßt sich den Erinnerungsberichten freilich nicht entnehmen.[420]

4.4 Sowjetische Frauen in Zeithain

Das Schicksal von Frauen in Kriegsgefangenschaft und in der Internierung ist bislang kaum erforscht.[421] Grundsätzlich läßt sich sagen, daß sich die Behandlung von Frauen nicht wesentlich von der ihrer männlichen Leidensgenossen unterschied. Häufig war sie sogar schlechter, da man Frauen besonders strikt nach den rassenideologischen Prinzipien des NS-Regimes behandelte.[422] Das galt nicht zuletzt für weibliche Angehörige der Roten Armee, die oft pauschal als „fanatische Bolschewisten" und „Flintenweiber" betrachtet wurden. So hieß es noch im April 1944 in einem von Gestapochef Müller gezeichneten Rundschreiben des Reichssicherheitshauptamtes an alle Stapoleitstellen ebenso unzweideutig wie bedrohlich: *„Sofern den Lagern aus dem Operationsgebiet kriegsgefangene sowjetische Frauen zugeführt werden, ist wie bei allen aus diesem Gebiet neu eintreffenden sowjetischen Kriegsgefangenen bei der zuständigen Dienststelle der Geheimen Staatspolizei die sicherheitspolizeiliche Überprüfung zu beantragen. Da gegen die aus dem Operationsgebiet abgeschobenen kriegsgefangenen Frauen im allgemeinen abwehrmäßige Bedenken bestehen, wird die sicherheitspolizeiliche Untersuchung in der Regel die politische Unzuverlässigkeit dieser Frauen ergeben. Derartige Frauen sind – wie andere politisch unzuverlässige sowjetische Kriegsgefangene – aus der Kriegsgefangenschaft zu entlassen und der Sicherheitspolizei zu übergeben."*[423] Das bedeutet nichts anderes, als daß die Frauen noch zu einem Zeitpunkt „ausgesondert" werden sollten, zu dem bei den männlichen Gefangenen bereits seit fast zwei Jahren die Erhaltung der Arbeitskraft im Vordergrund stand. Dies läßt sich wohl nur dadurch erklären, daß das NS-Regime in den Frauen eine besondere Gefahrenquelle sah, gegen die noch rigoroser als gegen die sowjetischen Männer in Kriegsgefangenschaft vorzugehen war.

420 Vgl. Brief Ljaljakin, Levin und Zlobina; Sammlung Förster.

421 Das liegt nicht zuletzt an der schlechten Quellenlage zu diesem Thema. Ein Werk, in dem allerdings in erster Linie das Schicksal von Frauen in Konzentrationslagern untersucht wird, ist Füllberg-Stollberg, Frauen in Konzentrationslagern. In diesem Sammelband beschäftigt sich der Aufsatz von Vera Unverzagt, „Das soll sich nicht wiederholen", mit dem Leidensweg kriegsgefangener weiblicher Angehöriger der Roten Armee im KZ Ravensbrück. Vgl. auch die Darstellung aus der Perspektive einer Betroffenen: Alexijewitsch, Der Krieg hat kein weibliches Gesicht.

422 Vgl. insbesondere Streit, Keine Kameraden, S. 69–72, sowie Kaienburg, KZ-Haft und Rassenideologie, S. 22 und 27.

423 CSSD. Betr.: Behandlung kriegsgefangener russischer Frauen, 11. 4. 1944; BA Berlin, R 58/1299.

Kriegsgefangene sowjetische Frauen: Evgenija Zarkiljan (1. v. l.), Anna Pimenova (2. v. l.), Evgenija Popova (M.) und Anna Markson (2. v. r.). Die fünfte Person ist namentlich nicht bekannt, vermutlich 1942.

Aus Zeithain liegen die Erinnerungen von zwei Ärztinnen vor, die im Lazarett gearbeitet hatten. Wahrscheinlich im Sommer, spätestens jedoch im Herbst 1941 trafen hier die ersten sowjetischen Frauen ein. Die Ärztin Anna Markson schreibt, sie habe sich seit dem 17. Oktober 1941 im Lager befunden. Wie viele Frauen mit ihrem Transport kamen, ist ihrem Bericht nicht zu entnehmen.[424] Nur wenige Wochen später erreichte mit einem der Transporte, die aus Minsk in der Bahnstation Jacobsthal einliefen, eine weitere Gruppe ihren Bestimmungsort. Zunächst mußten die 48 Frauen eine zweiwöchige Quarantänezeit im Vorlager über sich ergehen lassen, dann wurden sie in das Waldlager gebracht. Im dortigen Lazarett brachte die Lagerleitung sie in einer der üblichen Holzbaracken unter,[425] die mit Stacheldraht umzäunt und so von den anderen Baracken abgetrennt war. Außerhalb der Arbeitszeit (7 bis 17 Uhr) schlossen die Wachmannschaften die Frauen in ihrer Baracke ein. Nach der Erinnerung von Anna Pimenova verbrachten die Frauen ihre „Freizeit" in der Baracke, nähten, strickten Socken, Handschuhe oder Pullover.[426] Die Ernährung war genauso miserabel wie die der Männer.[427]

424 Vgl. Brief Markson, undatiert; Sammlung Förster.

425 Die Baracken im Waldlager befanden sich, da von der SA übernommen, bereits im Herbst 1941 in einem Ausbauzustand, der im eigentlichen Stalag 304 (IV H) erst im Herbst 1942 bzw. Frühjahr 1943 erreicht wurde.

426 Über die Herkunft der notwendigen Materialien sind bei Pimenova keine Angaben zu finden.

427 Vgl. Erinnerungen Pimenova; AStSG, Sammlung Zeithain.

Wir wissen auch noch von der Ankunft zumindest einer weiteren Gruppe sowjetischer Frauen in Zeithain. Nach der Erinnerung eines Offiziers der Lagerkommandantur trafen im Frühjahr 1942 ungefähr 60 weibliche Kriegsgefangene ein, darunter wie bei den vorherigen Transporten Ärztinnen, Apothekerinnen und Krankenschwestern.[428] Sie hatten die Kranken im Lazarett zu betreuen. In den ersten Monaten arbeiteten sie als Helferinnen der serbischen und polnischen Ärzte.

1943 begann das OKW dann, sowjetische Frauen aus der Kriegsgefangenschaft zu entlassen und in zivile (Zwangs-)Arbeitsverhältnisse zu überführen. Dazu hieß es in einer Anweisung Müllers vom 11. April 1944: *„Ergibt die sicherheitspolizeiliche Überprüfung in Ausnahmefällen nichts Belastendes, so sind die Frauen aus der Kriegsgefangenschaft zu entlassen und dem zuständigen Arbeitsamt zum zivilen Arbeitseinsatz zur Verfügung zu stellen."*[429] Pimenova und Markson erinnern sich, daß die Frauen, die ihren Status als Kriegsgefangene nicht verlieren wollten, trotz ihrer Proteste nach und nach zu „zivilen Arbeitseinsätzen" überstellt wurden: *„Die Faschisten wollten die weiblichen Kriegsgefangenen ins ‚Zivilleben' überführen. Aber die weiblichen Kriegsgefangenen schrieben einen kollektiven schriftlichen Protest an den Lagerkommandanten. Sie erklärten, daß sie sich weiter als Angehörige der Sowjetarmee betrachteten und protestierten gegen den Übergang ins bürgerliche Leben. Mich wollte irgendein Kapitän* [Hauptmann] *in deutscher Art und Weise dazu bewegen, in der deutschen Armee zu dienen. Dies habe ich kategorisch abgelehnt. Danach hat man mich aus meinem Kabinett hinausgejagt und als Bolschewistin bezeichnet. Darauf antwortete ich, daß ich parteilos war, aber im Lager Bolschewistin geworden bin. Danach errötete dieser Haudegen wie ein Krebs und beschimpfte mich."*[430]

Schließlich befanden sich nur noch etwa 30 Frauen im Lager. Da eine von ihnen an Bauchtyphus erkrankte, wurde sie zusammen mit den anderen unter Quarantäne gestellt. Diese Gruppe blieb deshalb fast bis zum Schluß im Lager.[431] Als die Front näherrückte, ließ die Lagerleitung sie im März 1945 nach Hoyerswerda evakuieren. Dort stießen die Frauen auf die Rote Armee.[432]

428 Aussage Zerbes, 19.6.1967. Verf. Zeithain; Nds. HStA H, Nds 721 Gö Acc. 103/87, Nr. 14/2, Bl. 561.

429 CSSD. Betr.: Behandlung kriegsgefangener russischer Frauen, 11.4.1944; BA Berlin, R 58/1299. Über die „Aussonderungen" unter den weiblichen Kriegsgefangenen in Zeithain ist nichts bekannt.

430 Brief Markson, undatiert; Sammlung Förster.

431 Vgl. Erinnerungen Pimenova; AStSG, Sammlung Zeithain, sowie Brief Markson, undatiert; Sammlung Förster.

432 Ebd.

Blick von einem der Wachtürme auf das Lager, vermutlich 1942.

4.5 Exkurs: Zum Verhalten der Wachmannschaften und der deutschen Bevölkerung

Neben den bisher beschriebenen Gegebenheiten war es auch die Art der Bewachung[433] und das Verhalten der Wachmannschaften, die das Leben der Gefangenen bestimmten. Am äußeren Zaun des Zeithainer Lagers befanden sich in regelmäßigen Abständen mit Maschinengewehren bestückte Wachtürme. Die Posten dort hatten jeweils einen größeren Abschnitt der Lagerbefestigungen zu kontrollieren. Zwischen den Türmen patrouillierten sogenannte Pendelwachen, die *„auf die Insassen des ‚Stalags' ein besonders scharfes Auge"*[434] warfen. Zudem wurden die einzelnen Baracken von Angehörigen der Stabskompanie überwacht. Sie führten die täglichen Zählappelle durch und überprüften die Bestandszahlen.

Das vermeintliche Widerstandspotential der sowjetischen Kriegsgefangenen hatte das OKW veranlaßt, schonungsloses Durchgreifen als angemessenes Mittel gegen die „bolschewistische Gefahr" zu befehlen. Es stellte Rücksichtnahme auf Gefangene sogar unter Strafe. Dennoch verboten die Anordnungen jegliche Willkür und Mißhandlung oder die Verwendung von Knüppeln und Peitschen. Den durch die ständige NS-Propaganda über die rassische Minderwertigkeit der Russen indoktrinierten und auch brutalisierten Wachmannschaften mußten solche Verbote freilich *„als bloße Floskel*

433 Zu den grundlegenden Vorschriften zur Behandlung der sowjetischen Kriegsgefangenen vgl. Kap. 2.2.

434 Borgsen/Volland, Das Stalag X B, S. 129. Zum folgenden ebd.

Wachmannschaften bei der Ablösung, Herbst 1941.

erscheinen".[435] Nach übereinstimmenden Berichten ehemaliger Gefangener war Prügeln in den Lagern an der Tagesordnung.[436] Die Anordnung des OKW, keine Peitschen, Knüppel oder andere Schlagwerkzeuge einzusetzen, wurde auch in Zeithain nicht befolgt. So erinnerte sich ein Wachmann: *„Ich weiß auch noch, daß während meiner Zeit Mißhandlungen durch das Aufsichtspersonal an der Tagesordnung war*[en]. *Ich weiß von Schlägen mit Schemelbeinen usw."*[437] Vor allem in den ersten Monaten kam es zu grausamen Übergriffen.[438]

Einem Lagerkommandanten konnte es nur durch energisches Durchgreifen gelingen, solche Willkür einzudämmen. *„Ich war auch noch zugegen"*, berichtete ein Wachmann später, *„als ein Oberstltn. in das Lager kam* [...], *dieser unheimlichen Krach schlug und jeden Soldaten, der sich an Miß-*

435 Hüser/Otto, Das Stammlager 326, S. 64.

436 Vgl. beispielsweise ebd., S. 64, sowie Borgsen/Volland, Das Stalag X B, S. 138.

437 Aussage Kr., 19. 1. 1967. Verf. Zeithain; Nds. HStA H, Nds 721 Gö Acc. 103/87, Nr. 14, Bl. 192. Kr. befand sich von Anfang September bis zum 1. Dezember 1941 in Zeithain.

438 Vgl. Hüser/Otto; Das Stammlager 326, S. 66.

handlungen von Gefangenen beteiligte, strengste Strafen androhte. Danach hörten diese dann auch auf." [439] Ob der Offizier tatsächlich jegliche Willkür gegenüber den Gefangenen auf Dauer beseitigen konnte, bleibt mehr als fraglich. Die Bedingungen in den „Russenlagern" näherten sich auch später nicht Verhältnissen an, wie sie in Lagern für „westliche" Gefangene (die nach den Bestimmungen des Genfer Abkommens behandelt wurden) herrschten.[440]
Nur in seltenen Fällen konnten die Gefangenen auf das Mitleid und die Hilfe von Wachsoldaten bauen. Ehemalige Lagerinsassen hoben beispielsweise die Unterstützung durch den österreichischen Wachmann Oskar Weiß lobend hervor. Wie einige seiner Kameraden auch, versorgte er die Gefangenen mit Informationen über den Kriegsverlauf. Er schmuggelte sogar ein primitives Radiogerät ins Lager. Auch die Hilfsbereitschaft des Gefreiten Linke, des Wachmanns Böhnisch und des Leiters des Dachdeckerkommandos, Otto Hase, fand wiederholt Erwähnung.[441] Solche Fälle blieben aber eine Ausnahme.[442]

Die Bevölkerung sollte nach Möglichkeit nicht mit den sowjetischen Kriegsgefangenen in Kontakt kommen. Die NS-Führung beobachtete im „Weltanschauungskrieg" nicht nur sorgfältig die Einstellung der deutschen Öffentlichkeit zum Feind,[443] sondern nahm durch Presse, Funk und Film unablässig und nahezu allgegenwärtig Einfluß auf die Meinungsbildung.[444] Besonders in den ersten Wochen nach dem Überfall auf die UdSSR, als die ersten sowjetischen Kriegsgefangenen in Deutschland eintrafen, wurde der Propagandaapparat aktiv. In zahlreichen bösartigen Artikeln „unterrichtete" die Presse die Bevölkerung über die Sowjetunion und warnte eindringlich vor Kontakten zu den „gefährlichen bolschewistischen Untermenschen". Auch in der Umgebung des Stalag 304 (IV H) wurde die Bevölkerung entsprechend eingestimmt. So berichtete das Riesaer Tageblatt am 4. August 1941 ausführlich über Kriegsgefangene in einem Lager in Jaroslav am San: *„Das äußere Aussehen, der Bildungsstand und das kulturelle Niveau dieser Leute* [gefangener Offiziere] *sind so unvorstellbar niedrig, daß ein deutscher Offizier es als eine Zumutung ablehnen würde, auch nur*

439 Aussage Kr., 19. 1. 1967. Verf. Zeithain; Nds. HStA H, Nds 721 Gö Acc. 103/87, Nr. 14, Bl. 193.

440 Siehe Hüser/Otto; Das Stammlager 326, S. 66. Weiß war nach der Erinnerung ehemaliger Gefangener ein ehemaliger Kommunist.

441 Brief Volkind, 24. 2. 1981, sowie Erinnerungen Chvartov; Sammlung Förster.

442 Vgl. hierzu auch die Überlegungen zum Einfluß des Kriegsverlaufs auf das Verhalten der Gefangenen in Kap. 4.2.

443 Vgl. beispielsweise die MadR, Nr. 197–205, in: Boberach, Bd. 7.

444 Vgl. allg. Hüser/Otto, Das Stammlager 326, S. 98.

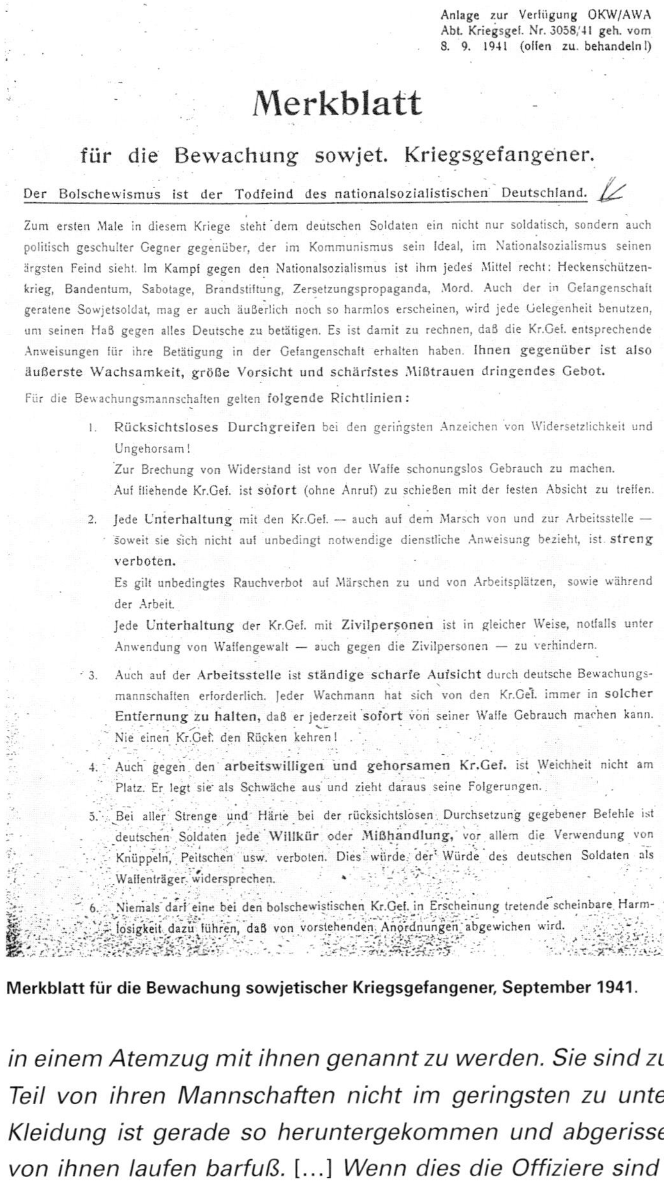
Anlage zur Verfügung OKW/AWA Abt. Kriegsgef. Nr. 3058/41 geh. vom 8. 9. 1941 (offen zu behandeln!)

Merkblatt

für die Bewachung sowjet. Kriegsgefangener.

Der Bolschewismus ist der Todfeind des nationalsozialistischen Deutschland.

Zum ersten Male in diesem Kriege steht dem deutschen Soldaten ein nicht nur soldatisch, sondern auch politisch geschulter Gegner gegenüber, der im Kommunismus sein Ideal, im Nationalsozialismus seinen ärgsten Feind sieht. Im Kampf gegen den Nationalsozialismus ist ihm jedes Mittel recht: Heckenschützenkrieg, Bandentum, Sabotage, Brandstiftung, Zersetzungspropaganda, Mord. Auch der in Gefangenschaft geratene Sowjetsoldat, mag er auch äußerlich noch so harmlos erscheinen, wird jede Gelegenheit benutzen, um seinen Haß gegen alles Deutsche zu betätigen. Es ist damit zu rechnen, daß die Kr.Gef. entsprechende Anweisungen für ihre Betätigung in der Gefangenschaft erhalten haben. **Ihnen gegenüber ist also äußerste Wachsamkeit, größe Vorsicht und schärfstes Mißtrauen dringendes Gebot.**

Für die Bewachungsmannschaften gelten **folgende Richtlinien:**

1. **Rücksichtsloses Durchgreifen** bei den geringsten Anzeichen von Widersetzlichkeit und Ungehorsam!
   Zur Brechung von Widerstand ist von der Waffe schonungslos Gebrauch zu machen.
   Auf fliehende Kr.Gef. ist **sofort** (ohne Anruf) zu schießen mit der festen Absicht zu treffen.
2. Jede **Unterhaltung** mit den Kr.Gef. — auch auf dem Marsch von und zur Arbeitsstelle — soweit sie sich nicht auf unbedingt notwendige dienstliche Anweisung bezieht, ist **streng verboten.**
   Es gilt unbedingtes Rauchverbot auf Märschen zu und von Arbeitsplätzen, sowie während der Arbeit.
   Jede **Unterhaltung** der Kr.Gef. mit **Zivilpersonen** ist in gleicher Weise, notfalls unter Anwendung von Waffengewalt — auch gegen die Zivilpersonen — zu verhindern.
3. Auch auf der **Arbeitsstelle** ist **ständige scharfe Aufsicht** durch deutsche Bewachungsmannschaften erforderlich. Jeder Wachmann hat sich von den Kr.Gef. immer in **solcher Entfernung zu halten,** daß er jederzeit **sofort** von seiner Waffe Gebrauch machen kann. Nie einen Kr.Gef. den Rücken kehren!
4. Auch gegen den **arbeitswilligen und gehorsamen Kr.Gef.** ist Weichheit nicht am Platz. Er legt sie als Schwäche aus und zieht daraus seine Folgerungen.
5. Bei aller Strenge und Härte bei der rücksichtslosen Durchsetzung gegebener Befehle ist deutschen Soldaten jede **Willkür** oder **Mißhandlung,** vor allem die Verwendung von Knüppeln, Peitschen usw. verboten. Dies würde der Würde des deutschen Soldaten als Waffenträger widersprechen.
6. Niemals darf eine bei den bolschewistischen Kr.Gef. in Erscheinung tretende scheinbare Harmlosigkeit dazu führen, daß von vorstehenden Anordnungen abgewichen wird.

Merkblatt für die Bewachung sowjetischer Kriegsgefangener, September 1941.

in einem Atemzug mit ihnen genannt zu werden. Sie sind zum allergrößten Teil von ihren Mannschaften nicht im geringsten zu unterscheiden, ihre Kleidung ist gerade so heruntergekommen und abgerissen und so viele von ihnen laufen barfuß. [...] *Wenn dies die Offiziere sind – wie muß erst die Mannschaft aussehen? Ihr kultureller Tiefstand ist unvorstellbar."*[445]
Auch in der Folge berichtete die lokale und überregionale Presse über die sowjetischen Kriegsgefangenen.[446] Unter dem Titel „Entwichener Kriegsgefangener ermordete einen Gendarmeriebeamten" stand am 22. August 1941 im Riesaer Tageblatt zu lesen: *„Torgau. Wie mitgeteilt wird, treibt sich*

445 Riesaer Tageblatt, 4. 8. 1941, S. 3.

446 Hier stellten die Veröffentlichungen im „Kampfblatt" der NSDAP, beispielsweise der Artikel „Sowjet-Gefangene sehen dich an", VB, Nr. 218, 6. 8. 1941, keine extremen Ausnahmen dar.

iesaer Tageblatt. Montag, 4. August 1941, abends 94. Jahrg.

Bolschewisten im Gefangenenlager

In Jaroslaw am San — Ein Lager für 50000 Gefangene — Vier Gruppen — Sowjetoffiziere

Im Rahmen der gemeinsam vom OKW. und dem Propagandaministerium veranstalteten großen Pressefahrt nach den eroberten Gebieten im Osten wurde den Männern der deutschen Presse in Jaroslaw am San Gelegenheit geboten, ein Lager zu besichtigen, das zur Aufnahme der zahlreichen bolschewistischen Gefangenen dient, die heute in unablässigem Strom nach Deutschland ziehen.

Das Lager in der Nähe von Jaroslaw am San ist für die Aufnahme von 50 000 Mann berechnet, zum Zeitpunkt unseres Besuches war es indes erst mit 12 000 Gefangenen belegt. Freilich dürfte es inzwischen längst überfüllt sein.

Auf einer ansteigenden sandigen Höhe breitet sich das Lager aus, für das die deutsche Verwaltung eine mustergültige Organisation geschaffen hat. In langen Reihen liegen die aus festem Holz erbauten Baracken, in denen die nach bestimmten Gesichtspunkten voneinander abgesonderten Gefangenen untergebracht sind. Die Trennung ist notwendig geworden, weil, wie die Lagerverwaltung mit dem Kommandanten, einem Major, und einem russisch sprechenden Hauptmann als Chef der Gefangenen-Betreuung an der Spitze erläuterte, die Gefangenen sich sowohl ihrer politischen Einstellung als auch ihrem kulturellen Niveau und vor allem den nationalen Eigenschaften nach erheblich voneinander unterscheiden. In einer gesonderten Gruppe sind die Großrussen untergebracht, ihnen folgen die Ukrainer, ferner die Angehörigen asiatischer Völkerschaften und schließlich die Juden, deren es allerdings, an der Gesamtzahl der Belegschaft gemessen, nur die sehr niedrige Zahl von etwa 50 Mann im Lager gab.

Insgesamt befinden sich 120 Sowjetoffiziere, darunter ein General, unter den Lagerinsassen. Dieser hat hinsichtlich der Unterbringung und Verpflegung besondere Behandlung zugebilligt erhalten, während die Offiziere den Mannschaften gleichgestellt sind. Einmal werden hierfür grundsätzliche Erwägungen geltend gemacht. Sodann aber hat die Lagerverwaltung mit diesen Sowjetoffizieren ihre eigenen Erfahrungen gemacht. Zahlreiche Offiziere haben nämlich immer von neuem falsche Angaben gemacht. Sie haben aus Angst, von den Deutschen erschossen zu werden, sich ursprünglich als Soldaten oder gar als Schanzarbeiter ausgegeben, die „nur zufällig mitgefangen worden seien". Später jedoch, als sie ihren Irrtum erkannten, haben sie ihre Angaben zu widerrufen versucht und verlangt, daß ihnen eine besondere Behandlung zuteil werde. Heute läßt sich die Lagerverwaltung aber nicht mehr hinters Licht führen. — Diese Sowjet„offiziere" sind ein Kapitel für sich. Das äußere Aussehen, der Bildungsstand und das kulturelle Niveau dieser Leute sind so unvorstellbar niedrig, daß ein deutscher Offizier es als eine Zumutung ablehnen würde, auch nur in einem Atemzug mit ihnen genannt zu werden. Sie sind zum allergrößten Teil von ihren Mannschaften nicht im geringsten zu unterscheiden, ihre Kleidung ist gerade so heruntergekommen und abgerissen und viele von ihnen laufen barfuß. Ich sprach mit einigen von ihnen und war immer von neuem erstaunt über den Mangel an jeder Bildung und die primitiven Auffassungen, die diese „Führer der Armee" bekunden. Viele von ihnen sind völlige Analphabeten.

Wenn dies die Offiziere sind — wie muß erst die Mannschaft aussehen? Ihr kultureller Tiefstand ist unvorstellbar. Sie laufen in schmutziger und zerrissener Kleidung umher, diese bolschewistischen Soldaten, einer hat eine leinene Bauernhose, der andere einen gewendeten Sakko an, der eine trägt Bastschuhe, der andere ist barfuß, ein dritter hat sich eine aus grobem Kattun gefertigte Frauenbluse angezogen, während wieder einer einfach in eine Decke gehüllt einherstolziert.

Diesem Aussehen der Sowjetsoldaten entspricht auch ihr Gesundheitszustand. Während es im Weltkriege, so betonte der Lagerkommandant, noch sehr viel gut ernährte Feindsoldaten gab, ist heute buchstäblich alles unterernährt.

Ein Rundgang durch das Lager, die Beobachtung seiner Insassen und die Gespräche mit ihnen belehren den Besucher auch sehr bald, daß zumindest ein großer Teil der Gefangenen aus dem Holz sind, aus dem Kommissare gemacht werden. Sie sind roh und fanatisch, heimtückisch und verschlagen und fügen sich nur widerwillig in ihr Los. Freilich ist ein anderer Teil von ihnen anscheinend nicht unzufrieden, daß der Krieg für sie vorbei ist. Sie liegen gemütlich ausgestreckt und sonnen sich, sie spielen selbstgefertigtes Schach und erzählen dem Besucher gern von ihrem Schicksal. Diese bereiten auch der Lagerverwaltung nur wenig Mühe.

Jene aber sind von ganz anderer Gemütsart. Sie stehen mit mürrischen und verschlossenen Gesichtern an der Seite, beobachten die Besucher mit feindseligen, nichts Gutes verheißenden Blicken und haben ein Aussehen, als wären sie jeden Augenblick bereit, sich auf den anderen zu stürzen. Natürlich gehören in erster Linie die Angehörigen der außereuropäischen Völkerschaften und die Juden zu ihnen, aber auch bei Vertretern der europäischen Rassen sah man Menschen, denen man selbst bei hellichtem Tage nicht allein begegnen möchte. Sie sind entweder sittlich und moralisch unsagbar verworfen und verkommen und haben aus dem Morden ein System gemacht oder sie sind von der europäischen Zivilisation nur sehr wenig beleckt. Sie sind tierisch stumpf und verbissen stur, roh und ungebändigt in ihren verbrecherischen Trieben und empfinden eine instiktmäßige Wollust am Morden. Ich sah Vertreter einiger Stämme, die etwas so Lauerndes und Hinterlistig-Verschlagenes hatten, ich sah aber auch Europäer, die selbst auf eine Anrede in russischer Sprache, die sie, wie mir versichert wurde, vollkommen beherrschten, nicht im geringsten reagierten und in deren Blick so viel sadistische Grausamkeit und bestialische Mordgier braunte, daß einem das Gruseln ankam. Ich konnte sehr wohl beobachten, daß sie auch von ihren Kameraden gemieden wurden, obwohl diese gelegentlich scheue und ängstliche Blicke nach ihnen warfen.

Bei den Unterhaltungen mit den Gefangenen gingen nur wenige so weit aus sich heraus, daß sie sich auch freimütig über die Aussichten dieses bolschewistischen Krieges äußerten, — die meisten von ihnen fürchteten die Zeugen unter den eigenen Genossen. Wo sie es aber taten, gestanden sie ein, daß dieser Krieg für den Bolschewismus infolge der mangelnden Organisation, der Vorherrschung der Parteidoktrin und vor allem durch die unermeßliche deutsche Ueberlegenheit als verloren anzusehen ist. „Es mußte so kommen", erklärte mir ein bolschewistischer Offizier resigniert. „Bei uns konnten zu viele dreinreden, die nichts von militärischen Dingen verstanden, — letzten Endes aber wollte niemand verantwortlich sein. Und auch mit Erschießungsdrohungen ist da nichts mehr zu machen."

Der Propagandaartikel „Bolschewisten im Gefangenenlager", Riesaer Tageblatt vom 4. August 1941.

im Kreise Torgau eine Anzahl entwichener bolschewistischer Kriegsgefangener umher. Drei von ihnen wurden am Sonnabendnachmittag bei der Torfgräberei in Mehderitzsch beobachtet. Gendarmeriemeister Lange, der davon in Kenntnis gesetzt wurde, nahm mit einigen Dorfbewohnern die Verfolgung auf. Es gelang ihnen nach einiger Zeit, die Bolschewisten an der großen Viehwiese zu stellen. Dabei ist es zu einem Handgemenge gekommen, in dessen Verlauf der eine der Bolschewisten dem Beamten den Karabiner entriß, ihn damit niederschlug und tötete. Ein Bauer, der den Beamten begleitete, wurde von den anderen Banditen mit einer Ahle schwer verletzt und mußte in das Torgauer Gefängnis gebracht werden. Im Laufe der Nacht und des Sonntags wurde eine Fahndung nach den Mördern eingeleitet. Dabei wurde einer der drei Verbrecher festgenommen. Inzwischen konnten auch die anderen beiden Flüchtlinge dingfest gemacht werden. Die Bevölkerung wird nochmals zur größten Vorsicht ermahnt, da die entwichenen bolschewistischen Gefangenen zu Gewalttätigkeiten schlimmster Art neigen und sich auch nicht scheuen, wie der Vorfall in Mehderitzsch zeigt, Menschen anzufallen und zu ermorden. Jede Wahrnehmung von herumstreichenden Gefangenen ist sofort dem Gendarmeriebeamten mitzuteilen."[447]

Trotz oder vielleicht gerade wegen dieser abschreckenden Berichte beäugten die Anwohner die eintreffenden Russen mit großer Neugier.[448] Vor allem den Einwohnern der Ortschaft Jacobsthal war dies problemlos möglich, da deren Weg zum Bahnhof bis zum Winter 1941/42 direkt am Lagergelände vorbei führte.[449]

Eigentlich hatte die NS-Führung das Gefühl der rassischen Überlegenheit, die Einsicht in die unbedingte Notwendigkeit des Krieges als Überlebenskampf des deutschen Volkes sowie Abneigung und Vorsicht gegenüber den Gefangenen stärken wollen. Doch aufgrund des propagandistischen „Trommelfeuers" kam es zu Überreaktionen in der Bevölkerung. Im November 1941 berichtete der Sicherheitsdienst (SD) der SS in seinen „Meldungen aus dem Reich", daß Presseartikel über die von flüchtigen sowjetischen Kriegsgefangenen verübten Verbrechen die Bevölkerung beunruhigten: *„In den Meldungen wird in diesem Zusammenhang betont, dass die Erregung durch diese Art der Berichterstattung bereits so weit gewachsen sei, dass Frauen und Kinder sich kaum noch auf einsame Wege in Felder und Wälder getrauten, weil sie fürchteten, auf einen geflohenen Russen zu treffen. Selbst bei Männern, die von berufswegen unterwegs sein müssten, seien Äusserungen grösster Besorgnis für ihre eigene Sicherheit zu hören. Man gebe offen seinen Missmut darüber zum Ausdruck, ‚dass man nun nicht einmal mehr im eigenen Lande sicher sei'."*[450]

Weniger eine reale Gefahr als vielmehr das durch die Propaganda geprägte Bild vom „bolschewistischen Untermenschen" war in den meisten Fällen für solche Reaktionen ausschlaggebend. Vor allem die ersten gemeldeten „Greueltaten", die die Propaganda zu bestätigen schienen, lösten übersteigerte Furcht aus. Hierfür sprechen jedenfalls weitere Beobachtungen des SD zur allgemeinen Stimmungslage im Reich: *„Nach einer Meldung* [...] *habe sich die Propaganda gegen das bolschewistische Untermenschentum nunmehr dahingehend ausgewirkt, daß man den jetzt zum Arbeitseinsatz kommenden russischen Kriegsgefangenen mit gemischten Gefühlen ent-*

447 Riesaer Tageblatt, 22. 8. 1941, S. 5.

448 Gespräch mit R. S., 25. 1. 1996.

449 Gespräch mit E. Förster, 27. 8. 1996.

450 MadR, Nr. 237, 13. 11. 1941; BA Berlin, R 58/166. Weitere Beispiele, Auszüge aus Briefen von Bewohnern ländlicher Gebiete, sind bei Brodskij, Im Kampf, S. 114–115, zu finden.

gegensähe. In der Bevölkerung [...] mache sich eine erhebliche Furcht vor entwichenen russischen Kriegsgefangenen bemerkbar, die durch Gerüchte über angeblich von ihnen begangene Greueltaten verstärkt werde."[451] Diese Befürchtungen stellten die Spitzel des SD in der Folge häufig fest. In weiten Teilen der Bevölkerung wurde die Sorge laut, daß solche „Typen und Gestalten" in größerer Zahl ins Reichsgebiet kommen könnten.[452]

Den im Herbst 1941 anlaufenden Arbeitseinsatz der sowjetischen Kriegsgefangenen beobachteten deshalb große Teile der Bevölkerung mit Mißtrauen und teilweise wohl auch Furcht. Aber schon bald bereitete der „Russeneinsatz" der NS-Führung in anderer Hinsicht Probleme. Die von ihr als grundlegend betrachtete strikte Trennung der sowjetischen Gefangenen von allen anderen Ausländern und weitestgehend auch von der deutschen Bevölkerung[453] ließ sich nicht einhalten.
Während des Arbeitseinsatzes beobachtete der SD geradezu mit Entsetzen, daß Kontakte zu russischen Gefangenen und Zwangsarbeitern das von der Propaganda geschaffene Bild des „Untermenschen" rasch in Frage stellten. Insbesondere Bildung und Religiosität vieler von ihnen registrierte die Bevölkerung mit Erstaunen.[454]
Ein Teil der deutschen Bevölkerung zeigte Mitgefühl für die unterernährten und zu harter Arbeit angetriebenen Gefangenen, die ihnen nun täglich begegneten. So berichtete ein Zeitzeuge, wie eine Frau aus Zschepa im Herbst 1941 von Wachsoldaten zurechtgewiesen wurde, weil sie den an der Bootsanlegestelle arbeitenden Gefangenen Kartoffelabfälle zu essen gab.[455] Aber nicht alle Wachmannschaften waren derartig streng in der Auslegung ihrer Dienstvorschriften. Einige sahen einfach weg, wenn Anwohner den Gefangenen Lebensmittel zusteckten oder sich in Tauschgeschäfte mit ihnen einließen. Die Gefangenen boten zum Beispiel selbstgefertigte Schmuck- und Gebrauchsgegenstände für Lebensmittel an.[456] Sie hatten häufig große Fertigkeiten entwickelt, aus gefundenen oder an den Arbeitsstellen gestohlenen Materialien Tauschobjekte herzustellen. Dazu zählten in

451 MadR, Nr. 241, 27. 11. 1941, in: Boberach, Bd. 8, S. 3033. Zur Wirkung der Propaganda und dem allgemeinen Bild der Bevölkerung von den sowjetischen Kriegsgefangenen vgl. beispielsweise MadR, Nr. 205, 24. 7. 1941, ebd., Bd. 7, S. 2563–2564, und Nr. 209, 7. 8. 1941, ebd., S. 2623–2624.

452 Vgl. MadR, Nr. 309, 17. 8. 1942, ebd., Bd. 11, S. 4084–4085.

453 Beispielsweise im Merkblatt für Arb. Kdos. der sowjet. Kgf., WK Kdo XI, November 1941; Nds. StA W, 91 N/284.

454 Vgl. beispielsweise MadR, Nr. 309, 17. 8. 1942, in: Boberach, Bd. 11, S. 4085, sowie MadR, Nr. 376, 15. 4. 1943, ebd., Bd. 13, S. 5129–5136.

455 Gespräch mit H. S., 25. 1. 1996.

456 Gespräch mit R. S., 25. 1. 1996.

Zeithain kunstvoll bemalte Holzschachteln[457] oder auch bunte Vögel aus Holz, die besonders von Kindern gerne eingetauscht wurden.[458] Die Gefangenen versuchten im übrigen durch diese Geschäfte nicht allein in den Besitz von Lebensmitteln zu gelangen. Den Erinnerungen Kjungs zufolge kamen durch den „Warentausch" auch Bücher ins Lager, mitunter sogar propagandistisch verwendbares Material, wie beispielsweise Lenins Schrift „Was tun?".[459]

Mit dem Mitleid der deutschen Zivilbevölkerung konnten die sowjetischen Kriegsgefangenen gelegentlich sogar rechnen, wenn ihnen eine Flucht geglückt war. Verhöre Wiederergriffener im Wehrkreis VI ergaben, daß diese sich während ihrer Flucht teilweise durch Betteleien auf Bauernhöfen mit Lebensmitteln hatten versorgen können. Den Lagerkommandanten und Abwehroffizieren bereitete die Vorstellung Sorge, solch „Verproviantierungsmöglichkeit" könne sich in den Lagern herumsprechen.[460]

Die immer stärker werdenden Belästigungen der Zivilbevölkerung durch den Krieg blieben nicht ohne Auswirkung auf das Verhalten gegenüber den Gefangenen. Ihre Behandlung durch die Wachmannschaften, durch deutsche Meister und Arbeitskollegen verschlechterte sich vielerorts, die *„‚Vergeltung' auf unterster Ebene"* [461] nahm zu.

Auch konnten die Gefangenen bei einer Flucht im Regelfall nun immer weniger auf kleine Hilfsleistungen der Bevölkerung bauen. Die Behörden setzten Belohnungen von zunächst 30 RM und später 100 RM für die Mithilfe bei der Ergreifung Flüchtiger aus.[462] Hinweise gingen ab 1943 immer zahlreicher bei der Polizei ein. Die Bevölkerung war durch die Fluchtversuche, die sich nach dem Sieg der Roten Armee bei Stalingrad häuften, stark beunruhigt. Häufig, so registrierte der SD Anfang September 1943, mache sie einen zu freundlichen Umgang der Wachmannschaften mit den Gefangenen dafür verantwortlich: *„Die immer wiederkehrenden und in letzter Zeit sich mehrenden Fluchtversuche der sowjetischen Kriegsgefangenen erwecken in der Bevölkerung den Anschein einer zu freundlichen Behandlung und nicht ausreichenden Bewachung.* [...] *Es wäre dringend erforder-*

457 Gespräch mit R. S., 25. 1. 1996.

458 Gespräch mit H. S., 25. 1. 1996.

459 Vgl. Erinnerungen Kjung; Sammlung Förster.

460 Wehrkreiskommando VI, Abt. Kr. Gef., 14. 1. 1942. Über die Vorfälle im Wehrkreis XI berichtet Herlemann, Der Bauer, S. 304. Dabei handelte es sich nicht um ein regionales Spezifikum. Ähnliches Verhalten weist Anton Grossmann, Polen und Sowjetrussen, S. 361 sowie 363, für die bayrische Landbevölkerung nach.

461 Herbert, Fremdarbeiter, S. 292.

462 Sammelmitteilung 1, 16. 6. 1941; BA-MA, RW 6/v. 270, Bl. 2. Erlaß RFSS, 14. 12. 1943; BA-MA, RW 6/v. 270, Bl. 177.

lich, so kommt in vielen Meldungen zum Ausdruck, endlich geeignete Maßnahmen zu ergreifen, um den sich häufenden Fluchtversuchen Einhalt zu gebieten. [...] *Besonders bei den alleinstehenden Bauersfrauen mache sich ein Unsicherheitsgefühl bemerkbar, das dazu führe, daß sich diese Frauen bereits in der Dämmerung nicht mehr allein über Land wagen und nicht mehr wie früher unbekümmert und sorglos auf dem Felde ihre Arbeit verrichten würden. Hinzu kommen die zahlreichen Einbruchsdiebstähle und Gewalttätigkeiten der ausgebrochenen Sowjets, die die Unruhe nur noch erhöhten. Vielfach komme es vor, daß Eltern Bedenken haben, ihre Kinder allein zum nächsten Schulort zu schicken."*[463]

Im gleichen Bericht notierte der SD geradezu mit Erleichterung, daß große Teile der deutschen Bevölkerung weiterhin Distanz zu den sowjetischen Kriegsgefangenen bewahrten: *„Nach zahlreichen Berichten aus allen Teilen des Reiches* [unter anderem aus Dresden, Breslau, Danzig, Düsseldorf und Bremen] *werde der Einsatz der sowjetrussischen Kriegsgefangenen von der deutschen Bevölkerung lebhaft erörtert.* [...] *Übereinstimmend wurde z. Zt. noch eine deutliche Zurückhaltung in weiten Kreisen der deutschen Bevölkerung gegenüber den sowjetischen Kriegsgefangenen festgestellt. Diese sei vor allem auf die Wirkung der deutschen Propaganda sowie Urlaubererzählungen über die ausgesprochen bolschewistische Einstellung und das entsprechende Verhalten der Sowjets zurückzuführen. Weiter spiele in der Betrachtung der sowjetrussischen Kriegsgefangenen durch die deutsche Bevölkerung das Schicksal der deutschen Kriegsgefangenen in der Sowjetunion eine erhebliche Rolle. Erzählungen über Greuel an deutschen, verwundet in Gefangenschaft geratenen Soldaten, die nach Rückeroberungen ermordet vorgefunden wurden, bestärkten die deutsche Bevölkerung ebenso in dieser Auffassung wie die Weigerung der Sowjetunion, Auskünfte über deutsche Kriegsgefangene zu geben."* Einerseits wurde in den letzten Wochen und Monaten des Krieges die „Russenfurcht" und dadurch auch die Distanz zu den Kriegsgefangenen größer, andererseits registrierte der SD bereits seit Herbst 1943 einen betont freundlichen Umgang mit Gefangenen aller Nationen an den Arbeitsplätzen; vorsichtige „Volksgenossen" betrachteten das als eine Art „Rückversicherung" für die Zeit nach dem Krieg: *„Man kann nicht wissen, wie die Zeiten noch werden, und es ist immer gut, wenn man sich mit diesen Leuten dann besser versteht."*

463 Vgl. SD-Berichte (Blaue Serie), 2. 9. 1943, in: Boberach, Bd. 14, S. 5706–5707. Die folgenden Zitate ebd., S. 5702–5704.

5. Italiener und Polen in Zeithain

Ursprünglich als Stalag für sowjetische Kriegsgefangene errichtet, wurde Zeithain nach seiner Umwandlung zum zentralen Kriegsgefangenen-Reservelazarett des Wehrkreises IV auch Aufenthaltsort für Gefangene anderer Nationen. Neben den sowjetischen Kriegsgefangenen waren vermutlich Italiener und Polen die größten Personengruppen im Lager.

5.1 Die italienischen Militärinternierten (IMI)

Nachdem Marschall Pietro Badoglio als Nachfolger des vom „Großen Faschistischen Rat" abgesetzten Benito Mussolini am 8. September 1943 den Waffenstillstand mit den Alliierten verkündet hatte, löste das OKW sofort die bereits vorbereitete Gegenmaßnahme aus, den „Fall Achse":[464] Dies bedeutete zum einen die Entwaffnung und Gefangennahme der königlich italienischen Soldaten in Italien, Südostfrankreich, Griechenland, Jugoslawien und Albanien, zum anderen die Besetzung Italiens.
Ungefähr 600000 italienische Soldaten gerieten de facto in deutsche Gefangenschaft, de jure aber, nach Definition des NS-Regimes, in die Internierung.[465] Nach deutscher Interpretation besaß das von beiden Staaten ratifizierte Genfer Kriegsgefangenenabkommen keine Gültigkeit. Dadurch fehlte den gefangenen Italienern jegliche Kontaktmöglichkeit zum Internationalen Komitee vom Roten Kreuz, zudem konnte die italienische Regierung keine Schutzmacht zur Betreuung der Gefangenen benennen.
Die deutsche Wirtschaft hatte Mitte 1943 mit immer größer werdenden personellen Engpässen zu kämpfen. In dieser Situation stellten die Internierten wie auch die italienische Zivilbevölkerung für das nationalsozialistische Regime ein beträchtliches Arbeitskräftepotential dar, das nach Aussonderung aller Volksdeutschen, Mitgliedern der Faschistischen Partei und kampfwilliger Soldaten dem Heer und der Luftwaffe für den Bau des sogenannten

464 Vgl. Schreiber, Die italienischen Militärinternierten, S. 30–45 sowie 57–65.

465 Vgl. ebd., S. 11.

„Ostwalls" zur Verfügung gestellt werden sollte. Zudem waren alle dafür tauglichen Gefangenen dem Bergbau zuzuführen.[466]

Die Italiener konnten ihr Los anfangs nur verbessern, wenn sie sich zu einer Zusammenarbeit mit dem „Dritten Reich" bereit erklärten, für Deutschland „optierten".[467] Jedoch führte die harte Behandlung bereits nach kurzer Zeit dazu, daß sich die allgemeine Stimmung gegen einen Eintritt in die Hilfsverbände der Wehrmacht und später auch gegen einen Eintritt in die neuaufgestellten Verbände der faschistischen Repubblica Sociale Italiana (RSI) wandte.[468]

Ende 1943, Anfang 1944 fanden zwischen Vertretern des NS-Regimes und der RSI Verhandlungen über das Schicksal der italienischen Militärinternierten statt. Die Emissäre der RSI versuchten von deutscher Seite die Erlaubnis zu erlangen, die schlechte Versorgungslage der IMI in den Lagern durch materielle Hilfsleistungen mildern zu dürfen. Die Internierten befanden sich in sehr schlechtem Gesundheitszustand; allein 30 bis 40 Prozent von ihnen waren an Tuberkulose erkrankt.[469]

Bei ihren Bemühungen, eine Statusänderung für die Internierten zu erreichen, erhielt die italienische Seite ab Mitte 1944 Unterstützung von Sauckel, der eine Steigerung der Arbeitsleistung durch Verbesserungen bei den Lebensbedingungen erreichen wollte. Der Arbeitskräftebedarf der deutschen Wirtschaft führte letztlich dazu, daß Hitler und Mussolini am 20. Juli 1944 vereinbarten,[470] der Mehrheit der Internierten einen zivilen Status zuzugestehen. Am 3. August befahl das OKW demgemäß die Überführung der Internierten in ein ziviles Arbeitsverhältnis, wobei es jedoch zu keinen Arbeitsunterbrechungen kommen durfte. Alle Internierten sollten

466 Vgl. Schreiber, Die italienischen Militärinternierten, S. 339–347. Zum Zwangsarbeitseinsatz italienischer Militärangehöriger und Zivilisten vgl. Herbert, Fremdarbeiter. Zur Erfassung der potentiellen Arbeitskräfte speziell S. 259–263.

467 Die von den IMI in Deutschland erwartete „Optionsformel", d. h. Verpflichtungserklärung, sollte zunächst auf Deutschland und Hitler, später auf Mussolini, abgelegt werden: *„Ich stimme der republikanischen Idee des faschistischen republikanischen Italien zu und erkläre mich freiwillig bereit, in dem zu konstituierenden neuen italienischen Heer des Duce auch unter deutschem Oberkommando vorbehaltlos mit der Waffe gegen den gemeinsamen Feind des faschistischen republikanischen Italien des Duce und des Großdeutschen Reichs zu kämpfen. Unterschrift … Datum …"* Zeme, Il tempo di Zeithain, S. 28–29, Anm. 3.

468 Am 15. September 1943 gründete Mussolini unter massiver Einflußnahme von deutscher Seite die faschistische RSI, ein völlig von Hitler abhängiges Satellitenregime. Zur RSI vgl. allgemein Mittermaier, Mussolinis Ende.

469 Siehe Schreiber, Die italienischen Militärinternierten, S. 410–411. Zum folgenden ebd., S. 414–431. Die Behandlung im Arbeitseinsatz geht aus folgender Weisung des OKW hervor: *„Nur voll befriedigende Leistung gibt Anrecht auf volle Verpflegungssätze. Verpflegung ist daher grundsätzlich nach Leistung abzustufen* [und] *bei unzufriedigender* [sic!] *Leistung für gesamte Arbeitseinheit ohne Rücksicht auf einzelne Willige zu kürzen."* Selbst die „vollen Verpflegungssätze" reichten kaum zum Überleben aus. OKW Chef Kriegsgef./Allg. (Ia). Betr.: Italienische Militärinternierte im Arbeitseinsatz, 28. 2. 1944; BA-MA, RW 6/v. 8.

470 Noch am Morgen des 20. Juli 1944, dem Tag des Attentats auf Hitler, hatte es zwischen diesem und Mussolini Gespräche über den Status der IMI gegeben.

eine Erklärung abgeben, daß sie nach der Entlassung aus den Lagern bereit seien, bis zum Kriegsende im Reich zu arbeiten. Die Durchführung der Aktion oblag den Kommandeuren der Kriegsgefangenen in den Wehrkreisen. Da sich die Mehrzahl der Italiener trotz massiver Drohungen und Strafen weigerte, solche Erklärungen abzugeben, kam es am 4. September 1944 zu einer Neuregelung: Alle Internierten wurden formlos in zivile Arbeitsverhältnisse überführt und erhielten einen Entlassungsschein. Fortan waren, ihrem neuen, zivilen Status entsprechend, die Arbeitsämter sowie die Gestapo für die ehemaligen Internierten zuständig.[471]

Die Situation der Italiener in den Lagern und am Arbeitsplatz war geprägt von Entbehrungen und permanentem Hunger. Trotzdem mußten sie häufig bis zu vierzehn Stunden am Tag arbeiten. Laut Ernährungsplan sollten die IMI pro Mann und Tag lediglich 1100 Kalorien erhalten. Doch selbst diese Kalorienzahl wurde nicht immer erreicht. Die Folge der Unterernährung waren Hungerödeme, Sprachstörungen, starker Gewichtsverlust und eine allgemein gesteigerte Anfälligkeit gegenüber Krankheiten. Seuchen wurden durch die Zustände in den Lagern begünstigt.

Bereits im Februar 1944 hatte sich die Situation derart zugespitzt, daß ein Vertreter des Italienischen Roten Kreuzes, der General-Delegierte Giorgio Alberto Chiurco, warnte, den Internierten stünde ein ähnliches Massensterben wie den sowjetischen Kriegsgefangenen bevor, wenn sich Behandlung und Ernährung nicht unverzüglich bessern würden. Als besonders katastrophal bezeichnete er die Lage in den Lazaretten.

Die Lebensbedingungen der italienischen Militärinternierten blieben jedoch bis zum Kriegsende außergewöhnlich hart. Zahlreiche Internierte erlebten die Repatriierung nach Kriegsende nicht mehr: Schätzungen bewegen sich im Bereich von 20000 bis 100000 Toten. Heute wird vermutet, daß etwa 45000 Italiener die Internierung nicht überlebten, ungefähr ein Zehntel der gesamten italienischen Kriegsverluste (444523).[472]

5.2 Ankunft, Unterbringung und Ernährung

Die ersten Internierten trafen im Oktober 1943 am Bahnhof Jacobsthal ein.[473] Für ihren Transport hatte die Wehrmacht lediglich Viehwaggons zur Verfügung gestellt, in denen die Gefangenen, zudem dicht gedrängt, die bis

471 Vgl. Schreiber, Die italienischen Militärinternierten, S. 414–431. Dieses Vorgehen soll bei den italienischen Kampfwilligen sowie den Hilfswilligen (Hiwis) Unzufriedenheit hervorgerufen haben, da jene es als Ungerechtigkeit betrachteten, daß die IMI „freie Arbeiter“ in der deutschen Wirtschaft werden „durften“.

472 Vgl. ebd., S. 18, Anm. 3.

473 Vgl. zum folgenden Zeme, Il tempo di Zeithain, S. 28–29, Anm. 3.

zu elf Tage währende Reise zu überstehen hatten. Die Verpflegung war unzureichend. Während im Oktober 1943 wenigstens noch regelmäßig einmal am Tag trockener Zwieback zur Verteilung kam, erhielten die Gefangenen eines neun Tage dauernden Transports im Februar 1944 nur eine einzige Verpflegungsration: Während eines Zwischenstops in Wien wurde Hirsebrei, eine Kartoffel, eine Scheibe Schwarzbrot sowie zwei Stück Zucker pro Person ausgegeben.

Beim ersten Transport vom Oktober 1943 handelte es sich um kranke und verwundete italienische Soldaten, die der Wehrmacht in Kroatien im Feldlazarett (ospedali da campo) OC 572 in die Hände gefallen waren. Die Patienten wurden von einem Großteil des ärztlichen Personals, der Lagergeistlichen sowie der Rotkreuzschwestern freiwillig in die Internierung begleitet. Nur wenige Tage später, am 5. November 1943, kam aus Griechenland (OC 536) ein weiterer Transport in Zeithain an. Auch hier hatte sich ein Großteil des Pflegepersonals dafür entschieden, die hilfsbedürftigen Patienten nicht im Stich zu lassen, so daß 13 weitere Rotkreuzschwestern in Zeithain eintrafen.[474]

Vorübergehend befanden sich bis zu 2800 Italiener im Lazarett Zeithain. Für ihre Unterbringung hatte die Lagerleitung 78 Baracken vorgesehen. Diese waren in drei Unterlager aufgeteilt: a) Allgemeinmedizin und Malariakranke, b) Chirurgie sowie c) Infektionskrankheiten und Tbc.

Die Unterkünfte waren für die Verwendung als Krankenrevier nicht geeignet. Sie boten den Gefangenen keinen ausreichenden Schutz vor der Witterung.[475] In den Baracken, die ursprünglich für jeweils 40 Patienten vorgesehen waren, mußten sich 60 bis 75 Personen zusammendrängen. In jedem „Krankenzimmer" befand sich ein Ofen, auf dem Spritzen sterilisiert werden sollten. Jedoch reichte im Winter das Brennmaterial nicht einmal für eine ausreichende Heizung des Raumes, geschweige denn für die Sterilisierung medizinischer Instrumente.[476] Die kranken Internierten mußten sich zu viert eines der zweistöckigen, mit altem, bereits zermahlenem Stroh ausgelegten und von Ungeziefer verseuchten Betten teilen.[477]

Einen Eindruck von den Lebensbedingungen gibt der Bericht des Internierten Alessandro Frigerio: *„Der italienische Sektor bestand aus mehreren Dutzend Baracken, in denen wir über jedes glaubhafte Maß zusammengedrängt waren, in Stockbetten mit Schlafstellen aus Stroh, einer dicht neben dem anderen.* [...] *In dieser Hölle blieb ich bis zum 31. März 1944, verpflegt*

474 Vgl. ebd., S. 27, Anm. 1. Einer anderen Erinnerung zufolge kam der zweite Transport am 6. November 1943 am Bahnhof Jacobsthal an. Ebd., S. 28–29, Anm. 3.

475 Siehe Ajroldi, Campo di morte, S. 37.

476 Vgl. Zeme, Il tempo di Zeithain, S. 86. In den Erinnerungen des ehemaligen Internierten Leopoldo Teglia ist sogar von lediglich acht Briketts aus gepreßtem Kohlenstaub die Rede.

477 Siehe Ajroldi, Campo di morte, S. 37.

mit einem Schöpflöffel Rübensuppe, zwei Kartoffeln, 15 g Margarine, zwei Zuckerstücken und einer Scheibe Schwarzbrot, alles am Mittag und damit Schluß! Zuviel zum Sterben und zuwenig zum Leben. Offensichtlich war es die Absicht unserer Peiniger, uns mit List, schleichend langsam, ein Tag um den anderen und in einem qualvollen Kampf sterben zu lassen. Als Beilage zu unserem Essen gab es außerdem immer zusammengerollte und auf dem kleinen Ofen mitten in der Baracke geröstete Kartoffelschalen."[478]
Der fortwährende Hunger beherrschte die Gedanken der Gefangenen: *„Der Hunger hält an, obsessiv, monate-, jahrelang, ein schwächendes Einfallstor der Krankheit, unbeschreiblich für alle, die ihn nicht gespürt haben* [...]."[479] Deshalb versuchten sie mit allen Mitteln, an zusätzliche Nahrung zu gelangen. Während viele sich nicht anders zu helfen wußten, als Küchenabfälle nach verwertbaren Resten zu durchwühlen, vereinzelte kleine Lebensmitteldiebstähle zu begehen oder sogar Gras zu essen, bedienten sich andere ihres bescheidenen Besitzes oder ihrer Geschicklichkeit, um Lebensmittel einzutauschen. Nicht wenige der Internierten sahen sich gezwungen, ihre letzte Habe bei den Wachmannschaften oder anderen, besser gestellten Gefangenen gegen ein wenig Brot oder irgend etwas anderes Eßbares einzutauschen. Unter den persönlichen Gegenständen, die so versetzt wurden, waren Uhren, Füllfederhalter, Goldkettchen und sogar Pullover, Strümpfe, Schuhe und Stiefel, die im Winter lebensnotwendig gewesen wären.[480] Die Herstellung von Tauschobjekten blieb dem Einfallsreichtum und den handwerklichen Fähigkeiten der Gefangenen überlassen: *„Da gab es welche, die sich der Herstellung von Zigarettenetuis und anderem Schnickschnack aus Metall widmeten. Den Rohstoff dafür lieferte das Blechgeschirr unserer armen Verstorbenen, das ich nicht den Deutschen aushändigte, sondern heimlich diesen Kunsthandwerkern übergab. Ihr Werkzeug war das allerbeschränkteste! ... Trotzdem wußten sie kleine Schmuckstücke daraus anzufertigen! Die anderen Gefangenen, speziell die Serben, waren begeistert davon! ... Ihre Nachfrage war ohne Ende, und im Tausch dafür gaben sie normalerweise zehn Brotrationen her! Zu den Aluminiumhandwerkern, die vom Fahrer Antonio Tola angeleitet wurden, gesellten sich die Ziseliere, d. h. diejenigen Könner, die zuerst Symbole, Blumen, Figuren usw. mit der Spitze einer Schere oder eines Nagels vorzeichneten und sie dann ins weiche Metall einritzten."*

478 Vgl. den Brief Frigerios. In: Zeme, Il tempo di Zeithain, S. 81. Einer anderen Erinnerung zufolge sah die typische Tagesration eines IMI in Zeithain wie folgt aus: 150 g nasses Schwarzbrot, ein Löffel Zucker oder Marmelade, 20 g Büchsenfleisch oder (verschimmelter) Käse, ein halber Blechnapf Rüben, Kraut oder Gerstensuppe (der jedoch nur einmal pro Woche ausgegeben wurde) oder ein „Eintopf" aus süßen Rübenresten aus der Zuckergewinnung. Hinzu kam ein halber Liter Tee-Ersatz sowie gelegentlich 20 g Margarine. Siehe ebd., S. 30–31, Anm. 7.

479 Ebd., S. 30–31.

480 Vgl. Ajroldi, Campo di morte, S. 52. Folgendes Zitat ebd., S. 56–57.

Obgleich die kunstvoll hergestellten Gegenstände sich teilweise auch bei den Wachmannschaften großer Beliebtheit erfreuten, war der Tauschhandel offiziell verboten. Das OKW wollte Kontakte zwischen Gefangenen und Wachmannschaften wie auch zwischen den verschiedenen Gefangenengruppen verhindern. Darüber hinaus war es bestrebt, Diebstähle von Materialien, die zur Herstellung der Tauschobjekte nötig waren, zu unterbinden. Deswegen versuchte die Lagerleitung immer wieder, den illegalen Tauschhandel zu stoppen. Hierüber berichtete Schwester Maria Vittoria Zeme später: *„Es gab einige, denen es unter Einsatz ihres Lebens gelang, sich von den Engländern und Amerikanern durch den Zaun, der die Lager voneinander trennte, im Tausch gegen Zeichnungen, die unsere Soldaten auf ein Täfelchen Holz gemalt hatten und die das Lagerleben wiedergaben, etwas zu essen oder rauchen zu beschaffen. Eines Tages mußten die englischen und amerikanischen Gefangenen zur Strafe ihre Ration zu uns bringen, auf die wir, vorher verständigt, ängstlich mit leeren Blechgeschirren in der Hand warteten: Als sie auf unseren Weg kamen, kippten sie den Inhalt der Töpfe aus Bosheit auf den Boden und ließen uns mit unserem Hunger und einer großen Bitterkeit im Herzen allein."*[481] Dennoch fanden die Internierten immer wieder Wege, Tauschkontakte zu knüpfen. Im Gegensatz zu den Gefangenen anderer Nationalitäten hatten sie kaum andere Möglichkeiten, an Nahrungsmittel zu gelangen. Wegen des unterbundenen Kontakts zum IKRK blieben Lebensmittellieferungen fast ganz aus. Das Rote Kreuz der RSI verteilte während der gesamten Zeit der Internierung, von Oktober 1943 bis Mai 1945, lediglich circa 21000 Kalorien pro Person (das entsprach ungefähr zehn knapp bemessenen Tagesrationen).[482]

Die letzten Monate des Zweiten Weltkrieges brachten für die italienischen Militärinternierten eine weitere Steigerung ihrer Leiden und Entbehrungen. Als die Versorgungslage im gesamten Reichsgebiet kritisch wurde, bekamen die Gefangenen und Internierten in den Lagern das besonders hart zu spüren. Die zuvor bereits mehr als kargen Verpflegungsrationen in Zeithain wurden nochmals gekürzt. In den letzten Monaten bestand die Tagesration oftmals aus einer Brühe aus gemahlener Gerste, die mittags ausgegeben wurde. Die Wintermonate des Jahres 1945 mußten alle Lagerinsassen in ungeheizten Baracken verbringen. [483]

481 Zeme, Il tempo di Zeithain, S. 61, Anm. 27. Vgl. hierzu auch ähnliche Bemühungen der sowjetischen Kriegsgefangenen, Kap. 3.10. Über die von Schwester Zeme erwähnten Engländer und Amerikaner ist nur deren zeitweilige Anwesenheit im Lager bekannt.

482 Siehe ebd., S. 30–31, Anm. 7.

483 Vgl. Brief Ubaldi, 9. 10. 1993; Sammlung Förster.

5.3 Behandlung und medizinische Versorgung

Das Regime im Lazarettlager war hart, denn die kranken Italiener galten, da sie nicht als Arbeitskräfte zur Verfügung standen, als „unnütze Esser". Dies betraf insbesondere die schwer und unheilbar Kranken. An die Rücksichtslosigkeit vieler, durch die Propaganda des „Dritten Reiches" und den Kriegsverlauf oftmals brutalisierter Wachmannschaften erinnerten sich die Internierten noch Jahre später sehr genau.[484]

Die in allen Lagern zum Alltag zählenden Prozeduren, wie die täglich stattfindenden Zählappelle, wurden von den Wachmannschaften zu qualvoll langen, als Schikane gedachten und von den Gefangenen auch so empfundenen, „Höhepunkten" im Tagesablauf ausgedehnt. In Zeithain hatten sich die Gefangenen blockweise in Fünferreihen aufzustellen, wobei die Wachsoldaten bei Kranken, so sie nur ihr Bett verlassen konnten, in aller Regel keine Ausnahme machten. Da sich beim Durchzählen die von den verantwortlichen Offizieren erwartete Zahl selten auf Anhieb ergab, ließen sie das Verfahren so lange wiederholen, bis das Ergebnis mit den Belegungslisten übereinstimmte.[485] Für die geschwächten, nur erbärmlich bekleideten IMI erwies sich diese selbst im Winter mitunter Stunden dauernde Prozedur als zusätzliche Qual: *„Um Energie zu sparen, bewegte man sich so wenig wie möglich: Man vermied sogar eine Armbewegung, weil man dachte, daß es jeden Tag ja schon die ungeheuerliche und unsagbare Anstrengung des Zählappels gab, im Freien, aufrecht stehend, in eisiger Kälte."*[486]

Ähnlich wie in anderen Lazarettlagern, sorgte auch die Zeithainer Lagerverwaltung nicht einmal für die elementarsten Voraussetzungen zur Pflege der Patienten. Den für die Behandlung der Kranken verantwortlichen italienischen Ärzten und Krankenschwestern fehlten neben den notwendigen Instrumenten und Medikamenten auch die entsprechenden Behandlungsräume. Über das „Operationszimmer" berichtete Schwester Zeme: *„Sowohl in unserem als auch im russischen Lager war der Operationssaal die übliche Baracke, ohne Stockbetten, dafür in der Mitte ein gewöhnlicher Tisch, auf den der Patient gelegt wurde. Auf einem Pfosten befand sich zum Händewaschen eine Büchse mit kaltem Wasser, die ein Soldat per Seilzug herunterließ, wenn eine Wäsche notwendig war."*[487]

Selbst für schwerwiegende Eingriffe standen den Ärzten die notwendigen Instrumente nicht zur Verfügung: *„Im russischen Lager Operation eines Hirnabzesses bei einem Russen durch Prof. Pontrandolfi, assistiert von*

484 Vgl. beispielsweise Zeme, Il tempo di Zeithain, S. 60–61, Anm. 26. Vgl. auch Kap. 4.5.

485 Vgl. ebd., S. 30, Anm. 6.

486 Frigerio, in: ebd., S. 81.

487 Zeme, Il tempo di Zeithain, S. 54–55, Anm. 23.

Dr. Curia. [...] Bei der Operation mit dabei waren auch interessierte russische, serbische und deutsche Ärzte. Der Eingriff wurde mit Behelfsinstrumenten vorgenommen und dauerte drei Stunden."[488] Über den Ablauf der Operation notierte Schwester Zeme: *„Als Zuständige für das Hinreichen der Geräte habe ich mit den wenigen und wenig wirkungsvollen Instrumenten ziemliche Kunststücke vollbracht; außerdem mußte ich noch die Knochensplitter aufsammeln und mit Papierkompressen, die ständig kaputt gingen, das Blut tamponieren."* Nicht allein, daß die Voraussetzungen für aufwendige Operationen im Lazarett Zeithain nicht gegeben waren. Selbst für weniger komplizierte Behandlungen standen die nötigen Mittel nicht zur Verfügung. So fehlten beispielsweise den Zahnärzten jegliche Instrumente, weswegen jeder erkrankte Zahn gezogen werden mußte. Doch selbst dabei mußte man sich mit Provisorien behelfen: Patienten wurden ohne Betäubung mit gewöhnlichem Tischlerwerkzeug, mit Greifzangen und Meißeln behandelt.[489] Auch Schwester Zeme mußte eine derartige Prozedur über sich ergehen lassen: *„Weisheitszahn unten rechts gezogen. Es ist schrecklich. Da eine Zange fehlt, wurden gewöhnliche Zangen für Nägel und kein Betäubungsmittel verwendet."*[490]

5.4 Seelsorge

Viele der Internierten suchten in ihrem Glauben Trost und Zuflucht. In Zeithain gab es drei katholische Geistliche aus Italien, die sich um die Internierten kümmerten: Pater Luca Ajroldi, Monsignore Ezio Ghidini und Don Guido.[491] Über die Arbeit der Geistlichen im Lager berichtete Pater Ajroldi in seinem Tagebuch.

Sonntags veranstaltete Ajroldi regelmäßig zwei bis drei Messen im „C"-Lager, der Tbc-Abteilung. Zunächst las er die Messe in der Baracke der Schwerkranken, anschließend in der Unterkunft des Pflegepersonals. Sofern das Wetter es zuließ, las er abschließend eine Messe für das gesamte Lager im Freien. Daran nahmen nicht nur Italiener, sondern häufig auch Serben und Polen, manchmal sogar deutsche Wachmannschaften teil.[492] Wie ehemalige Internierte bezeugen, spendete Pater Ajroldi den Italienern großen moralischen und geistigen Trost.[493] Der Geistliche wußte um die

488 Ebd., S. 54. Folgendes Zitat ebd.

489 Vgl. ebd., S. 45, Anm. 17.

490 Ebd., S. 64.

491 Vgl. ebd., S. 29, Anm. 4.

492 Siehe Ajroldi, Campo di morte, S. 34.

493 Frigerio, in: Zeme, Il tempo di Zeithain, S. 82.

Bedeutung seiner Aufgabe, notierte er doch später in seinen Aufzeichnungen, daß ihm selbst erst in Zeithain klar geworden sei, *„wie sehr einem der Glaube beim Ertragen der schrecklichsten Schwierigkeiten behilflich sein kann."*[494]
Deshalb gründete er eine von ihm so titulierte „schola cantorum", um den kranken Internierten den Alltag erträglicher gestalten und etwas Ablenkung verschaffen zu können: *„Wir* [...] *lernten Lieder, kleine Motetten und sogar die kurzen Sätze aus der Messe ‚Te Deum' von Perosi. Mons. Ghidini, der sie auswendig konnte, diktierte mir die Stimmen, ich fügte eine Art Begleitung hinzu, und sie wurde so gut erlernt, daß sie später, wenn ich nicht begleiten konnte, weil ich am Altar zu tun hatte, unter der Leitung von Oberarzt Fantelli, der einiges von Musik verstand, a capella gesungen wurde. Es gab* [...] *einen Virtuosen auf der Ziehharmonika, den ich, wenn ich ihn beim Wickel bekam, durch die verschiedenen Baracken zog, damit er die Bettlägerigen ein wenig aufheiterte* [...]. *Auch die sehr wenigen, die bis dahin fast immer gefehlt hatten, begannen auf diese Weise, die Gottesdienste wieder zu besuchen."*
Über seine seelsorgerische Tätigkeit hinaus versuchte Pater Ajroldi, Internierten auch ganz praktisch zu helfen: Da die Lagerleitung in den ungefähr zwanzig Monaten, in denen sich Italiener in Zeithain befanden, kein einziges Bekleidungsstück ausgab, waren viele auf das angewiesen, was sie am Leibe trugen. Oftmals hielten sie ihre zerschlissenen Hosen und Jacken mit Bindfäden und Drahtstücken zusammen. Nicht selten hatten sie, vom permanenten Hunger gequält, ihre im Winter so dringend benötigten Kleidungsstücke bereits gegen Nahrungsmittel eingetauscht. Zugunsten der bedürftigsten Gefangenen konnte der mit der Registrierung und Ablieferung der Bekleidung Verstorbener beauftragte Pater Ajroldi gelegentlich Schuhe, Jacken, Hosen und ähnliches zurückhalten und verteilen.[495]

5.5 Beerdigungen in Mühlberg und Zeithain

Trotz aller Bemühungen der Ärzte, Krankenschwestern und Geistlichen verstarben zahlreiche italienische Militärinternierte: Die häufigste Todesursache war Tbc. Darüber hinaus kamen viele infolge anderer Krankheiten oder Unterernährung ums Leben. Nicht selten fielen Italiener auch der brutalen Behandlung selbst zum Opfer. Durchschnittlich verstarben in Zeithain zwei bis drei, manchmal sogar bis zu sechs Internierte pro Tag.[496]

494 Ajroldi, Campo di morte, S. 37. Folgendes Zitat ebd., S. 36.

495 Siehe ebd., S. 57–58.

496 Vgl. Zeme, Il tempo di Zeithain, S. 50, Anm. 20.

In den ersten Monaten wurden die Toten entkleidet, in Papiersäcke gelegt und in das Hauptlager nach Mühlberg transportiert, wo sie auf dem großen Lagerfriedhof in einer für Italiener bestimmten Abteilung beerdigt wurden.[497] Nach dem 4. Februar 1944 fanden die Bestattungen in der unmittelbaren Nähe des Zeithainer Lazaretts auf einem eigens angelegten Friedhof statt.[498] Jetzt mußten die Italiener die Beerdigungen ihrer toten Kameraden selber vornehmen. Pater Ajroldi berichtete, daß die Internierten versuchten, die Bestattungen so würdevoll wie möglich zu gestalten. Zwar wurden die Leichen noch immer nackt beigesetzt, doch standen jetzt immerhin einfache Särge zur Verfügung.[499] Sie wurden auf dem Weg zum Friedhof meist von vielen Menschen begleitet. An der Spitze des kleinen Zuges gingen ein Priester und zwei Offiziere. Ihnen folgte ein Karren, auf dem normalerweise vier bis sechs Särge lagen. Den Abschluß bildete eine mehr oder weniger große Gruppe italienischer Soldaten; der Karren war geschmückt mit kunstvoll aus Tannen-, Kiefern- und anderen Zweigen geflochtenen Kränzen.[500] Übereinstimmend berichteten sowohl Pater Ajroldi als auch Schwester Zeme, daß in der Regel drei deutsche Wachmänner im Augenblick der Beisetzung mit Salutschüssen den Toten die letzten militärischen Ehren erwiesen.[501]
Die Lagerverwaltung meldete die gestorbenen Italiener anschließend zur Registrierung an das zuständige katholische Pfarramt in Riesa. Für die ersten vier Wochen nach Anlegung des Friedhofs verzeichnete der deutsche Chefarzt des Lazaretts 26 Beisetzungen.[502] Aufgrund der ausführlichen Aufzeichnungen Pater Ajroldis ist die recht genaue Zahl der in Zeithain verstorbenen italienischen Militärinternierten bekannt: Zwischen Oktober 1943 und April 1945 kamen demnach mindestens 863 ums Leben. Mehrere Dutzend Personen überlebten den Transport in die Heimat nicht.[503]

497 Vgl. Ajroldi, Campo di morte, S. 125.

498 Vgl. Zeme, Il tempo di Zeithain, S. 50, Anm. 20.

499 Vgl. Ajroldi, Campo di morte, S. 125.

500 Vgl. ebd., S. 81.

501 Siehe ebd. sowie Zeme, Il tempo di Zeithain, S. 50, Anm. 20.

502 Kgf.-Reserve-Lazarett Zeithain. Betr.: Sterbefall und Beisetzung „Ital. Mil. Int.", 2. 3. 1944; Sammlung Nowotny.

503 Vgl. Zeme, Il tempo di Zeithain, S. 28–29, Anm. 3. Vgl. auch die Totenliste, in der sämtliche in Zeithain verstorbene IMI namentlich und mit Todesdatum verzeichnet sind, in: Ajroldi, Campo di morte, S. 129–348.

5.6 Polnische Kriegsgefangene

Unsere Kenntnisse über die polnischen Kriegsgefangenen in Zeithain stützen sich in erster Linie auf den umfangreichen Bericht einer Delegation des Internationalen Komitees vom Roten Kreuz, die am 22. Oktober 1944 das Reservelazarett Zeithain besucht hatte. Zu diesem Zeitpunkt befanden sich dort insgesamt 5382 Gefangene verschiedener Nationalitäten.[504]

Bereits zu Beginn des Jahres 1944 waren alle polnischen Gefangenen des Wehrkreises IV, die unter einer offenen Lungentuberkulose litten, in Zeithain konzentriert worden. Die Mehrzahl der Polen war allerdings erst am 12. Oktober 1944, wenige Tage vor dem Besuch der Rotkreuz-Delegation, im Lazarett eingetroffen. Dieser Transport umfaßte 866 Kranke und Verwundete sowie 515 Angehörige des Pflegepersonals aus insgesamt 32 über ganz Warschau verteilten kleineren Lazaretten, die als Angehörige der Armee des Generals Tadeusz Bór-Komorowski[505] in Gefangenschaft geraten waren. Unter den insgesamt 1381 Personen aus Polen befanden sich 455 Frauen und neun Kinder. Ungefähr zwanzig Frauen waren schwanger.[506]

Untergebracht waren die polnischen Kriegsgefangenen in 25 Holzbaracken, die, umgeben von einem Stacheldrahtzaun, an die Krankenreviere für die sowjetischen Kriegsgefangenen angrenzten.[507] In jeder Unterkunft befanden sich ungefähr 70 Gefangene; die übrigen Baracken dienten als Behandlungs- und Operationsräume. Die polnischen Gefangenen waren nach Geschlechtern untergebracht, zudem die Offiziere von den Unteroffizieren und den Mannschaften getrennt.

Nach Möglichkeit brachte die Lagerleitung die Gefangenen nach ihren Krankheiten separiert unter: Den Angaben der Delegationsmitglieder zufolge trennte man, wenigstens zum Zeitpunkt ihres Besuchs im Oktober 1944, diejenigen Patienten, bei denen die Tuberkulose bereits offen ausgebro-

504 Visité le 22 octobre 1944 par les Dr. Landolt et Thudichum; PA-AA, Nr. 26 Polen, R 40756a. Vgl. zum folgenden ebd.

505 General Bór-Komorowski war Oberbefehlshaber der im Untergrund aufgebauten polnischen Heimatarmee. Ab dem 1. 8. 1944 versuchte er mit 36000 Soldaten Warschau noch vor den heranrückenden sowjetischen Truppen aus eigener Kraft zu befreien. Am 2. 10. 1944 mußte die Heimatarmee vor der deutschen Übermacht kapitulieren. Für die insgesamt 20000 polnischen Soldaten, die in deutsche Kriegsgefangenschaft gerieten, war zuvor eine Behandlung gemäß den Genfer Konventionen vereinbart worden. Dies war nicht selbstverständlich, da Polen aus deutscher Sicht aufgehört hatte, als eigenständiges Subjekt des internationalen Völkerrechts zu existieren. Vgl. allgemein Krannhals, Der Warschauer Aufstand.

506 Den Erinnerungen des Leiters von einem der nach Zeithain deportierten Lazarette zufolge, kam sowohl am 13. als auch am 14. 10. 1944 jeweils ein Transport aus Warschau am Bahnhof Jacobsthal an. Laut Prof. Stanisław Iwankiewicz wurden insgesamt 1541 Männer, Frauen und Kinder, darunter 1031 Kranke und Verwundete nach Zeithain gebracht. Brief Prof. Iwankiewicz, 5. 9. 1996; Sammlung Nowotny.

507 Visité le 22 octobre 1944 par les Dr. Landolt et Thudichum; PA-AA, Nr. 26 Polen, R 40756a. Vgl. zum folgenden ebd.

chen war, von den übrigen Tbc-Kranken. Zwar wurden die Baracken als sauber beschrieben, doch zugleich angemerkt, daß es sich um sehr primitive Krankenreviere handelte. Selbst die Tbc-Patienten mußten in den üblichen zweistöckigen Etagenbetten schlafen. Den Kranken und Verwundeten standen in den Unterkünften als Matratzen lediglich mit Holzwolle gefüllte Strohsäcke zur Verfügung; Ungeziefer war weit verbreitet.
Ähnlich stand es um die Bekleidung der Gefangenen. Sowohl die Mannschaften als auch die Offiziere trugen nur in seltenen Fällen Uniform. Wäsche zum Wechseln besaß zudem kaum einer der Gefangenen. Hinsichtlich der Verpflegung notierte die Delegation, daß die Polen die gleichen Rationen wie die anderen Gefangenen erhielten. Dies war freilich eine sehr ungenaue Angabe, die keine Rückschlüsse auf die Qualität der Nahrungsmittel zuläßt. Es ist bekannt, daß in den Kriegsgefangenenlagern sehr wohl eine nach Nationalitäten differenzierte Versorgung der Gefangenen üblich war.[508] Jedenfalls seien die an die Polen ausgegebenen Rationen äußerst dürftig gewesen.
Besser als bei den Gefangenen anderer Nationen sah es anfangs mit der medizinischen Versorgung aus. Dies allerdings lediglich deswegen, weil die komplette Ausrüstung polnischer Lazarette mit nach Zeithain transportiert worden war. Die medizinische Versorgung der Gefangenen wurde von polnischem Pflegepersonal selbst sichergestellt: Unter den Gefangenen waren 54 Ärzte fast jeder Fachrichtung sowie 460 Krankenschwestern.
Der Bericht der Kommission des Roten Kreuzes gibt zwar Hinweise auf die Anzahl der polnischen Kriegsgefangenen im Oktober 1944 und deren Lebensbedingungen, bietet aber keinerlei Angaben zur Zahl der Toten. Diese lassen sich aber den Erinnerungen von Prof. Stanisław Iwankiewicz entnehmen. Danach starben in der Zeit zwischen seinem Eintreffen in Zeithain im Oktober 1944 und dem Kriegsende 44 Polen im Lazarett. Zwei weitere seien bereits auf dem Transport nach Deutschland ums Leben gekommen. Weiter berichtete er, daß eine Polin am 12. März 1945 wegen eines Verstoßes gegen die Verdunkelungsvorschriften von einem Wachmann erschossen worden sei. Die Beerdigung verstorbener Polen fand auf einem eigenen, in der Nähe des italienischen Gräberfeldes im Wald bei Jacobsthal befindlichen, polnischen Friedhof statt.[509]

508 Vgl. Kap. 3.5.

509 Vgl. ebd. Gräberlisten der deutschen Verwaltung liegen bislang nicht vor. Bei drei der im Lager verstorbenen Gefangenen soll es sich allerdings um Slowaken gehandelt haben. Nach der Befreiung kamen weitere acht Polen ums Leben.

6. Die Befreiung

6.1 Die Übernahme des Lagers durch die Gefangenen

Lange Zeit hatten die Gefangenen und Internierten in den verschiedenen Lagern des NS-Regimes die Niederlage Deutschlands herbeigesehnt, eine Hoffnung, die seit der Niederlage der 6. Armee bei Stalingrad wuchs.
Im Frühjahr 1945 war das Ende des „Dritten Reiches" und somit die eigene Befreiung auch für die Lagerinsassen des Kriegsgefangenen-Lazaretts Zeithain abzusehen. Den Gefangenen waren die hektische Betriebsamkeit in der Umgebung des Lagers, wie die Verlegungen von Wehrmachtverbänden, und der Abtransport sämtlicher sowjetischer Frauen aus dem Lazarett im März 1945,[510] nicht verborgen geblieben. Das sich anbahnende Ende des NS-Staates brachte allerdings nicht nur Zuversicht, sondern auch Gefahren für die Gefangenen mit sich: Im Chaos der letzten Kriegswochen verbreiteten sich erneut Typhus- und Ruhrepidemien im Lager. Zudem rechneten die Gefangenen mit der Evakuierung des Lagers. Viele der Patienten wären dafür zu schwach gewesen. Zahlreiche Gerüchte kursierten im Lager.[511] Hoffnung auf ein Ende der Gefangenschaft kam auf, als sich zwischen dem 12. und 18. April 1945 die Luftangriffe auf die Umgebung des Lagers verstärkten; sie galten den Elbbrücken und der auf dem Truppenübungsplatz gelegenen Heeres-Munitionsanstalt. In diesem Zusammenhang verbreitete sich im Lager die Nachricht vom Beginn der sowjetischen Offensive auf Berlin: *„Die italienischen Kriegsgefangenen beglückwünschten uns* [die sowjetischen Gefangenen], *nachdem die Rote Armee am 17./18. April 1945 den Angriff auf Berlin begonnen hatte. Mit Befriedigung sahen sie der baldigen Befreiung des Lagers entgegen."*[512]

510 Vgl. oben Kap. 4.4.

511 Die sowjetischen Gefangenen und die IMI besaßen insgesamt drei Radiogeräte. Vgl. Kap. 4.3 und 4.5. Allerdings konnten die abgehörten Meldungen natürlich nicht an jeden im Lager befindlichen Gefangenen weitergegeben werden, so daß es sich oftmals tatsächlich um bloße Gerüchte gehandelt haben muß.

512 Vgl. hierzu den Bericht des ehemaligen sowjetischen Kriegsgefangenen Čerkassov, April 1959; Sammlung Förster. Der Angriff der Roten Armee auf Berlin begann allerdings bereits am 16. April 1945. Folgendes Zitat ebd.

Nun vermehrten sich auch die Anzeichen, daß das Abrücken der Wachmannschaften und die Aufgabe des Lagers durch die Wehrmacht unmittelbar bevorstand: *„Alles sagte uns das:* [...] *Die Deutschen, die so bekümmert und beschäftigt waren, daß sie sich für gar nichts mehr interessierten; die Gruppen von Frauen, Kindern und alten Menschen, alle mit Hausrat beladen, die wir ständig jenseits unserer Zäune vorbeiziehen sahen und die den Alliierten entgegengingen, um nicht von den Russen gefangengenommen zu werden, vor denen sie eine Heidenangst hatten; und schließlich die Kanonenschläge, die in immer größerer Nähe krachten."*[513] Als die Rote Armee sich dem Gelände des Truppenübungsplatzes näherte, verließen die Wachmannschaften in der Nacht vom 21. auf den 22. April 1945 das Kriegsgefangenen-Lazarett Zeithain.[514] Unter den Gefangenen hatten einzig die italienischen Militärinternierten durch einen Zufall vom Abmarsch der Deutschen Kenntnis erlangt: Als einige der Italiener bei der Demontage medizinischer Geräte helfen mußten, erzählten deutsche Soldaten, daß der Abzug im Laufe der folgenden Nacht stattfinden würde. Aufgrund der ständigen Schußwechsel in der Umgebung des Lagers beschlossen die Internierten, unter denen sich die Nachricht in Windeseile verbreitet hatte, bis zum Einbruch der Morgendämmerung in den Baracken auszuharren. Pater Ajroldi berichtete, daß er die Gelegenheit nutzte, um während der Stunden des Wartens einen Dankgottesdienst abzuhalten: *„Nach Beendigung des Gottesdienstes gingen wir ins Freie: keine Spur mehr von den Deutschen! ... Sie waren aus den Büros verschwunden, aus den Wach- und Kontrolltürmen, aus den Lagerräumen, aus dem internen Verkehr, und selbst die wenigen Zivilpersonen des kleinen Bahnhofs ganz in unserer Nähe waren fortgegangen. Was wir bis dahin unter Mühen niedergehalten hatten, brach sich nun freie Bahn! ... Umarmungen, Küsse, Tränen des Trostes, Freudenschreie! ... Alle außer Rand und Band!"*[515]

Dem ehemaligen Gefangenen M. V. Čerkassov zufolge öffneten die Italiener daraufhin die Tore des Lagers und befreiten als erstes die Gefangenen im Arrestblock. Aufgrund des überstürzten Aufbruchs der Wachmannschaften fielen ihnen auch zahlreiche Waffen in die Hände. Noch in der Nacht, so Čerkassov weiter, trafen sich die Mitglieder der Widerstandsgruppe der sowjetischen Kriegsgefangenen. Um fünf Uhr wurden alle Lagerinsassen geweckt und über die neue Lage informiert. Zu diesem Zeitpunkt hielten sich ungefähr 6000 sowjetische, je 2000 französische und polnische Kriegs-

513 Ajroldi, Campo di morte, S. 66–67.

514 Ebd. Der Abmarsch der deutschen Wachmannschaften wird in den Erinnerungen der ehemaligen Gefangenen übereinstimmend auf den 21./22. 4. 1945 datiert. Nur Pater Ajroldi spricht vom 22./23. 4. 1945. Vgl. Ajroldi, Campo di morte, S. 67–70.

515 Ebd.

gefangene sowie 2500 italienische Militärinternierte im Lazarett auf.[516] Um sieben Uhr berieten die Mitglieder der Organisation über die Maßnahmen, die bis zum Eintreffen der Roten Armee zu ergreifen waren. Laut Čerkassov wurde ein Büro mit fünf Mitgliedern gegründet: Ivan Kostrykin war für die politische Arbeit im Lager, Ljasoti und Čerkassov selbst für den Aufbau eines Bataillons aus den Reihen der sowjetischen Kriegsgefangenen und L. A. Orlov sowie Čersdnika für die medizinische Arbeit im Lager verantwortlich. Als Lagerkommandanten setzte das Büro Major A. M. Baburin ein. Als nächstes vereinbarte es für acht Uhr ein Treffen mit Vertretern der Italiener, Polen und Franzosen. Bei dieser gemeinsamen Beratung wurde eine Kommission zur Sicherung der Verpflegung der Gefangenen gebildet, deren Vorsitz der sowjetische Kriegsgefangene B. V. Kulikov übernahm.[517]
Während dieses Treffens plünderten die ausgehungerten Lagerinsassen das Lebensmittelmagazin, einige von ihnen versuchten bereits auszukundschaften, wie man am besten aus der Gegend von Zeithain fortkommen konnte. Jedoch wagten sie sich nicht weiter als bis zum Bahnhof Jacobsthal, da sich sehr viele deutsche Zivilisten in der Umgebung des Lazaretts aufhielten.[518] Erst am Nachmittag beruhigte sich die Situation, als es dem Büro gelang, die Verhältnisse im Lager halbwegs unter Kontrolle zu bringen: Im restlichen Verlauf des Tages organisierten die Gefangenen eine Lagerwache sowie die Lebensmittelverteilung und erkundeten das Gelände in der Umgebung. Die Lage erschien ihnen äußerst gefährlich, da den ganzen Tag und in der darauffolgenden Nacht bewaffnete deutsche Einheiten und flüchtende Zivilisten am Lager vorbei in Richtung Elbe zogen.
Am Morgen des 23. April 1945, gegen vier Uhr, erschienen die ersten Soldaten eines Kavalleriekorps der 5. Gardearmee der 1. Ukrainischen Front im Lager: *„Ich* [Čerkassov] *und Kostrykin machen eine Runde im Lager. Morgengrauen! Wir sehen am Block 16 zwei Soldaten stehen. Sind es unsere? Sie tragen Maschinenpistolen.* […] *Unsere Soldaten, unsere Befreier! Das Lager ist befreit! Durch das Territorium ziehen Kolonnen Rotarmisten, Pferdewagen …"*[519] Am Vormittag übergaben die Gefangenen daraufhin den im Lager befindlichen Offizieren des Kavalleriekorps alle sichergestellten Unterlagen des Lazaretts, darunter die Gefangenenregistratur. Es kam zu einer ersten Besichtigung des Lazaretts und ersten Schilderungen der Lebensbedingungen der Gefangenen. Gegen 18 Uhr ordnete der Komman-

516 Ebd. Čerkassov ging in seiner Darstellung nicht näher auf die Anzahl der französischen und serbischen Gefangenen ein. Die englischen und amerikanischen Kriegsgefangenen befanden sich aller Wahrscheinlichkeit nach nicht mehr im Lager.

517 Vgl. Bericht Čerkassov, April 1959; Sammlung Förster.

518 Vgl. Brief Ubaldi, April 1996; Sammlung Förster.

519 Bericht Čerkassov, April 1959; Sammlung Förster. Zum folgenden vgl. ebd.

deur des Korps, Generalleutnant Baranov, wegen der immer noch heftigen Kämpfe in der Umgebung des Lagers dessen Evakuierung an. Die Kranken sollten mitsamt Pflegepersonal in Richtung Osten weit genug hinter die Linien der Roten Armee verlegt werden. Als Marschroute ordnete er Richtung Elsterwerda–Bautzen an. Noch am selben Tag begann zwischen acht und neun Uhr abends die Evakuierung aller marschfähigen Gefangenen.

Die Offiziere des Kavalleriekorps verließen das Lager wieder, nachdem sie ihre Anweisungen erteilt hatten. Unter den noch im Lager befindlichen Gefangenen verbreitete sich, da sie nun wieder schutzlos waren, laut Pater Ajroldi Panik: *„Deshalb rannten kurzum alle völlig ungeordnet und Hals über Kopf davon."*[520] Im Gegensatz dazu berichteten ehemalige sowjetische Kriegsgefangene, daß die Evakuierung geordnet in Gruppen zu je 300 Personen ablief. Diese seien ohne Bewachung in Richtung Osten marschiert.[521] Im Lazarett verblieben nur diejenigen, die für den Transport zu krank oder geschwächt waren:[522] etwa 3500 Menschen.[523]

Für diese folgten Stunden der Ungewißheit und Angst. In der Umgebung des Lazaretts tobten Kämpfe zwischen der in Richtung Westen abziehenden Wehrmacht und vorwärtsdrängenden Einheiten der Roten Armee: *„... und wir waren mittendrin in diesem furchterregenden Hexenkessel, in welcher Gemütsverfassung, läßt sich leicht erraten.* [...] *Während uns die Geschosse um den Kopf flogen und das eine oder andere mit großem Donner am Rand des Lagers niederging, begannen wir [...], die Kranken aus den Baracken zu tragen und in den Panzerabwehrgraben zu bringen, der durch das ganze Lager lief und eine gewisse Sicherheit bot."*[524] Den ganzen Tag über hielten die schweren Kämpfe an, erst gegen Abend ebbte der Gefechtslärm ab, doch noch wagten es die verängstigten Gefangenen nicht, die Lage außerhalb des Lazaretts zu erkunden: *„Wir brachten diese unendlich langen Stunden mit leisen Gesprächen zu, tauschten uns über das aus, was geschehen war und was vielleicht noch geschehen würde, und vor allem darüber, wie es wohl unseren Kameraden auf der Flucht erging."*[525] Vereinzelt dauerten die Gefechte in der Umgebung des Lazaretts noch bis zum Ende des Tages an.[526]

520 Vgl. Ajroldi, Campo di morte, S. 72.

521 Gespräch mit E. Förster, 27. 1. 1997.

522 Vgl. Ajroldi, Campo di morte, S. 72.

523 Chorun-Kommission; Sächs. HStA, LRS Min. d. Innern, Landespolizeibehörde der Volkspolizei Sachsen, Bd. 042, Bl. 93.

524 Ajroldi, Campo di morte, S. 73.

525 Ebd., S. 35.

526 Vgl. ebd., S. 74.

6.2 Das Lager im Sommer 1945 unter sowjetischer Verwaltung

Nach der endgültigen Besetzung des Lazaretts durch Verbände der Roten Armee bot sich den zurückgebliebenen Ärzten, Schwestern und Priestern seit Tagen erstmals wieder Gelegenheit, die pflegebedürftigen Gefangenen zu versorgen. Zuletzt hatte sich deren Lage dramatisch verschlechtert, da es tagelang keinen Strom gab und die medizinische Betreuung dadurch erheblich beeinträchtigt war. Zudem hatten die anhaltenden Kämpfe in der Umgebung die Pflege der Kranken außerordentlich erschwert. Zunächst versuchten die zurückgebliebenen Ärzte sich einen Überblick über die Anzahl der nun noch im Lazarett befindlichen Patienten sowie über deren Krankheitsbilder zu verschaffen: *„Wir ließen nachsehen, wie viele in den anderen Abteilungen A und B* [des italienischen Lagers] *noch da waren, und während die beiden Sanitätsoffiziere zum polnischen Kommando gingen, das am nächsten bei uns lag, um zu erfahren, was zu tun war, ging ich nacheinander zu allen meinen Kranken hin* [...]. *"*[527]

Die bereits erwähnte Gesamtzahl von ungefähr 3500 nach der Evakuierung noch im Lager befindlichen Personen läßt sich recht exakt aufschlüsseln: Am 24. April 1945 befanden sich noch 190 kranke Italiener (darunter 12 Offiziere), zwei Ärzte und neun Pfleger sowie zwei Priester, insgesamt 203 Personen im Kriegsgefangenen-Lazarett Zeithain. Über die Anzahl der Personen im polnischen Krankenrevier gibt unter anderem ein Bericht des Arztes Iwankiewicz Auskunft, in dem es heißt, daß sich Anfang Mai 1945 noch ungefähr 1000 Polen im Lager aufgehalten hätten.[528] Somit muß von ungefähr 2000 bis 2300 verbliebenen sowjetischen Gefangenen ausgegangen werden.[529]

In den ersten Tagen nach der Befreiung waren die Ärzte vor allem bestrebt, eine regelmäßige Versorgung der Patienten zu gewährleisten. Die Italiener zogen in vier nahe einer Küche gelegene Baracken um: *„Wir machten mit den Kranken den Umzug in die obengenannten Baracken, indem wir sie teils zu zweit stützten, sie teils auf einen langen Ackerwagen aufluden, sie*

527 Ebd., S. 75. Zum folgenden ebd., S. 77.

528 Brief Iwankiewicz, 5. 9. 1996; Sammlung Nowotny. Gespräch mit E. Förster, 27. 1. 1997.

529 Diese Zahlen ergeben sich aufgrund der geschätzten Gesamtzahl von 3500 Personen, die sich zum Zeitpunkt der Befreiung im Lager befanden. Von dieser Gesamtzahl sind nunmehr circa 200 italienische Militärinternierte sowie ungefähr 1000 Polen abzuziehen. In dieser Rechnung muß zudem noch eine unbekannte Größe, nämlich die Zahl der französischen und serbischen Gefangenen, berücksichtigt werden. Serben dürften sich allerdings zuletzt nur in geringer Zahl im Lager befunden haben. Zudem ist nicht einmal sicher, ob sich zu diesem Zeitpunkt überhaupt noch Angehörige dieser Nationen im Lager befunden haben. Die Größenordnung der im Lager anwesenden sowjetischen Bürger bestätigt ein Bericht der Witwe Zlobins, die in Auswertung der von Zlobin über das Lager Zeithain gesammelten Unterlagen eine Zahl von ungefähr 2000 Personen errechnete. Bericht Zlobina, Dezember 1993; Sammlung Förster.

teils auch huckepack nahmen."[530] In den Baracken sägten sie die oberen Hälften der Etagenbetten ab, so daß die Patienten weniger dicht gedrängt untergebracht waren und mehr Bewegungsfreiheit erhielten. Eine Liste mit den am dringendsten benötigten Dingen übergaben sie den Polen, denen die sowjetische Lagerkommandantur das Kommando und die Aufsicht über die Italiener übertragen hatte. Pater Ajroldi notierte jedoch, daß sie die angeforderten Sachen entgegen den Zusagen erst eine Woche später erhalten hätten.

Verantwortlicher Kommandant *„für den ganzen Abschnitt"*,[531] ohne dies aber genauer zu definieren, soll laut Pater Ajroldi Major Leontev gewesen sein. Eine der ersten „Amtshandlungen" der sowjetischen Lagerverwaltung bestand in der Organisierung einer großen Feier zum 1. Mai. Einige der Italiener wurden aufgefordert, sich für diese Festlichkeiten vorzubereiten:[532] *„‚Für uns hingegen ist er* [der Krieg] *vorbei, oder zumindest sehr weit weg!' sagten die Russen, unsere neuen Herren, die sich mächtig zu schaffen machten, um das Lager herauszuputzen und es mit Stoffetzen in allen Farben zu schmücken, und die sich auch uns gegenüber fast übertrieben großzügig zeigten.* [...] *Da brach der Morgen des 1. Mai an, des für die Russen zweithöchsten Feiertages im Jahr. Militärmärsche, Volkslieder und andere nicht näher bezeichnete Melodien, nach denen von ihnen allen mehr oder minder gekonnt getanzt wurde, brachen ohrenbetäubend den ganzen Tag über aus überall aufgestellten Lautsprechern hervor.* [...] *Pünktlich zur festgelegten Stunde waren wir in Baracke 47, dem für die Gedenkreden ausersehenen Ort. Zu diesem Anlaß waren alle Stockbetten herausgeräumt worden, sie war saubergemacht, mit Flaggen geschmückt und sogar parfümiert worden – allerdings mit Benzin!* [...] *Am hinteren Ende dieser Art Salon waren nebeneinander und etwas erhöht zwei Tische aufgestellt, für die Obrigkeit und für die Redner. Als wir hineinkamen, waren sie schon auf ihren Plätzen hinter den Tischen: in der Mitte ein Major und an der Seite zwei Hauptleute.* [...] *Natürlich wurde der erste Gedanke an Stalin gewendet, dann an die unbesiegbare Rote Armee, dann an ihre einzeln genannten Führer, und auf jeden Namen folgte ein frenetischer Applaus und ein gewaltiges dreifaches Hurra! von den Seiten aller Versammelten, denen wir uns logischerweise auch anschlossen. Als diese Art Litanei, wie es Dr. Sanfillipo ganz richtig nannte, vorbei war, wurden die drei Reden gehalten, die oft von Applaus unterbrochen wurden. Wir verstanden kein einziges Wort! ... oder besser, nur ein paar einzelne Wörter: Polski – Ger-*

530 Ajroldi, Campo di morte, S. 77. Zum folgenden ebd.

531 Ebd., S. 95.

532 Zum 1. Mai 1945 vgl. ebd., S. 84–94. Das folgende Zitat ebd.

manski – Fašiski –... Als dieses letztgenannte Wort fiel, schauten uns die Redner schief an, als ob wir sieben ausgemergelte Gestalten die Begründer des Faschismus wären! [...] Zum Abschluß jenes 1. Mai, den wir nicht so schnell vergessen werden, wurde für alle Lagerinsassen ein Film gezeigt. Auch viele unserer Kranken konnten ihn sehen, denn die Baracke, deren Wand als Leinwand diente, lag ganz in der Nähe, ja sogar direkt nebenan. Es war eine Dokumentation der Greueltaten, Zerstörungen und Gewalttaten, die die Deutschen während und nach der Besetzung der Ukraine begangen hatten."

Neben der Vorbereitung der Maifeier bemühte sich die sowjetische Lagerverwaltung in den ersten Tagen vor allem, die Situation in den Krankenrevieren zu verbessern.

Einige Medikamente und auch Verbandsmaterialien fanden die italienischen Ärzte im verlassenen deutschen Militärhospital auf dem Gelände des Truppenübungsplatzes, das sie noch am 1. Mai mit Genehmigung der sowjetischen Kommandantur durchsuchen durften.[533] Auf ein solches Entgegenkommen konnten die Italiener in der Folge allerdings nicht mehr bauen. Bereits einen Tag später schränkte Leontev ihre Bewegungsfreiheit erheblich ein. Nunmehr mußte um eine schriftliche Erlaubnis nachsuchen, wer beabsichtigte, das Lagergelände zu verlassen: *„Mit anderen Worten: Wir wurden wieder Gefangene! ... eingezäunt! ... und das kaum zehn Tage nach der Befreiung!"*[534] Die Erinnerungen Pater Ajroldis spiegeln deutlich das vorhandene Mißtrauen und die Feindseligkeit wider, mit der sowjetische Soldaten, aber auch Polen und Angehörige anderer Nationen, den Italienern als ehemaligen Feinden begegneten. Der Geistliche vermerkte dementsprechend, daß sie von Angehörigen der sowjetischen Lazarettkommandantur nicht selten mal mehr, mal weniger ernsthaft als „Fašisty" beschimpft wurden.[535]

Um die Pflege der Patienten sichern zu können, hatten zunächst die Polen und bald darauf die sowjetische Lagerkommandantur zahlreiche Deutsche, Frauen, Mädchen und Jungen, aus den umliegenden Dörfern dienstverpflichtet. Neben den Berichten italienischer Militärinternierter vermitteln vor allem deren Erinnerungen einen Eindruck vom Lazarett in den ersten Monaten nach seiner Befreiung. *„Uns wurde nicht gesagt, wohin, warum und wie lange"*, erinnerte sich Lina R. *„Meine Mutter hat sich in dieser Zeit um die Kinder gekümmert. [...] Wir mußten alle anfallenden Arbeiten verrichten und bekamen ein Stoffband mit einer Nummer, welches wir am*

533 Vgl. ebd., S. 85.

534 Ebd., S. 91.

535 Vgl. ebd., S. 85.

Arm tragen mußten. [...] Wassertrinken war verboten wegen Typhus und Ruhr. Wir wurden bei Hellwerden gezählt, wozu wir alle auf dem Appellplatz antreten mußten und bedroht wurden, wenn eine ausreißt, werden zehn andere erschossen. Und wenn die Bahnlinie fertig sei, würden wir verladen. Unsere Kinder seien schon fort. [...] In den Baracken waren kranke Russen, Italiener und Polen. Auch viele von dem Aufstand in Warschau."[536]
Über seinen mehrwöchigen Aufenthalt im Lazarett berichtete auch der damals fünfzehnjährige Heinz S. in seinem Tagebuch, das er nach der Entlassung aus dem Lager im Sommer 1945 aus dem Gedächtnis aufgezeichnet hatte:[537]

„28. 4. [1945] *(Sonnabend)*
[...] Gegen Abend: – Lärm im Dorf – Bewaffnete holen Menschen für Arbeiten in das ehemalige Kriegsgefangenenlager Jacobsthal zusammen. Circa 25 Personen, davon drei männliche, marschieren los.
Auf der Frankfurter Straße am Wege von Jacobsthal ist Rast. Ich finde in einem Kleiderhaufen am Wegesrand eine ‚Schiffermütze' und setze sie auf. Im Lager großer Empfang!! (Lager stand entlang der Frankfurter Straße.) Ich erhalte Prügel. Meine Mütze wird heruntergeschlagen und zertreten. Dazu immer Geschrei: „Faschisten"! Große Aufregung, da ich meine Mütze abstaube und wieder aufsetze. Beim dritten Gang erkenne ich meinen Fehler. Ich hatte eine Mütze vom Kyffhäuserbund erwischt. Sie hatte am Mützenband rundherum Hakenkreuze!! Ich war aber sofort als Erzfaschist eingestuft und das hatte Folgen!! Alle waren in einem Raum untergebracht. Kreinitzer und Jacobsthaler waren auch da. (Insgesamt 42 Personen.) Am Morgen ging es im Dauerlauf durch das Lager zur Küche. Da anfangs keine elektrische Energie vorhanden war, pumpen wir Wasser, um die Küche zu versorgen. Wir arbeiten zu dritt. Arbeitszeit von 5.00 Uhr bis 24.00 Uhr. (Diese Arbeit bleibt uns dann trotz Elektroenergie bis zum 8. 5.)
Im Lager müssen Italiener, dazu Verwundete und Kranke sowjetischer und polnischer Nationalität versorgt werden; ungefähr 3500 Menschen wurden befreit. Das Lager ist als Lazarett eingerichtet.
In den Betten vor allem ehemalige Gefangene des Lagers, die nicht transportiert werden können. Die abgemagerten Menschen waren durch die unmenschliche Behandlung total unterernährt, litten an Tuberkulose und viele an Typhus. [...]

536 Zitiert nach Kilian, Einzuweisen, S. 65.

537 Tagebuch Heinz S.; AStSG, Sammlung Zeithain.

[undatiert – Anfang Mai]
Gegen Mittag von einem Arzt zum Mitkommen aufgefordert. In einer Baracke liegen verstorbene Menschen aus der Zeit vom 22. 4. bis 8. 5. (ein Berg). Alle waren geöffnet worden, um die Todesursache zu bestimmen. Wir laden sie auf einen großen Wagen. Sie werden mit Decken abgedeckt. Wir fahren in den Zschepaer Wald und begraben sie in zwei großen Gruben.
Seit der Feierstunde [anläßlich des Kriegsendes] *ist uns sehr mulmig zumute. Ein Glück, daß wir kaum etwas verstehen. Manchmal glaubt man jeden Augenblick mit in die Grube zu fliegen.* [...] *Diese Transporte führten wir noch einige Tage fort. Ich zählte mal eine Zeitlang. Es waren 160. Später zählte ich nicht mehr.* [...]

Pfingstsonntag
Beim Morgenappell und der Arbeitseinteilung geht alles sehr schnell und ungewöhnlich ruhig zu (unsere polnischen Wächter laufen schon gutgekleidet mit Bibel oder Gesangsbuch umher). Ich werde mit drei Frauen und sechs ehemaligen Soldaten zum Hüten der Kühe und Pferde eingeteilt. Mit vier Kosaken und den Herden geht es durch das Lagertor entlang dem Lager zur Weide an der Straße Jacobsthal – Gohlis. Dort wird ein Lagerfeuer angelegt und wir werden um die Herde aufgeteilt. Einer der Kosaken umkreist ständig die Herde und drei sitzen bei den Frauen am Feuer. Wie unterwegs abgesprochen verschwindet einer nach dem anderen in den Wäldern, auch von mir unbemerkt. Ich sollte der letzte sein, da ich ja die beste Ortskenntnis hatte. Leider verpaßte ich den Anschluß und einer der Wächter bemerkte die Flucht. Ich wurde auf ein Pferd gesetzt und im Galopp in das Lager zurückgebracht. [...]
Im Lager ist ein ziemliches Durcheinander, denn die zum Schweine füttern eingesetzten Soldaten sind durch das obere Tor (es war von den Italienern bewacht) auch geflüchtet.
Die Begrüßung im Lager ist sehr ‚herzlich' und ich werde sofort zum Latrinenkommando eingesetzt.
Zu zweit bringen wir die Latrinenkübel aus den Krankenbaracken. Mein Partner ist ein Arbeitsdienstler aus Magdeburg in französischer Uniform. Er gibt sich als Elsässer aus. (Er hatte mit einem Gefangenen getauscht.)
Am Pfingstmontag haben wir die gleiche Beschäftigung. Sie ist zwar sehr anrüchig, aber wir kommen überall herum und finden in den Abfalltonnen Brot. Regelmäßiges Essen gibt es ja nicht. Die Frauen aus den Krankenbaracken versorgen uns jedoch vom ersten Tag an. [...]

Anfang Juni
Ich werde einer Transportkolonne zugeordnet. Drei oder vier von uns werden mit Begleitkommando auf Pferdewagen oder LKW gesetzt und wir fahren los. Einmal zur Hüblermühle nach Riesa. Dort holten wir Mehl. Dabei passierten wir auch die Pfahlbrücke an der Breiten Straße. An einem anderen Tag geht es nach Mühlberg zum Wurst und Fleisch abholen. [...]
Plötzlich Gerüchte, daß wir als Treiber mit den Rinderherden in Richtung Osten ziehen sollen. Ende Juni kommen neue Leute aus dem Ort. Die ersten Leute dürfen gehen.
Anfang Juli darf auch ich los. Ich laufe heimwärts ohne Aufenthalt auf Nebenwegen."

Die von S. genannte Zahl von 160 Toten für den Zeitraum vom 22. April bis zum 8. Mai 1945 entspricht nicht der tatsächlichen Gesamtzahl der nach dem 23. April 1945 verstorbenen Personen. In den ersten Wochen nach der Befreiung kam es nicht zuletzt aufgrund der erneut im Lazarett grassierenden Typhus- und Ruhrepidemie zu zahlreichen Todesfällen: Insgesamt kamen bis zur Auflösung des Lagers im Herbst 1945, wie bereits erwähnt, 8 Polen und mindestens 358 ehemalige sowjetische Kriegsgefangene sowie 72 Italiener ums Leben.[538]

6.3 Repatriierung

Die Befreiung des Lazaretts Zeithain brachte für die ehemaligen Kriegsgefangenen und Internierten dort nicht die sofortige Rückkehr in ihre Heimat. In den ersten Tagen nach Ankunft der Roten Armee auf dem Gelände des Truppenübungsplatzes war – solange der Krieg noch andauerte – ein Abtransport der Gefangenen nur in östlicher Richtung möglich.
Aber auch nach Kriegsende sollten für zahlreiche ehemalige Gefangene, die auf eine schnellstmögliche Heimkehr gehofft hatten, noch mehrere Monate bis zu ihrer Repatriierung vergehen. Nur teilweise lag dies am Gesundheitszustand der Patienten, der in einigen Fällen einen Transport zunächst unmöglich erscheinen ließ. Ebenso war der Grund dafür nicht ausschließlich der Mangel an Transportkapazitäten. Vielmehr waren für die Mehrzahl der ehemaligen Gefangenen, nach Nationalitäten differenziert, politische Erwägungen der sowjetischen Führung der wichtigste Grund für die Verzögerung der Heimkehr.
Verhältnismäßig schnell verlief die Repatriierung der Polen. Das polnische Lager war bis zum 11. August 1945 mit Patienten belegt und wurde dann

538 Vgl. Brief Stanisław Iwankiewicz, 5. 9. 1996; Sammlung Nowotny. Vgl. auch Ajroldi, Campo di morte, S. 326–347.

aufgelöst. Zuvor gingen bereits am 10. Mai und am 13. Juni größere Transporte mit 500 bzw. 453 Personen nach Polen ab.[539] Aus Iwankiewicz' Erinnerungen läßt sich zudem schließen, daß sich mehr als die im Mai und Juni 1945 in die Heimat transportierten etwa 1000 Polen im Lager befunden hatten, da das polnische Krankenrevier noch zwei weitere Monate Bestand hatte. Bei den in den Monaten Juli und August 1945 im Lazarett verbliebenen Personen dürfte es sich allerdings lediglich um eine geringe Zahl schwerkranker Patienten gehandelt haben, deren Transport im Juni medizinisch nicht zu verantworten gewesen wäre.

Weitaus problematischer gestaltete sich die Heimkehr der ehemaligen italienischen Militärinternierten. Wie erwähnt, wurden die Italiener von den Soldaten der Roten Armee oftmals weiterhin als Feinde betrachtet. Ihnen schlug Mißtrauen und teilweise offene Feindschaft entgegen. Diese Einstellung zeigte sich auch im offiziellen Vorgehen der Roten Armee. Ajroldi zufolge habe sie die Repatriierung der Italiener zunächst verzögert. Der Lagerkommandant Leontev gestattete ihnen weder die Heimkehr nach Italien noch eine Kontaktaufnahme zum Internationalen Komitee vom Roten Kreuz. Leontevs Antwort auf die von den Italienern vorgebrachten Wünsche war deutlich: *„Daß ihr mir jetzt zum ersten und letzten Mal vom Roten Kreuz sprecht! Was eure Rückkehr betrifft, so werdet ihr sie über Odessa machen und zu ihrer Zeit! Ihr Italiener dürft nicht vergessen, daß ihr vor zehn Monaten noch am Don wart und unseren Mädchen nachgestellt habt! Ihr müßt uns deshalb dankbar sein und die Erde küssen, die wir mit unseren Füßen treten, wenn wir euch noch nicht alle aufgehängt haben!"*[540]
Erst nachdem es dem Pater und vier weiteren Italienern Ende Juni 1945 gelungen war, aus dem Lazarett zu entfliehen und die Demarkationslinie zwischen dem sowjetischen und dem amerikanischen Besatzungsgebiet zu überqueren, konnte er das Rote Kreuz von der Situation der ehemaligen Internierten in Zeithain in Kenntnis zu setzen. Mitte August 1945 erhielt er vom italienischen Roten Kreuz die Auskunft, daß alle Italiener sobald wie möglich von Zeithain aus in ein Sanatorium in Prag-Podolí transportiert werden würden. Erst im Oktober 1945 gelangten die ehemaligen Internierten in einem Lazarettzug wieder in ihre Heimat.[541]

Ein besonders tragisches Kapitel der Nachkriegszeit ist das Schicksal der ehemaligen sowjetischen Kriegsgefangenen. Für sie fand die Gefangenschaft keineswegs mit dem Sieg der Alliierten ein Ende; mit ihrer Befreiung

539 Brief Stanisław Iwankiewicz, 5. 9. 1996; Sammlung Nowotny. Zum folgenden ebd.

540 Ajroldi, Campo di morte, S. 107.

541 Vgl. ebd., S. 123, sowie Zeme, Il tempo di Zeithain, S. 87.

drohte ihnen ein neuer Leidensweg:[542] Bereits 1938 hatte es in der Felddienstordnung für die sowjetische Infanterie geheißen: *„Es ist die Pflicht jedes Soldaten und der gesamten Abteilung, hartnäckig, ohne Rücksicht auf die Verluste, die Position bis zur Abwehr des Feindes zu verteidigen oder männlich das Leben für die Heimat zu geben."*[543] Mit anderen Worten: Die Soldaten der Roten Armee wurden zur Selbstaufopferung im Kampf verpflichtet. Demzufolge bedeutete Gefangennahme Pflichtverletzung.

In den für die Sowjetunion militärisch katastrophalen ersten Wochen des Krieges wurde das Ausmaß der Verluste (dazu zählten neben den gefallenen auch die in deutsche Kriegsgefangenschaft geratenen Rotarmisten) verschwiegen, in den militärischen Befehlen sowie in der allgemeinen Propaganda ein Kampf bis zum Letzten gefordert. Schon wenige Tage nach dem deutschen Überfall hatte Stalin in einer Rundfunkansprache zum Kampf gegen *„Deserteure, Panikmacher und Verbreiter von Gerüchten"* aufgerufen.[544] Nur kurze Zeit später, am 16. August 1941, gab die Stavka, das Oberkommando der Roten Armee, den „Befehl Nr. 270" heraus, in dem sie Kriegsgefangenschaft mit Verrat gleichsetzte.[545]

Entgegen dem Tenor der ersten Kriegsmonate versuchte die sowjetische Propaganda in den letzten Monaten des Krieges die Motivation der vorrückenden Truppen auch dadurch zu steigern, daß sie die Befreiung der in Deutschland befindlichen Sowjetbürger zur erklärten Aufgabe der Roten Armee machte. Hierzu zählten neben den Zwangsarbeitern die Kriegsgefangenen. So hieß es in einem von der „Krasnoarmejskaja pravda", einer Zeitung der Roten Armee, am 16. Oktober 1944 veröffentlichten Aufruf: *„Vor Euch liegt Deutschland, in dem Hunderttausende gewaltsam fortgetriebener Sowjetmenschen in faschistischer Zwangsarbeit schmachten. Die Deutschen richten sie durch Arbeit, die ihre Kräfte übersteigt, zugrunde, lassen sie hungern und morden sie grausam. In Euren Händen, Soldaten, liegt das Leben und die Zukunft der Freunde und Verwandten. Ihr bringt ihnen die Befreiung aus schwerer Sklaverei und die Errettung aus qualvollem Tod."*[546]

Um die bereits befreiten aber noch im Ausland befindlichen Sowjetbürger zur Heimkehr zu bewegen, erklärte der Leiter der neugeschaffenen Repa-

542 Zur Repatriierung der ehemaligen sowjetischen Kriegsgefangenen sowie der sogenannten „Ostarbeiter", d. h. den aus der Sowjetunion stammenden ehemaligen Zwangsarbeiter der deutschen Kriegswirtschaft, vgl. nun auch Polian, Žertvy dvuch diktatur.

543 Erlassen am 8. Dezember 1938. Narodnyj Kommissariat Oborony SSSR, Boevoj ustav, S. 49.

544 Rundfunkrede vom 3. Juli 1941. Stalin, Über den Großen Vaterländischen Krieg, S. 12.

545 Abdruck des Befehls in deutscher Übersetzung: Der Befehl Nummer 270, S. 1035–1037. Daß diese Einstellung den Kriegsgefangenen gegenüber erst in der Sowjetunion entstand, wiesen Ivašov/Emelin, Nravstvennye i pravovye problemy plena, nach.

546 Zitiert nach Zeidler, Kriegsende im Osten, S. 70–71.

triierungsbehörde, Generaloberst Filipp Golikov, im November 1944: *„Das Sowjetland sorgt sich um seine Bürger, die in die deutsche Sklaverei gerieten. Sie können als Söhne der Heimat zurückkehren."*[547] Dieser scheinbare Sinneswandel der sowjetischen Führung, der letztlich nichts anderes als ein geschicktes propagandistisches Manöver darstellte, hatte einen ganz bestimmten Hintergrund. Stalin war aus zwei Gründen an einer möglichst umfangreichen Repatriierung der außerhalb der Grenzen der UdSSR befindlichen Sowjetbürger interessiert: Zum einen sollte eine „zweite Emigration" verhindert werden, zum anderen konnte die Sowjetunion eine derart große Anzahl ihrer Bürger für den Wiederaufbau nicht entbehren. Es befanden sich nach Erkenntnissen der Repatriierungsorgane circa fünf Millionen ehemalige Gefangene und Zwangsarbeiter im Ausland. Allen Beteuerungen zum Trotz wurden die Rückkehrer strengstens überprüft, und ein Teil von ihnen wurde in Haft genommen.

Verantwortlich war hierfür das krankhafte Mißtrauen Stalins gegenüber jedem seiner Bürger, der sich außerhalb der UdSSR aufgehalten hatte. Einen Teil der Repatrianten, Personen, die nachhaltig der Kollaboration mit den Deutschen verdächtigt wurden, überprüfte das NKVD in seinen Sonderlagern. Außerdem errichtete man allein 100 Lager für jeweils 10 000 Personen, die aus den von anglo-amerikanischen Truppen befreiten Gebieten repatriiert wurden. Hier überprüfte der SMERŠ, der militärische Abwehrdienst der Roten Armee, heimkehrende Armeeangehörige. Die Sowjetregierung wollte unter allen Umständen alle ihre Bürger repatriieren, gegebenenfalls auch gegen deren Willen. Die amerikanische und die britische Regierung hatten ihr auf der Konferenz von Jalta hierbei Unterstützung zugesagt.[548]

Einen Eindruck vom Umfang der Repatriierung und dem weiteren Schicksal vieler ehemaliger Kriegsgefangener geben die folgenden Zahlen: Bis zum 1. Mai 1946 wurden 4 199 488 Personen, darunter 1 545 303 Kriegsgefangene, repatriiert. Letztere waren zu fast 80 Prozent Mannschaftsdienstgrade, ungefähr 12 Prozent waren Unteroffiziere und 8 Prozent Offiziere.[549]

Zwar hatte die sowjetische Regierung am 7. Juli 1945 aus Anlaß des Sieges eine Amnestie für kriegsgefangene Mannschaftsdienstgrade und Unteroffiziere, Kollaborateure ausgenommen, verkündet, doch galt das nicht für Offiziere: *„Der Abtransport nach Vorschrift* [in die Lager] *durch den NKVD*

547 Zitiert nach Zemskov, K voprosu, S. 28. Zum folgenden ebd., S. 29–31.

548 Vgl. ebd., S. 32–33 sowie 37. Siehe hierzu auch die grundlegenden Arbeiten von Tolstoy, Die Verratenen von Jalta, sowie Elliott, Pawns of Yalta. Beschreibung der Abmachungen ebd. Vgl. auch Fischer, Teheran, Jalta, Potsdam.

549 Die Gesamtzahl bis zum 1. 1. 1953 wird mit ungefähr 5,5 Millionen Repatrianten angegeben. Vgl. Elisev/Michalev, Tak skol'ko, S. 33.

war die Regel. Die Wiedereinberufung in den Dienst oder die Entlassung in die Reserve waren die Ausnahmen von der Regel."[550] Einer Übersicht der Repatriierungsorgane vom 1. März 1946 läßt sich entnehmen, daß circa 58 Prozent der Repatrianten nach Hause entlassen, 19 Prozent in die Armee einberufen, 14,5 Prozent in die Arbeitsbataillone des Volkskommissariats für Verteidigung (Narodnyj Komissariat Oborony) und 6,5 Prozent in die Sonderlager geschickt wurden. Die übrigen Repatrianten befanden sich zu diesem Zeitpunkt noch in den Sammelstellen der Etappe.[551]

Zwar hatte die sowjetische Regierung bereits in den Jahren zwischen 1944 und 1948 mehrere Beschlüsse verabschiedet, die die rechtliche Wiedereingliederung und die materielle Versorgung der Repatrianten sicherstellen sollten, doch wurde entgegen allen Bestimmungen dieser Personengruppe auch weiterhin großes Mißtrauen entgegengebracht.[552] Dementsprechend haftete auch den Repatrianten, denen der Gang in den GULag erspart geblieben war, bis in die jüngste Zeit das Stigma der Gefangenschaft an: „*In den ersten Nachkriegsjahren befanden sie sich am Rand der Gesellschaft. Das Wort Repatriant wurde mit ‚Volksfeind' assoziiert* [...]."[553]
So verwundert es kaum, daß es auch die vom russischen Präsidenten Boris Jelzin am 16. Dezember 1994 verkündete Rehabilitierung[554] nicht vermochte, den ehemaligen Kriegsgefangenen das ihnen seit fünfzig Jahren anhaftende Kainsmal zu nehmen. Deutlichstes Beispiel dafür waren die Moskauer Feierlichkeiten anläßlich des fünfzigsten Jahrestages der deutschen Kapitulation am 9. Mai 1995: Von der traditionellen Militärparade blieben

550 Vgl. Zemskov, K voprosu, S. 35–36, Zitat S. 36.

551 Vgl. ebd., S. 36. Insbesondere im Widerspruch zu Zemskovs Angaben über die Anzahl der nach ihrer Befreiung sofort wieder in die Rote Armee Eingegliederten stehen die Ausführungen von Rešin, Nadeždy malen'kij orkestrik, S. 99–101: „*Die Kolonnen gingen in die Speziallager des NKVD. Einige von den Repatrianten gerieten von dort wirklich in den GULag. Aber ich schließe aus der Berechnung der Behörde des Repatriierungsbeauftragten des SNK der UdSSR, daß nicht weniger als 60 % der befreiten Kriegsgefangenen die kämpfende Armee auffüllten.*" Allerdings kann, da Rešin keine genaueren Quellenangaben macht, nicht überprüft werden, ob sich seine Angaben auf den gleichen Zeitpunkt wie diejenigen Zemskovs beziehen. Denn Zeidler, Kriegsende im Osten, S. 136, 149 und 160, weist in einer jüngeren Studie nach, daß befreite Kriegsgefangene zunächst einmal tatsächlich in großer Zahl zur Auffüllung der durch die Kriegsverluste dezimierten Einheiten der Roten Armee herangezogen wurden. Das widersprach jedoch den geltenden Vorschriften. Es ist somit anzunehmen, daß spätestens nach Beendigung des Krieges jeder Wiedereingliederung in die Rote Armee eine Überprüfung vorausging. In diesem Fall hätte Rešin die Praxis der letzten Kriegsmonate für die Nachkriegszeit verallgemeinert.

552 Vgl. Zemskov, K voprosu, S. 40.

553 Ebd.

554 Vgl. Rehabilitation, S. 49. Die genaue Bezeichnung des Präsidenten-Erlasses lautet: „Wiederherstellung der legitimen Rechte der russischen Bürger – ehemaligen sowjetischen Kriegsgefangenen und Zivilpersonen, die im Großen Vaterländischen Krieg und in der Nachkriegszeit repatriiert wurden".

die ehemaligen Kriegsgefangenen aufgrund des öffentlichen Drucks, vor allem der Veteranenverbände, weiterhin ausgeschlossen.[555]

Bereits während der Gefangenschaft waren sich viele dieser sowjetischen Soldaten bewußt, was sie nach ihrer Befreiung aus dem deutschen Lager in der Sowjetunion erwarten würde: *„Die russischen Gefangenen wollen nicht zurück nach Rußland, wo man sie als Verräter betrachten würde. Sie hofften, daß sie auswandern können, weil man, ginge es nach ihrem Regime, sich besser umbrächte, als in Gefangenschaft zu geraten."*[556] In der Zeit zwischen der Befreiung des Lagers und dem tatsächlichen Abtransport in die Prüf- und Filtrierungslager[557] beherrschten Mißtrauen und Vorsicht den Umgang der Gefangenen untereinander. So berichtete Pater Ajroldi: *„Um jedoch genau zu erfahren, wie sie dachten, mußte man sie einzeln befragen. Wenn sie zu zweit oder zu dritt waren, packten sie nur schwer aus! Man hatte den Eindruck, daß sie sich gegenseitig fürchteten."*[558] Das galt um so mehr für jene, die sich während ihrer Gefangenschaft in ihr Schicksal ergeben oder sich gar kollaborationswillig gezeigt hatten.
In mehreren Fällen läßt sich der Weg nachzeichnen, der die Repatrianten in die Heimat führte. So kann anhand der Briefe Kostrykins an Zlobin nachgewiesen werden, daß für einige von ihnen der Weg von Zeithain über das Lager in Spremberg (*„Jetzt befinde ich mich beim Teil der Feldpost 326 154 A und im wesentlichen sind die engsten Kameraden bei mir."*[559]) nach Nevel bei Velikie Luki führte.[560]
Die Überprüfung in den Lagern war einer der heikelsten Momente zwischen Befreiung und Freiheit: *„Für eine bestimmte Zeit befanden sich* [die ehemaligen Kriegsgefangenen] *in bestimmten Kontrollagern. Dort wurden sie einer gründlichen Kontrolle unterzogen. Für jeden wurde ein ‚Befragungsprotokoll' angefertigt. Praktisch durchliefen alle Kriegsgefangenen, die aus dem Lager Zeithain befreit wurden, unter ihnen auch alle Mitglieder der Untergrundorganisation, so eine Kontrolle. Nach der Erinnerung von M. W. Čerkassov wurden für die gesunden Insassen, die das Lager Zeithain verließen, 10 Bände ‚Verhörprotokolle' angefertigt. Nur einige wenige – jene, die sofort in die aktiven Truppen der Roten Armee übernommen wurden (z. B. Zlobin) – erhielten in ihrem Wehrpaß die Eintragung ‚Durch den*

555 Siehe hierzu „Gefahr", S. 154.

556 Zeme, „... und entzünde einen Funken Hoffnung", S. 22.

557 Vgl. Stettner, „Archipel GULag", S. 203–205.

558 Ajroldi, Campo di morte, S. 78.

559 Brief Kostrykin an Zlobin, 19. 5. 1945; Sammlung Förster.

560 Brief Kostrykin an Zlobin, 4. 10. 1945; Sammlung Förster. Zu den 13 in diesem Brief namentlich genannten anderen Repatrianten, die sich ebenfalls in Nevel befanden, zählten unter anderem Titov, Dementev, Koršulov und Baburin.

Dienst in der Roten Armee überprüft'. Dies entsprach der Überprüfung in den Kontrollagern."[561] Die meisten Soldaten wurden aus den Prüf- und Filtrierungslagern nach Hause entlassen. Diejenigen aber, die – ob gerechtfertigt oder nicht – der Kollaboration mit den Deutschen bezichtigt wurden, erhielten langjährige Strafen. So berichtete Zlobin im Januar 1946 von zwei sowjetischen Frauen, die man wegen ihrer Tätigkeiten während der Gefangenschaft zu zehn Jahren Haft bzw. fünfzehn Jahren Zwangsarbeit verurteilt hatte.[562]
Es folgten weitere Überprüfungen durch das NKVD – und zahlreiche Verhaftungen: *„Jeder ehemalige Kriegsgefangene befand sich unter Kontrolle des NKVD. Er wurde persönlich von den Untersuchungsrichtern des NKVD mit ‚anklagendem Unterton' befragt. Etwa von 1947 an begannen die Masseninhaftierungen."* Infolge der „Ermittlungen" des Innenministeriums erhielten nun sogar auch ehemalige Mitglieder der Zeithainer Widerstandsgruppe hohe Lagerhaftstrafen: *„Von den Mitgliedern der Untergrundorganisation des Lagers 304 Zeithain, die Zlobin nahestanden, erlitten nach dem Krieg 6 Mann* [...] *Repressalien: V. Dudaev, I. Kostrykin, V. Starez, M. Tarakanov, M. Turkov und G. Kolubalin. Das schwerste Los traf I. Kostrykin und V. Dudaev. Sie kamen in sowjetischer Haft ums Leben."* In zumindest vier Fällen lautete das Urteil auf 25, in wenigstens einem Fall auf zehn Jahre Lagerhaft. Die Gerichte erkannten die Mitgliedschaft in der Gruppe in keinem Fall als entlastend an: Da sie mit Zlobin von einem Parteilosen geführt worden sei, habe es sich um keine Parteiorganisation gehandelt![563]

561 Bericht Zlobina, Dezember 1993; Sammlung Förster.

562 Brief Zlobin an Dementev, Januar 1946; Sammlung Förster. Folgende Zitate ebd.

563 Vgl. ebd.

7. Zeithain nach 1945

7.1 Erste Untersuchungen

Bereits am 23. April 1945, dem Tag der Befreiung des Lazaretts, hatten die Gefangenen erstmals Gelegenheit, über ihr Leben im Stalag und im Lazarett Zeithain zu berichten. Bei einer Führung schilderten sie den Offizieren des Kavalleriekorps der 5. Gardearmee das Lagerregime.[564] Auch in den darauffolgenden Monaten dürfte die sowjetische Verwaltung von den im Lazarett auf ihre Repatriierung wartenden Kranken immer wieder auf die entsetzlichen Verhältnisse in Zeithain aufmerksam gemacht worden sein. Zudem erhielten Vertreter des SMERŠ und des NKVD bei den Vernehmungen in den einzelnen Prüf- und Filtrierungslagern meist gründliche Auskunft über die Situation der Gefangenen in Zeithain. Die Befragten, die sich oftmals des Vorwurfs der Kollaboration zu erwehren hatten, berichteten in allen Einzelheiten über die Verpflegung, die Unterkunftssituation, die Arbeitseinsätze, ihre Behandlung und über die durch die unterschiedlichsten Faktoren bedingte außerordentlich hohe Sterberate.[565]
Obgleich beiden Sicherheitsdiensten und somit auch der am 9. Juli 1945 gegründeten Sowjetischen Militäradministration für das Land Sachsen[566] die Geschehnisse in Zeithain frühzeitig bekannt waren, unternahm sie zunächst nichts zur Untersuchung und Aufklärung der Verbrechen.
Das wird durch den Bericht des ehemaligen Zeithainer Gefangenen Viktor Revin bestätigt. Als er nach seiner Entlassung aus dem Prüf- und Filtrierungslager[567] am 4. August 1945 aufgrund einer Empfehlung zur Operativgruppe[568] der SMA Sachsen nach Dresden versetzt wurde und seinen Vor-

564 Vgl. Bericht Čerkassov, April 1959; Sammlung Förster.

565 Vgl. u. a. den Bericht von Belaev und Koševel, 29. 4. 1945; AStSG, Sammlung Zeithain.

566 Zur Gründung und Geschichte der Sowjetischen Militäradministration vgl. Foitzik, Sowjetische Militäradministration in Deutschland. Hier S. 57.

567 Zum folgenden vgl. Brief Revin, 24. 3. 1947; AStSG, Sammlung Zeithain. Der Name des Prüf- und Filtrierungslagers, in dem sich Revin befunden hatte, ist nicht zu entziffern.

568 In der Organisationsstruktur des Sicherheitsapparats der SMAD bildeten die Länder und Provinzen den sogenannten operativen Sektor. Das Hauptquartier befand sich in Berlin. Auf der

gesetzten Volkovyckij auf die Bedingungen in Zeithain hinwies, schenkte ihm dieser trotz Revins Insistieren zunächst keine Beachtung. Daraufhin fuhr er im März 1946 ohne dienstlichen Auftrag nach Zeithain, um das ehemalige Lagergelände zu besichtigen. Revin fand es verlassen und unbewacht vor; die Baracken waren teilweise von Neubauern demontiert und auf deren Gehöften wieder errichtet worden. Zudem nutzte das NKVD die einzelnen Bausegmente der Baracken mittlerweile als Sichtblenden rund um das von der SMAD im ehemaligen Stalag IV B Mühlberg errichtete Speziallager Nr. 1, wo es Tausende Deutsche wegen tatsächlicher oder angeblicher NS-Verbrechen interniert hatte.[569] Die in der Umgebung von Zeithain angelegten Massengräber waren mittlerweile zugewachsen und, so Revin, vollkommen unkenntlich geworden.[570]

Nach Dresden zurückgekehrt, berichtete er seinem Vorgesetzten Volkovyckij erneut über das Zeithainer Lager und wies dabei auch auf den unwürdigen Zustand der Gräberfelder hin. Dieser verbot ihm jedoch, sich weiter mit der Geschichte des Lagers zu befassen. Dennoch lud Revin auf sein persönliches Risiko den Riesaer NKVD-Chef sowie den dortigen SED-Vorsitzenden zu einer Besichtigung des Lagergeländes ein. Im April und Mai 1946 fuhr er mehrmals mit ihnen auf den Truppenübungsplatz. Am 16. Juni 1946 kam aufgrund seiner Überzeugungsarbeit eine kleine informelle Kommission zustande, die an einigen Stellen Probegrabungen vornahm. Da die Anzahl der dabei aufgefundenen Skelette und Leichen immer größer wurde, bestellte man am 22. Juni 1946 Vertreter von Presse, Rundfunk und Film nach Zeithain, um über die grausigen Funde zu berichten.[571]

Die deutsche Bevölkerung wurde in den darauffolgenden Tagen über die Funde informiert.[572] Unter der Überschrift „Der Totenwald von Zeithain" berichtete die Sächsische Zeitung am 25. Juni 1946 auf ihrer Titelseite unter anderem: *„In der Nähe des ehemaligen Truppenübungsplatzes Zeithain bei Riesa ist vor wenigen Tagen durch einen Zufall ein furchtbares Verbrechen des Hitlerfaschismus entdeckt worden. Dort wurden in einem einsamen Waldgelände umfangreiche Massengräber aufgefunden, in denen nach vorsichtiger Schätzung etwa* ***140000 Menschen,*** *zumeist kriegsgefangene Soldaten der Roten Armee, aber auch Zivilinternierte aus den von den faschistischen Armeen besetzten Ländern, verscharrt worden sind.* [...] *Ein*

mittleren Ebene gab es die sogenannten operativen Bezirke (‚operativnyj okrug'), in den Kreisen sowie größeren Städten die sogenannten operativen Gruppen (‚operativnaja gruppa'). Vgl. Foitzik, Sowjetische Militäradministration in Deutschland, S. 28–29.

569 Vgl. allgemein Kilian, Einzuweisen zur völligen Isolierung.

570 Brief Revin, 24. 3. 1947; AStSG, Sammlung Zeithain. Zum folgenden ebd.

571 Ehrenhain Zeithain, S. 27.

572 Natürlich war der Bevölkerung das Massensterben der Gefangenen im Seuchenwinter nicht verborgen geblieben. Zumindest kursierten zahlreiche Gerüchte.

Sächsische Zeitung

Dresdner Ausgabe

ORGAN DER SOZIALISTISCHEN EINHEITSPARTEI DEUTSCHLANDS

Stimmlisten einsehen!

1. Jahrgang / Nr. 54 — Dienstag, 25. Juni 1946 — Preis 15 Rpf.

Der Totenwald von Zeithain

Riesige Massengräber auf dem Truppenübungsplatz Zeithain entdeckt

Weit über 100 000 Kriegsgefangene durch Hunger und Seuchen gemordet

Dresden (SZ). In der Nähe des ehemaligen Truppenübungsplatzes Zeithain bei Riesa ist vor wenigen Tagen durch einen Zufall ein furchtbares Verbrechen des Hitlerfaschismus entdeckt worden. Dort wurden in einem einsamen Waldgelände umfangreiche Massengräber aufgefunden, in denen nach vorsichtiger Schätzung etwa 140 000 Menschen, zumeist kriegsgefangene Soldaten der Roten Armee, aber auch Zivilinternierte aus den von den faschistischen Armeen besetzten Ländern, verscharrt worden sind.

Die Mitglieder der Landesverwaltung, der Stadtverwaltung von Dresden, die Vertreter der Blockparteien, des FDGB, der Landes- und städtischen Polizei, Geistliche aller Konfessionen, Mitglieder des Frauenausschusses und der Freien Deutschen Jugend, ferner viele Abordnungen aus Betrieben und Werkstätten aus ganz Sachsen besichtigten am Sonnabendvormittag die Ausgrabungsstellen. Es war eine stumme, aber um so eindringlichere Demonstration der Erschütterung wie des Abscheus der sächsischen Bevölkerung über diese Mordtat der Nazis, und es war zugleich eine Ehrung der Opfer der Roten Armee für unsere Befreiung vom Hitlerjoch.

Von Riesa ist's eine knappe Autoviertelstunde, bis man den Eingang des ehemaligen Militärlagers Zeithain erreicht. Das riesenhafte Gelände, das mancherlei kriegsrüstungsfördernden Zwecken diente, barg auch ein großes Kriegsgefangenenlager.

Vorher passiert man das auf einem Teil des Truppenübungsplatzes entstehende Neudorf, wo Umsiedler und Neubauern mit allem Fleiß und wirtschaftlichem Verantwortungsbewußtsein dabei sind, dem kargen Boden Existenz und Nahrung abzugewinnen.

Grau und tief liegen die Wolken über dem weiten Land, ein schwacher Regen fällt. Beides verstärkt den trostarmen Eindruck, der sich zu beiden Seiten der Straße bietet. Stacheldrahtwände in raffinierter Verwirrung, ausgebrannte, zerstörte Baracken und Schuppen, Wachttürme, halb verfallen, unübersehbare Berge entschärfter Munition mit ehemals dazu verwendetem Verpackungsmaterial, Feldbahngeleise und -wagen — stumme Zeugen einer verdienten Katastrophe, die eine verbrecherische Staatsführung heraufbeschwor. In einer großen Kehre umfahren wir das Chaos. Nach solchem Präludium, so meint man, könne einen das, was nun noch kommen wird, kaum mehr erschüttern.

Immer weiter wühlt sich der Wagen auf sandigem Weg durch kümmerlichen Kiefernwald, in eine große, schweigende Einsamkeit. Es ist wie ein tiefes Abseits: Es ist der Totenwald von Zeithain.

Da sind wir am Ziel. Wenige Schritte bringen uns durch hohen Kiefernbestand zu einer Lichtung. Keine Grabhügel, nur flache, mit Gras und Ginster bewachsene Erhöhungen, die sich, viele nebeneinander, an die hundert Meter hinziehen. Wer, ginge er hier vorüber, würde sie als Grabstätten erkennen! Einige der Reihen sind geöffnet — und nun geschieht's, daß selbst dem durch Kriegs- und KZ-Schrecknisse Abgestumpften das Blut stockt in den Adern. Totengebein grinst uns entgegen, wirr durcheinanderliegend. Ehrfürchtiges Schweigen erfaßt alle, die mit uns dieses scheußlichen Verbrechens erschütternde Tatsachen sehen.

Ein Polizeiarzt, Medizinalrat Dr. Thomas, gibt, etwas abseits, mit verhaltener Stimme Aufschluß. Bei der Durchsicht einer Karthotek habe man, so berichtet er, von der Existenz der Massengräber Kenntnis bekommen. Ausgrabungen an den verschiedenen Stellen hätten dann ergeben, daß etwa

140 000 Gefangene, in der Mehrzahl Angehörige der Roten Armee,

jedoch auch Polen, Italiener, Slowaken, Jugoslawen und zwangsverschleppte Zivilpersonen hier verscharrt wurden. Die Toten liegen vielfach in mehreren Schichten übereinander, auf einen Meter etwa elf, so daß man ziemlich genau ihre Zahl errechnen könne. Eines dieser Massengräber bestehe aus neunzehn Gräben, je 50 Meter lang, in denen die Leichen noch höher aufeinander geschichtet liegen. Man könne hier auf eine Zahl von 70- bis 80 000 Toten schließen. In einer dieser Gruben sind auch Skelette von Frauen und Kindern gefunden worden.

Sie alle starben, wie man inzwischen durch Augenzeugen, die im Lager waren und sich erst jetzt meldeten, feststellen konnte, an Typhus, Flecktyphus, Tuberkulose und Entkräftung, sie starben in solchen Mengen, daß man mit dem Bagger die Gruben ausheben und die Toten, oft genug auch noch Lebende!, auf Loris verladen und einfach in die Gräben hineinschütten mußte.

Völlig unzureichend waren die sanitären, obdach- und verpflegungsmäßigen Einrichtungen des Lagers, in dem nach und nach mehr als 2 Millionen Menschen untergebracht waren. Die Toten wurden in der letzten Zeit völlig entkleidet und in Papiersäcke gesteckt — früher, wie aus den Feststellungen in einer anderen Grabstätte hervorgeht, verscharrte man sie mit Uniform, wie einzelne Fetzen deutlich zeigen. Noch sind viele Phasen dieser schauerlichen Untat ungeklärt, soviel aber ist sicher, daß es sich hier um eines der schändlichsten und gemeinsten Verbrechen der Nazikriegführung in Sachsen handelt, um

industriell betriebenen vorsätzlichen Mord an Zehntausenden von Kriegsgefangenen und Zwangsverschleppten.

Wir treten noch einmal an die offene Gruft, entblößten Hauptes. Unweit davon ist vom Ausschuß für die Opfer des Faschismus ein großer Kranz niedergelegt worden. Weiße Lilien zieren ihn — Symbol des Gedenkens, des Mitleidens mit den tausenden Müttern und Frauen jener gemordeten Gefangenen, Symbol verspäteter Ehrung der Opfer des fluchbeladenen Hitlersystems. Auf einer anderen Grabstelle ist ein großer Kranz der Landesverwaltung mit den Landesfarben angebracht.

Auf viele Hunderte ist inzwischen die Menge der Besucher angewachsen. Entsetzen, Scham und Empörung lesen wir in ihren Gesichtern. Und aus kurzen Gesprächen, die wir selbst führen oder die unser Ohr treffen, klingt immer wieder, durch solche Anschauung erhärtet, die unerschütterliche Versicherung, nun alles zu tun, Kriegsinteressenten und Naziverbrechern ein für allemal das Handwerk zu legen durch Entzug ihrer wirtschaftlichen Positionen.

Auf unserer Rückfahrt begegnen uns ungezählte Fahrzeuge, die immer neue Besucherscharen bringen. Es ist wie eine Wallfahrt zum Totenwald von Zeithain, die sich, das möge dieses entsetzlichen Verbrechens Lehre und Verpflichtung für uns alle sein, am 30. Juni zu einem millionenfachen Ja gestalten soll.

„Ihr dürft nicht länger Verwalter sein!“

Von Pfarrer Friedrich

Buße — ein weithin unbeliebter, weil nicht verstandener Begriff — ist: die Untersuchung unserer Leiden auf Bestandteile von Schuld. Das ist etwas sehr Wichtiges, denn wenn wir unsere heutigen Leiden nicht auf unsere Schuld hin durchforschen, werden wir neu schuldig, und müssen wir neu leiden. Wir Deutschen sind jetzt, nach dem Titel eines alten frommen Buches: „Sünder in der Hand des zürnenden Gottes.“ Wie heiß liebe ich mein deutsches Vaterland in seiner tiefen Not, aber das ist eben die beste Liebe zu Deutschland, wenn wir unser deutsches Leid auf unsere Schuld hin untersuchen. Wir haben irgendwie alle mehr oder minder schwer gefehlt. Das ist das ganze Christentum: Gott liebt mich, mein Vater, und ich will ihn und alle von Herzen lieben. Man soll drei Wesen lieben, eine dreifache Liebe üben: man soll Gott lieben, man darf sich selbst lieben (selbstverständlich), man soll den Nächsten lieben „als sich selbst“. Wir Deutschen haben uns selbst geliebt — das durften wir, aber wir haben den Russen, den Engländer, den Franzosen nicht geliebt, und das hätten wir tun müssen. Vor Gott sind wir alle Kriegsverbrecher, der eine mehr, der andere weniger. Als Jesusmensch bin ich zwar immer für Jesus und gegen den Verführer gewesen, ich lebe aber nur noch, weil ich zu feig war, mich auf den Altmarkt zu stellen und dort laut zu rufen und dann den Kreuzestod zu sterben. Und wenn Tausende den Kreuzestod gestorben wären, dann lebten Millionen noch, dann lebten auch meine gefallenen, geopferten Söhne noch, dann hätten wir nicht das große deutsche Leid, das namenlose Weltleid. Ja, vor Gott sind wir alle Kriegsverbrecher, aber nun ist es noch so. Gott gab manchen unter uns Deutschen eine besondere Verwaltung. Den Reichen, den Fabrikbesitzern, den Bankmännern und anderen sogenannten Großen gab er allerhand Macht in die Hand, damit sie diese Mittel gut und göttlich verwalteten, zum Heile der Menschen. Das haben sie weithin nicht getan. Sie haben die ihnen verliehene Verwaltung gebraucht auch gegen die anderen Völker, die sie „Feinde“ nannten.

In aller Demut dürfen wir den sogenannten Kriegsverbrechern sagen: „Tretet nun ab von euren Verwaltungen, Fabriken, Banken, Reichtümern, die ihr mißbräuchlich verwaltet habt! Ihr habt den Tod von Millionen, darunter meinen Söhnen, verschuldet, ihr dürft nicht länger Verwalter sein! Das ist der Sinn des Volksentscheides. Das Volk soll entscheiden: Ihr habt eure Machtmittel falsch gehandhabt, tretet sie dem Volke ab! Dann erst, wenn dieser schweren Schuld entgegengetreten ist, darf und muß von Vergebung gesprochen werden.“

Eine fehlende Stimme der Frau beim Volksentscheid bedeutet eine Stimme für die Kriegs- und Naziverbrecher und somit gegen den Frieden. So wie der Volksentscheid ausfällt, wird uns die Welt beurteilen.“

Grete Groh-Kummerlöw, FDGB

Sicherung des Friedens und der Einheit Deutschlands

Darum dein Ja zum Volksentscheid!

Wenn die sächsische Bevölkerung am 30. Juni ihre Stimme abgibt, dann hält sie Gericht über die Kriegsverbrecher, sie sichert den Frieden, indem sie die Mächte der Vergangenheit, die uns Unglück und Elend, Schmach und Schande brachten, wirtschaftlich und politisch entmachtet. Aber der Volksentscheid ist viel mehr als nur eine gerechte Strafe für Verbrechen, begangen an der ganzen Menschheit. Der positive Ausgang des Volksentscheides ist ein Ja zum Frieden, er ist aber zugleich ein Ja zu einem einheitlichen, einigen Deutschland; denn die Kreise, über welche wir am 30. Juni zu Gericht sitzen, indem wir unsere Stimme abgeben, sind es zugleich, die offen und versteckt auf eine Zerstückelung Deutschlands hinarbeiten. Warum wohl? Im Mittelpunkt ihres Denkens, ihres politischen Wollens stand immer nur ihr eigenes Wohlergehen, der Profit, nicht das Wohl der werktätigen Bevölkerung. Und jetzt, nachdem auch sie aus dem wüsten tausendjährigen Traum jählings erwacht sind, erhoffen sie ihr Heil und ihre wirtschaftliche und politische Rettung vom Separatismus. Sie wollen plötzlich los vom Reich. Sie, die früher nicht nationalistisch genug schreien konnten, rufen jetzt mit der gleichen Unverfrorenheit nach der Zerschlagung Deutschlands. Ein einiges Deutschland hatte für sie nur solange Interesse, solange ihnen ihre Riesenprofite gesichert waren. Sie waren nationalistisch aus Machthunger und Profitgier, sie sind jetzt aus den gleichen Gründen egoistische Separatisten.

Die werktätige Bevölkerung in Stadt und Land fordert die Einheit Deutschlands, weil sie eine Lebensnotwendigkeit für alle Schichten der Bevölkerung ist. Sie fordert den Frieden und stimmt deshalb mit Ja. K. G.

Der Marsch in das Todeslager — Hinter diesen Stacheldrahtzäunen ließen die faschistischen Massenmörder die Kriegsgefangenen verhungern. — Tausende wurden gehenkt. Etwa 140 000 Opfer, darunter noch Lebende, wurden im Walde von Zeithain verscharrt

Zeitungsartikel „Der Totenwald von Zeithain“, Sächsische Zeitung vom 25. Juni 1946.

Polizeiarzt, Medizinalrat Dr. Thomas, gibt, etwas abseits, mit verhaltener Stimme Aufschluß. Bei der Durchsicht einer Kartothek habe man, so berichtet er, von der Existenz der Massengräber Kenntnis bekommen.“[573]

Der Termin der Ausgrabungen sowie der Berichterstattung über die grausamen Ereignisse ist allerdings beachtenswert. Während die Besatzungsmacht wie auch die deutsche Zivilverwaltung schon längst von der Existenz des ehemaligen Lagers und den dort herrschenden Bedingungen hätte Kenntnis erlangen können – und diese wohl auch besaß – verbot sie Revin

573 Sächsische Zeitung, 25. 6. 1946, S. 1. Hervorhebungen im Original.

die Einleitung einer Untersuchung.[574] Zudem verschleppte sie den Fortgang der Grabungen und die Aufdeckung der Verbrechen über mehrere Monate, – bis Ende Juni 1946. Zumindest hatte es sich keinesfalls, wie später in der Presse dargestellt, um einen Zufallsfund gehandelt.
Sehr viel wahrscheinlicher erscheint, daß die Aufdeckung der Verbrechen „termingerecht" vorgenommen worden war. Denn nur wenige Tage später, am 30. Juni 1946, sollte in Sachsen der Volksentscheid über die Enteignung von „Kriegsverbrechern und Naziaktivisten" stattfinden. Für diese Vermutung spricht vor allem auch die massive Instrumentalisierung der geöffneten Massengräber in der Vorberichterstattung über den Volksentscheid in den Medien. So wurden beide Themen in den Zeitungsartikeln in der Regel eng miteinander verknüpft. Der Bericht der Sächsischen Zeitung vom 25. Juni 1946 etwa endete mit den Worten: *„Auf unserer Rückfahrt begegnen uns ungezählte Fahrzeuge, die immer neue Besucherscharen bringen. Es ist wie eine* ***Wallfahrt zum Totenwald von Zeithain,*** *die sich, das möge dieses entsetzlichen Verbrechens Lehre und Verpflichtung für uns alle sein, am 30. Juni zu einem millionenfachen Ja gestalten soll."* [575]
Zudem verwundert, daß bis Mitte Juni 1946 angeblich keine Erkenntnisse über die Geschichte der Kriegsgefangenen-Einrichtungen auf dem Truppenübungsplatz Zeithain vorgelegen haben sollen, bereits wenige Tage später aber, in einem Artikel vom 28. Juni 1946, ein umfangreicher Abriß der Lagergeschichte gegeben werden konnte. Auch hier hatte sich der Tenor nicht geändert. Er endete ebenfalls mit einem Aufruf zum Volksentscheid: *„Nie mehr ist das Verbrechen wiedergutzumachen. Die Schuldigen aber müssen zur Verantwortung gezogen werden. Bei dem Volksentscheid geht es um die Bestrafung der kriegsverbrecherischen Unternehmer, die für die Schreckenstaten von Zeithain genau so verantwortlich sind, wie Hitler und Himmler, Gestapo und SS."*[576]

7.2 Die Chorun-Kommission

Fest steht, daß es erst infolge der Graböffnungen im Juni 1946, vierzehn Monate nach der Befreiung der Überlebenden, zu einer umfangreichen offiziellen Untersuchung der Vorgänge in Zeithain kam.

574 In diesem Zusammenhang erscheint es eher unerheblich, ob Revin tatsächlich, wie von ihm geschildert, alles daran gesetzt hatte, die Geschehnisse in Zeithain aufzudecken, oder ob er in seinem Brief seine Rolle später nur etwas „geschönt" hatte darstellen wollen. Viel bemerkenswerter ist die Tatsache, daß mit der Person Revins zumindest ein Mitarbeiter der SMA Sachsen seit Sommer 1945 über das Lager informiert war. Unkenntnis hätte somit nicht als Grund für die späte Untersuchung von der SMA geltend gemacht werden dürfen.

575 Ebd. Hervorhebungen im Original.

576 Sächsische Zeitung, 28. 6. 1946, S. 2.

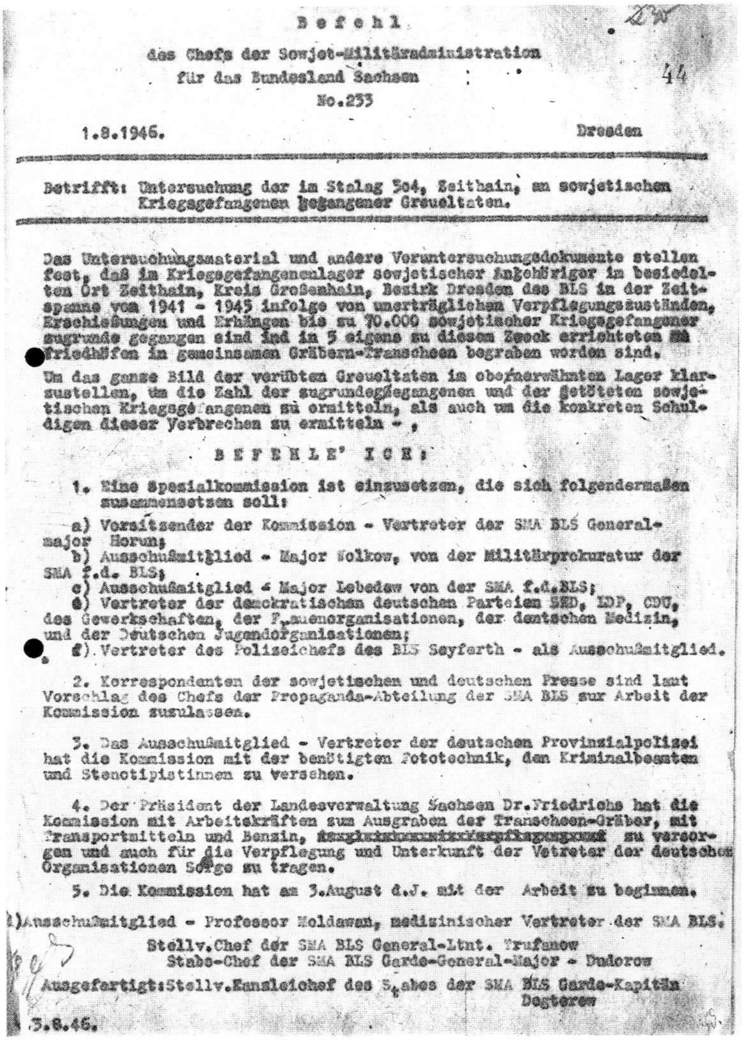

Befehl

des Chefs der Sowjet-Militäradministration
für das Bundesland Sachsen
No.233

1.8.1946. Dresden

Betrifft: Untersuchung der im Stalag 304, Zeithain, an sowjetischen Kriegsgefangenen begangener Greueltaten.

Das Untersuchungsmaterial und andere Voruntersuchungsdokumente stellen fest, daß im Kriegsgefangenenlager sowjetischer Angehöriger im besiedelten Ort Zeithain, Kreis Großenhain, Bezirk Dresden des BLS in der Zeitspanne vom 1941 - 1945 infolge von unerträglichen Verpflegungszuständen, Erschießungen und Erhängen bis zu 70.000 sowjetischer Kriegsgefangener zugrunde gegangen sind und in 5 eigens zu diesem Zweck errichteten Friedhöfen in gemeinsamen Gräbern-Transcheen begraben worden sind.

Um das ganze Bild der verübten Greueltaten im obenerwähnten Lager klarzustellen, um die Zahl der zugrundegegangenen und der getöteten sowjetischen Kriegsgefangenen zu ermitteln, als auch um die konkreten Schuldigen dieser Verbrechen zu ermitteln - ,

BEFEHLE' ICH:

1. Eine Spezialkommission ist einzusetzen, die sich folgendermaßen zusammensetzen soll:

a) Vorsitzender der Kommission - Vertreter der SMA BLS Generalmajor Horun;
b) Ausschußmitglied - Major Wolkow, von der Militärprokuratur der SMA f.d. BLS;
c) Ausschußmitglied - Major Lebedew von der SMA f.d.BLS;
d) Vertreter der demokratischen deutschen Parteien SED, LDP, CDU, des Gewerkschaften, der Frauenorganisationen, der deutschen Medizin, und der Deutschen Jugendorganisationen;
f). Vertreter des Polizeichefs des BLS Seyferth - als Ausschußmitglied.

2. Korrespondenten der sowjetischen und deutschen Presse sind laut Vorschlag des Chefs der Propaganda-Abteilung der SMA BLS zur Arbeit der Kommission zuzulassen.

3. Das Ausschußmitglied - Vertreter der deutschen Provinzialpolizei hat die Kommission mit der benötigten Fototechnik, den Kriminalbeamten und Stenotipistinnen zu versehen.

4. Der Präsident der Landesverwaltung Sachsen Dr.Friedrichs hat die Kommission mit Arbeitskräften zum Ausgraben der Transcheen-Gräber, mit Transportmitteln und Benzin, [illegible] zu versorgen und auch für die Verpflegung und Unterkunft der Vetreter der deutschen Organisationen Sorge zu tragen.

5. Die Kommission hat am 3.August d.J. mit der Arbeit zu beginnen.

e)Ausschußmitglied - Professor Moldawan, medizinischer Vertreter der SMA BLS.

Stellv.Chef der SMA BLS General-Ltnt. Trufanow
Stabs-Chef der SMA BLS Garde-General-Major - Dudorow

Ausgefertigt:Stellv.Kanzleichef des Stabes der SMA BLS Garde-Kapitän Degterew

3.8.46.

Befehl Nr. 233 der SMA Sachsen über die Einsetzung einer Untersuchungskommission, 1. August 1946.

Am 1. August 1946 erließ der Chef der Sowjetischen Militäradministration für das Land Sachsen, Generaloberst Michail Katukov, den Befehl Nr. 233 *„Untersuchung der im Stalag 304, Zeithain, an sowjetischen Kriegsgefangenen begangenen Greueltaten"*.[577] Er ordnete an, daß eine Untersuchungskommission einzusetzen sei, *„um das ganze Bild der verübten Greueltaten im oben erwähnten Lager klarzustellen, um die Zahl der zugrundegegangenen und der getöteten sowjetischen Kriegsgefangenen zu ermitteln, als auch um die konkreten Schuldigen zu ermitteln."*

577 Chorun-Kommission; Sächs. HStA, LRS Min. d. Innern, Landespolizeibehörde der Volkspolizei Sachsen, Bd. 042, Bl. 1. Folgendes Zitat ebd.

Mitarbeiter der Kommission, u. a. Revin (5. v. l.), bei einer Besprechung mit Generalmajor Chorun (7. v. l.), August bis Oktober 1946.

Sie sollte aus Vertretern der SMA sowie Angehörigen der deutschen Polizei und deutschen Ärzten gebildet werden. Korrespondenten der sowjetischen und der deutschen Presse sollten die Kommission bei ihrer Arbeit begleiten und die Ergebnisse dokumentieren. Alle für die Untersuchung notwendigen personellen und materiellen Voraussetzungen hatte der Präsident der Landesverwaltung Sachsen, Rudolf Friedrichs, zu stellen.
Die Untersuchungskommission nahm ihre Tätigkeit am 3. August 1946 auf. Sie bestand unter anderem aus folgenden Mitgliedern: Generalmajor Chorun (Vorsitzender),[578] Major N. I. Volkov (Vertreter der Militärstaatsanwaltschaft der SMA Sachsen), Oberstleutnant I. A. Moldovanov (Chirurg), Major K. V. Karaškevič (Epidemologe), Major Prof. Iskra (Anatom), Major T. V. Anasova (Pathologin), Inspektor Schneider (Sächsische Polizei) sowie Prof. Reastrup, der allerdings am 10. September von seinen Aufgaben entbunden und durch Prof. Kalbfleisch (Anatom) ersetzt wurde.[579] Als Vertreter der ehemaligen Gefangenen des Lagers gehörte Revin zu den Mitarbeitern der Kommission.[580] Für die polizeilichen Untersuchungsmaßnahmen wurden insgesamt 24 Beamte der sächsischen Polizei nach Riesa abgeordnet. Deren Aufgabe bestand zunächst darin, sämtliche Angehörigen des Landesschützen-Bataillons 394 zu ermitteln, die als Wachmannschaften in Zeithain ihren Dienst versehen hatten.[581]

578 Zu Chorun und den Mitgliedern der Kommission liegen bislang keine biographischen Angaben vor.

579 Ebd., Bl. 92, 105 und 111.

580 Brief Ljaljakin/Levin/Zlobina, Dezember 1993; Sammlung Förster.

581 Chorun-Kommission; Sächs. HStA, LRS Min. d. Innern, Landespolizeibehörde der Volkspolizei Sachsen, Bd. 042, Bl. 114.

Ein Mitarbeiter der Kommission bei der Untersuchung eines exhumierten Schädels, August bis Oktober 1946.

Zunächst standen die organisatorischen Vorbereitungen im Vordergrund. Das Landratsamt Großenhain sowie der Riesaer Bürgermeister stellten ungefähr 300 Arbeitskräfte aus den umliegenden Orten für Grabungs- und Transportarbeiten bereit. Am 5. August 1946 begann die Chorun-Kommission auf dem Gelände des Truppenübungsplatzes Zeithain mit ihrer Arbeit.[582]

In den darauffolgenden Wochen ermittelte sie insgesamt fünf Gräberfelder, die jeweils zwischen vier und 32 einzelne Massengräber umfaßten. Diese wurden nicht alle vollständig geöffnet. Die Kommission versuchte durch Probegrabungen die Größe jedes Grabes und die mutmaßliche Anzahl der dort bestatteten Kriegsgefangenen zu ermitteln. Zu diesem Zweck überprüfte sie jeweils, wie viele Skelette auf einem Meter Breite gefunden wurden. In einigen Fällen konnte sie bis zu 15 Leichen pro Meter, in mehreren Schichten übereinander, feststellen. Die Länge der Gräber betrug in der

582 Vgl. Ehrenhain Zeithain, S. 27–28.

Teil eines der geöffneten Massengräber in Zeithain, August bis Oktober 1946.

Regel zwischen 18 und 50 Meter. Die Gräberfelder befanden sich alle in ungefähr eineinhalb bis zwei Kilometer Entfernung vom Gelände des ehemaligen Kriegsgefangenenlagers.[583]

Die Chorun-Kommission war insgesamt zweieinhalb Monate, bis zum 20. Oktober 1946, tätig. Die Grabungen und Exhumierungen bildeten nur einen Teil ihrer Aufgaben. Sie versuchte zudem, die Ursachen für die zahlreichen Opfer zu ermitteln. In ihrem 42seitigen, auf Verhören früherer Wachmannschaften und auf Zeugenaussagen ehemaliger Gefangener basierenden Abschlußbericht beschrieb sie ausführlich die Lebensbedingungen der sowjetischen Kriegsgefangenen.

583 Vgl. ebd., S. 28.

7.3 Strafverfolgung

Neben der Untersuchung der Lebensbedingungen im Lager zählte auch die Strafverfolgung von mutmaßlichen Schuldigen zu den Aufgaben der Untersuchungskommission. Insgesamt führte die sächsische Kriminalpolizei („Kommission Zeithain") zwischen dem 5. August und dem 20. Oktober 1946 264 Vernehmungen durch. Sie verhaftete 47 Personen, von denen sie 25 nach kurzer Zeit wieder aus der Haft entließ. 21 übergab sie der SMA Sachsen, die diese nach Dresden überführte. Einen Jugendlichen lieferte die Polizei in die Erziehungsanstalt Bräunsdorf ein.[584] Zusätzlich wurden 38 Verdächtige ermittelt, wobei die Polizei insgesamt 52 Hausdurchsuchungen bei ehemaligen Wachmannschaften des Stalag und weiteren verdächtigen Personen durchführte.[585]

Bei der von der SMA Sachsen verfolgten Strafsache Nr. 279[586] handelte es sich um Ermittlungen gegen 20 der insgesamt 21 von der „Kommission Zeithain" an die SMA Sachsen in Dresden übergebenen Tatverdächtigen. Die seit Herbst 1946 andauernden Verhöre wurden im Mai 1947 abgeschlossen. Am 24. Juni 1947 beschloß der Chef des Operativsektors der SMA Sachsen, Generalmajor Klepov, die Anklageerhebung gegen alle Beschuldigten. Sie wurde einen Tag später vom Militärstaatsanwalt Oberleutnant Carcenko bestätigt.[587] Ausführlich ging Klepov in seiner auf dem Abschlußbericht der Chorun-Kommission basierenden Begründung auf die Lebensbedingungen der sowjetischen Kriegsgefangenen im Stalag 304 (IV H) und im späteren Kriegsgefangenenlazarett Zeithain ein. Im Anschluß daran benannte er die individuelle Schuld der Verdächtigen. Hierbei hob er unter anderem folgende Personen hervor:

Georg Eckel, Stabschef beim Kommandeur der Kriegsgefangenen im Wehrkreis IV von 1939 bis zum Juli 1942 und damit für das Lager Zeithain zuständig – beschuldigt als Verantwortlicher für die allgemeinen Lebensbedingungen der Gefangenen im Lager;
Friedrich Sonntag, Lagerarzt vom Juni 1941 bis zum Mai 1942;
Hans-Georg Neumann, Lagerarzt vom Mai 1942 bis zum Februar 1943;
Erich Rollin, Lagerarzt vom Juli bis zum September 1941 – alle beschuldigt,

584 Die „Kommission Zeithain" ermittelte auch wegen anderer NS-Verbrechen im Riesaer Raum. Teilweise waren die Verdächtigen in Zusammenhang mit Verbrechen im Gröditzer Stahlwerk sowie dem Todesmarsch von KZ-Häftlingen von Taucha nach Theresienstadt verhaftet worden. Dem festgenommenen Jugendlichen wurde beispielsweise die Teilnahme an der Verfolgung entflohener KZ-Häftlinge zur Last gelegt.

585 Chorun-Kommission; Sächs. HStA, LRS Min. d. Innern, Landespolizeibehörde der Volkspolizei Sachsen, Bd. 042, Bl. 116.

586 AStSG, Sammlung Zeithain, Strafakte Nr. 279 – Eckel.

587 Zum folgenden ebd., Bl. 226–233.

Liebe Jungen und Mädel
von Riesa und Umgebung!

Ihr alle habt von den furchtbaren Gräbern in der Nähe unserer Stadt gehört. Viele Tausende russischer Kriegsgefangener wurden in unmenschlichster Art im Kriegsgefangenenlager Zeithain—Jacobsthal vernichtet. Dank eines Zufalles gelang es endlich, die geheim angelegten Friedhöfe zu entdecken. Zwar sprechen diese Gräber für sich selbst, aber dennoch erfahren wir von ihnen nicht die Schuldigen dieser Tat. Doch müssen diese unbedingt festgestellt werden, und wir alle Jugend wollen auch hier mithelfen. In all' unserm Handeln beweisen wir unseren Aufbauwillen, und unsere Haltung soll immer Ausdruck unserer antifaschistischen Gesinnung sein. Wir wollen deshalb auch in dieser Angelegenheit unseren Mann stehen und der Ermittlungskommission jede nur mögliche Unterstützung erteilen. Deshalb rufen wir Euch heute mit diesen Zeilen zu tatkräftigem Einsatz auf.

1. Wer weiß etwas über das Kriegsgefangenenlager auszusagen?
2. Wer kennt Personen, die direkt oder indirekt mit dem Lager in Verbindung standen (Wachmannschaften, Aufbauarbeiter)?
3. Wer kennt die Baufirmen, welche das Lager gebaut haben?
4. Wer ist in der Lage, noch weitere Grabstellen anzugeben?
5. Wer kann Auskunft über die Zahl der Opfer erteilen?
6. Wer kann sonst noch Auskünfte irgendwelcher Art geben?

Wir bitten Euch, Meldungen sofort an unsere Dienststelle Riesa, Ernst-Thälmann-Straße 76, einzureichen.

Beweist durch Eure Mitarbeit, daß wir als Jugend gewillt sind, die Schuldigen des Massenmordes von Zeithain zu ermitteln.

Riesa, am 2. August 1946.

Freie Deutsche Jugend
Ortsleitung Riesa.

Langer & Winterlich, Riesa 1—65—8.46. 5000.

Aufruf der FDJ-Ortsleitung Riesa, 2. August 1946.

als Ärzte ihre Fürsorgepflicht für die entkräfteten und kranken Gefangenen verletzt zu haben;
Erich Roßbach, Chef der Wirtschaftsverwaltung des Stalag 304 (IV H) von 1941 bis 1943;
Karl Remagen, Chef der Wirtschaftsverwaltung des Kriegsgefangenen-Reservelazaretts Zeithain vom August 1944 bis zum April 1945 – beide beschuldigt als Verantwortliche für die schlechte Versorgung der Gefangenen;
Willi Günther, Mitglied der Wachmannschaften – beschuldigt, mehrere Kriegsgefangene ermordet zu haben.

Einem bereits auf der Sitzung des Sowjetischen Militärtribunals (SMT)[588] vom 18. Juni 1947 gefaßten Beschluß entsprechend, wurde in den ersten fünf angeführten Fällen Anklage nach Artikel 58-2 des Strafgesetzbuches der UdSSR, in allen übrigen insgesamt 15 Fällen nach Teil 1 des Erlasses des Präsidiums des Obersten Sowjets der UdSSR, des sogenannten Ukaz 43, vom 19. April 1943 erhoben.[589] Somit nahm das SMT nicht alliiertes, sondern sowjetisches Recht als Grundlage für die Strafverfolgung der Verbrechen von Zeithain.

Absatz 2 des Artikels 58, der in zahlreichen SMT-Verfahren in der sowjetischen Besatzungszone bei der Aburteilung ehemaliger Nationalsozialisten, bald aber auch der Verfolgung zahlreicher politischer Gegner der Besatzungsmacht Anwendung fand, besagte: *„Bewaffneter Aufstand oder Eingreifen von bewaffneten Banden in das Sowjetgebiet in gegenrevolutionärer Absicht, Ergreifung der zentralen oder örtlichen Gewalt in der gleichen und insbesondere der Absicht, von der Union der SSR und der einzelnen Unionsrepublik irgend einen ihrer Gebietsteile gewaltsam abzutrennen oder die von der Union der SSR mit ausländischen Staaten abgeschlossenen Verträge aufzuheben, ziehen nach sich – die schwerste Maßnahme des sozialen Schutzes – Erschießung* […]*; bei Vorliegen mildernder Umstände ist Herabsetzung bis zu Freiheitsentziehung nicht unter drei Jahren* […] *zulässig."*[590]

Während die sowjetische Regierung aufgrund dieses Artikels ganz allgemein die Beteiligung am „Unternehmen Barbarossa" und die damit im Zusammenhang stehenden Verbrechen verfolgte, hatte sie den ‚Ukaz 43' – *„Über Maßnahmen zur Bestrafung der deutsch-faschistischen Übeltäter, die der Tötung und Misshandlung sowjetischer Zivilbevölkerung und gefangener Rotarmisten schuldig sind, sowie für Spione und Vaterlands-*

588 Der NKVD sowie die sowjetische Militärjustiz in Form von SMT entfalteten schnell ihre Tätigkeiten in der SBZ. Ihre Zuständigkeit für die Strafverfolgung in der SBZ leiteten sie aus der sowjetischen Militärgerichtsordnung vom 20. 8. 1926 ab. Artikel 8 erklärte die Militärtribunale für die *„Ahndung aller Verbrechen, von wem auch immer sie begangen wurden"* für zuständig und dies in *„Gebieten, in denen infolge außergewöhnlicher Umstände keine ordentlichen Gerichte funktionieren"*. Fricke, Politische Verfolgung, S. 166. Außerdem basierte die Zuständigkeit auf dem Ukaz des Präsidiums des Obersten Sowjets vom 22. 6. 1941 „Über den Kriegszustand" sowie auf dem alliierten Kontrollratsgesetz Nr. 10 vom 20. 12. 1945, das die Zonenbefehlshaber zur Einsetzung ihnen geeignet erscheinender Gerichte zur Verhandlung von Prozessen wegen Kriegsverbrechen und Verbrechen gegen die Menschlichkeit ermächtigte. Vgl. ebd.

589 Vgl. AStSG, Sammlung Zeithain, Strafakte Nr. 279 – Eckel, Bl. 186.

590 Strafgesetzbuch der Russischen Sozialistischen Föderativen Sowjet-Republik, S. 17. Der in der Sowjetunion berüchtigte Artikel 58 hatte Stalin zunächst in der Zeit der „Großen Säuberungen", aufgrund seiner sehr allgemein gehaltenen Formulierungen, bei der Beseitigung seiner tatsächlichen oder vermeintlichen innenpolitischen Feinde bzw. – in der stalinistischen Diktion – bei der Verfolgung „gegenrevolutionärer Verbrechen" gedient. Vgl. allgemein zu den sowjetischen Herrschaftsmechanismen Fainsod, Wie Rußland regiert wird, sowie speziell zur Phase der „Großen Säuberungen" Conquest, Der große Terror.

verräter unter den Sowjetbürgern und deren Helfer"[591] – während des Krieges zur Strafverfolgung von Kriegsverbrechen und Kollaboration geschaffen. Im besagten Teil I des Erlasses hatte das Präsidium des Obersten Sowjets dementsprechend angeordnet, *„daß deutsche, italienische, rumänische, ungarische und finnische faschistische Verbrecher, die der Tötung und Mißhandlung der Zivilbevölkerung und gefangener Rotarmisten überführt sind, und ebenso Spione und Vaterlandsverräter aus den Reihen der Sowjetbürger mit der Todesstrafe durch Erhängen zu bestrafen sind"*.[592]
Über das Ausmaß persönlicher Schuld der Angeklagten kann aufgrund der lückenhaften Quellenüberlieferung kaum fundiert geurteilt werden. Der Aussage F. G. Iskras zufolge wurden in Zeithain insgesamt 214 sowjetische Kriegsgefangene von den Wachmannschaften erschossen. Ob beispielsweise der Beschuldigte Günther tatsächlich an einer solchen Tat beteiligt war, läßt sich aus dem vorliegenden Material nicht ersehen. Zur Strafverfolgungspraxis der SMA in dem von der Roten Armee besetzten Teil Deutschlands muß angemerkt werden, daß damit – analog zum Vorgehen der stalinistischen Justiz in der UdSSR – vor allem ein Exempel statuiert und ein vorgegebenes Verurteilungssoll erfüllt werden sollte.[593] Nicht persönliche Schuld, sondern oft nur die Zugehörigkeit zu einer bestimmten Wehrmachteinheit wurde somit zur Grundlage von Anklagen und Verurteilungen.[594]
Die Protokolle der Gerichtsverhandlungen und die Urteile liegen nicht vor, doch ist angesichts der bei SMT-Verfahren üblichen Praxis anzunehmen, daß es in fast allen Fällen zu Verurteilungen und zur Verhängung hoher Strafen gekommen sein dürfte.[595] Die der Anklage zugrunde liegenden Gesetze schlossen die Todesstrafe als Strafmaß ein. Da diese aber seit dem 26. Mai 1947 in Friedenszeiten nicht mehr verhängt wurde, sondern an deren Stelle die einheitliche Strafnorm von 25 Jahren „Arbeitsbesserungslager" (Ispravitel'nyj Trudovoj Lager') trat,[596] dürften die meisten Angeklagten zu 25 Jahren Lager-, bei mildernden Umständen zu zehn Jahren Gefängnishaft verurteilt worden sein. Letztere hatten sie in Haftanstalten der SBZ/DDR, in der Regel in Bautzen, zu verbüßen.[597]

591 Abgedruckt und übersetzt in Zeidler, Stalinjustiz, S. 52–56.

592 Ebd., S. 55–56.

593 Vgl. Müller/Osterloh, Die Andere DDR, S. 14, Anm. 17.

594 So häufig in den Prozessen gegen deutsche Kriegsgefangene in der Sowjetunion geschehen. Vgl. hierzu u. a. Zeidler, Stalinjustiz.

595 Zur SMT-Praxis vgl. u. a. Müller/Osterloh, Die Andere DDR.

596 Vgl. Zeidler, Stalinjustiz, S. 20. Allerdings wurde sie bereits am 12. Januar 1950 teilweise wieder eingeführt, indem sie als Höchststrafe für „Vaterlandsverräter, Spione und Saboteure" zugelassen wurde.

597 Vgl. Anfragen von Angehörigen, Teil 3; Sächs. HStA, LRS Min. d. Innern 126, Bl. 123–129.

In mindestens zwei Fällen nutzte die sowjetische Militäradministration die laufenden Ermittlungen, um ihr unliebsame sozialdemokratische bzw. „bürgerliche" Politiker der Beteiligung an den Verbrechen in Zeithain zu beschuldigen. Der ehemalige Sozialdemokrat Paul Konitzer, der als Präsident der deutschen Zentralverwaltung für das Gesundheitswesen den Bestrebungen der SMA sowie der SED zur Sowjetisierung des Gesundheitswesens in der SBZ offenbar im Wege stand, war einer davon. Er wurde Mitte Februar 1947 wegen seiner angeblichen Verantwortung für die hygienischen Verhältnisse im Kriegsgefangenenlager Zeithain verhaftet.[598] Nach seiner Aburteilung durch ein SMT wurde er in das Speziallager Nr. 4, Bautzen, eingeliefert, wo er nach Zeugenaussagen verstarb.[599] Daß Konitzer während des Krieges als Sachbearbeiter beim Korpsarzt des Wehrkreises IV in Dresden tätig und dabei unter anderem für die Kriegsgefangenenlager zuständig war, mußte der SMA allerdings bereits früher bekannt gewesen sein.[600]

Außerdem sind die Beschuldigungen gegen den Dresdner CDU-Politiker Martin Richter, Spitzenkandidat für das Amt des Oberbürgermeisters, im Vorfeld der sächsischen Kommunalwahlen zu nennen. Die SMA Sachsen nutzte die Zugehörigkeit Richters zur Zeithainer Lagerverwaltung für eine Kampagne gegen den Politiker. Er wurde Ende August 1946 in einem Flugblatt als *„SS-Henker"* und *„SS-Feldwebel"*[601] in Zeithain bezeichnet. Ungeachtet seiner tatsächlichen persönlichen Schuld oder Unschuld wurde mit der Bezichtigung, der Wehrmachtsoldat Richter sei „SS-Feldwebel" gewesen, Propaganda betrieben. Daß die Richter zur Last gelegten Beschuldigungen kaum fundiert waren und letztlich aus wahltaktischen Gründen erhoben worden waren, läßt sich schon daraus ersehen, daß Richter im Herbst 1946 zum Dresdner Oberbürgermeister gewählt wurde und dieses Amt bis 1950 auch ausüben konnte.[602]

Es verwundert, daß die SMAD, den tatsächlichen Willen zur Strafverfolgung von Verbrechen an sowjetischen Kriegsgefangenen unterstellt, in dem von ihr besetzten Teil Deutschlands nur in Zeithain eine Untersuchungskommission einsetzte.[603] Eine mögliche Erklärung hierfür mag sein, daß

598 Vgl. ND, 21. 4. 1947, S. 2.

599 Vgl. Spuren Suchen und Erinnern, S. 40.

600 Einen möglichen Zusammenhang zwischen der Verhaftung Konitzers und gesundheitspolitischen Positionsbestimmungen innerhalb der SED schließt auch Ernst, Die beste Prophylaxe, S. 40, Anm. 4, nicht aus.

601 Vgl. Chorun-Kommission; Sächs. HStA, LRS Min. d. Innern, Landespolizeibehörde der Volkspolizei Sachsen, Bd. 042, Bl. 72.

602 Danach zog er 1951 für die CDU in den sächsischen Landtag ein. 1952 bis 1954 war er Mitglied der Bezirksleitung der CDU Dresden.

603 Darüber hinaus kam es lediglich zur Untersuchung der Lebensbedingungen sowjetischer Kriegsgefangener im Stalag 344 Lamsdorf. Auch hier läßt sich ein politischer Hintergrund ver-

Kriegsgefangene für Stalin nichts anderes als Verräter waren, auf die in der Sowjetunion zum Teil neue Prozesse, Lagerhaft und in einigen Fällen auch Todesurteile warteten. Das Interesse der sowjetischen Führung an den Leiden ihrer Soldaten in deutschen Lagern scheint, so befremdlich es anmuten mag, vorrangig politischer und propagandistischer Natur gewesen zu sein. Soweit bislang bekannt ist, kam es auch in der DDR zu keinen weiteren Ermittlungen gegen ehemaliges Personal des Lagers Zeithain. Neben der ausgesprochen spärlichen Aufarbeitung und Strafverfolgung von NS-Verbrechen in der DDR mag dies nicht zuletzt daran gelegen haben, daß einige der Haupttäter nach dem Krieg in die westlichen Besatzungszonen bzw. später in die Bundesrepublik übersiedelten.[604]

7.4 Ehrung der Toten – Gestaltung der Friedhofsanlagen

Noch während die „Chorun-Kommission" die in Zeithain begangenen Verbrechen untersuchte, wurde die würdige Gestaltung der Grabanlagen auf der Grundlage eines vom 1. Vizepräsidenten der Landesverwaltung Sachsens, Kurt Fischer, gezeichneten Antrags vorbereitet.[605] Die ausfindig gemachten Grabanlagen fielen in die Zuständigkeit der Kreisräte von Oschatz und Großenhain.[606]

In Großenhain traf man bereits am 14. August 1946 bei einer Sitzung mit Vertretern des Landesausschusses der „Opfer des Faschismus", der Landesvorstände der SED und der LDPD, des Kulturbundes sowie der Gemeinde

muten. Lag Lamsdorf doch in jenem Teil Schlesiens, der als Ergebnis der Potsdamer Konferenz dem neuen polnischen Staatsgebiet zugeordnet worden war. Ein 31seitiger Untersuchungsbericht wurde 1946 in der UdSSR im Staatsverlag für politische Literatur veröffentlicht. Dzial Dokumentacij, Mat. I Dok. Nr. 495/94. („Mitteilungen der außerordentlichen Staatskommission zur Feststellung und Überprüfung der von den deutschen faschistischen Eroberern und ihren Helfershelfern verübten Greueltaten. Über die Verbrechen, die von der deutschen Regierung und vom deutschen Oberkommando an den sowjetischen Kriegsgefangenen im Lager Lamsdorf verübt wurden.")

604 Auch die westdeutsche Justiz beschäftigte sich mit in Zeithain begangenen Verbrechen. Nachdem bekannt geworden war, daß sich der Leiter des für die „Aussonderungen" in Zeithain zuständigen Einsatzkommandos, der ehemalige Leipziger Gestapobeamte Heino Uhlenhaut, nach 1945 in Niedersachsen niedergelassen hatte, nahm die Staatsanwaltschaft beim Landgericht Göttingen 1966 die Ermittlungen gegen ihn auf. Diese zogen sich aufgrund der schwierigen Beweislage über mehrere Jahre hin, ohne daß es zu einer Anklageerhebung gekommen wäre. Am 21. Dezember 1974 wurde das Verfahren von der Staatsanwaltschaft eingestellt. Die Ermittlungen fanden unter dem Aktenzeichen 4 Js 751/66 statt. Vgl. Verf. Zeithain; Nds. HStA H, Nds 721 Gö Acc. 103/87, Nr. 14–1/42. Zum folgenden ebd. Insgesamt liefen 1966 bundesweit 85 Untersuchungsverfahren gegen mögliche an „Aussonderungen" Tatbeteiligte. Vgl. Otto, Vernichten, S. 4. Zur Strafverfolgung von NS-Verbrechen in der Bundesrepublik vgl. allg. Rückerl, NS-Prozesse; vgl. auch Herbert, Zweierlei Bewältigung. Siehe auch Streim, Saubere Wehrmacht.

605 Vgl. Sächsische Zeitung, 28. 6. 1946, S. 2.

606 Vgl. Landrat Großenhain, Oles, 3. 8. 1946; Sächs. HStA, LRS Min. d. Innern 154, Bl. 177.

Zeithain erste Vorbereitungen.[607] Als Ergebnis wurde eine fünfköpfige Baukommission ins Leben gerufen, die ihre Tätigkeit bereits am 21. August 1946 aufnahm. Deren Aufgabe war es, *„1. nicht ein Denkmal, sondern eine Anlage zu gestalten, 2. etwas zu schaffen, was der Mentalität der Russen entspricht."*[608] Die Anordnungen sahen eine rasche Fertigstellung vor, bis zum 7. November 1946 sollten die Friedhofsanlagen vollendet sein.[609]

Im Gegensatz zur sofortigen Umsetzung der Anordnungen Fischers in Großenhain, verzögerten sich die Arbeiten im Kreis Oschatz um ein Jahr. Deswegen befahl der sowjetische Militärkommandant des Kreises, Oberstleutnant Subbotin, am 25. September 1947 dem Oschatzer Landrat Reinhardt: *„Es ist mit den Arbeiten f. Herrichtung von Gräbern, Friedhöfen früherer Gefangenen* [sic!] *auf dem Gebiet Jacobsthal – Zeithain zu beginnen. Ferner ist ein Kostenanschlag zusammenzustellen, welcher die Herrichtung von 3 Friedhöfen mit Monumenterrichtung, Einfriedung, Bepflanzung mit Nadelbäumen und Blumen umfaßt."*[610]

Daraufhin betraute Reinhardt am 25. September 1947 den in Jacobsthal wohnhaften Architekten Köchel mit dieser Aufgabe. Am 29. September 1947 kam es zu einer Besprechung Köchels mit Subbotin. In dieser Unterredung erhielt er unter anderem Anweisungen, in welcher Form die Ehrenmale zu entwerfen seien. Sie sollten 16 bis 17 Meter hoch sein, zudem die Eingangsportale zu den Grabanlagen als Bögen angefertigt werden. Des weiteren waren die abseits der großen Gräberfelder in kleineren Grabanlagen oder Einzelgräbern bestatteten sowjetischen Kriegsgefangenen auf die zentralen Friedhöfe umzubetten.[611]

Aus unbekannten Gründen wurden nicht alle Planungen realisiert. Jedenfalls setzten die Baukommissionen wenigstens die Vorgabe um, weitläufige, das jeweilige Friedhofsgelände umfassende Gedenkanlagen zu schaffen.

In unmittelbarer Nähe der an der Bahnlinie Riesa – Gröditz – Elsterwerda im Kreis Großenhain gelegenen Massengräber war bereits 1946 ein Ehrenfriedhof entstanden. Zu diesem Zweck hatte man das Gelände mit Pappeln bepflanzt und ein erstes, provisorisches Ehrenmal aus Holz mit einem roten

607 Vgl. Bericht, Betr.: Durchführung des Wettbewerbs Ehrenfriedhof Zeithain, 23. 8. 1946; Sächs. HStA, LRS Min. d. Innern 154, Bl. 175–176.

608 Ebd., Bl. 175.

609 Aus den vorliegenden Quellen ist nicht ersichtlich, ob bewußt der – nach heutigem Gregorianischen Kalender – 30. Jahrestag der Oktoberrevolution für die Fertigstellung der Grabanlagen gewählt wurde, doch erscheint dies wahrscheinlich.

610 Vgl. den Brief des Militärkommandanten, Oberstleutnant Subbotins, an den Landrat des Kreises Oschatz, 25. 9. 1947; Sächs. StA L, KT/KR Oschatz, 237, Bl. 13.

611 Aktennotiz Köchels über die Rücksprache mit dem sowjetischen Kreiskommandanten Subbotin, 29. 9. 1947. Vgl. ebd., Bl. 16.

Stern an der Spitze errichtet. 1949 wich das Provisorium einem ungefähr 15 Meter hohen Obelisken aus rotem Meißener Granit. Zugleich wurde der Eingangsbereich der Gedenkanlage neu gestaltet. Es entstand ein vier Meter hohes und zwölf Meter langes, dreibogiges, ebenfalls aus rotem Granit bestehendes Portal. Dieses ist bis heute der Eingang zum insgesamt fast 30000 Quadratmeter großen Ehrenhain. Zu beiden Seiten des vom Portal zum Obelisken führenden Weges wurden zwei Massengräber angelegt (die künftig als Zeithain I und V bezeichnet wurden),[612] in denen auch die entlang der Bahnlinie im weiten Umfeld verscharrten Toten ihre letzte Ruhestätte fanden.[613] Zudem errichtete man auf dem Gelände sechs symbolische Einzelgräber.[614]

Im Kreis Oschatz gestaltete man nach den anfänglichen Verzögerungen drei Friedhofsanlagen. Unmittelbar an der Bahnlinie Röderau – Falkenberg, nicht weit vom Bahnhof Jacobsthal, befinden sich auf einer Fläche von ungefähr 4000 Quadratmetern 22 Massengräber (Zeithain II). Weiterhin wurden in der Flur Zschepa zwei Anlagen geschaffen, auf denen sich 32 bzw. vier Massengräber sowie ungefähr 450 Einzelgräber befinden (Zeithain III und IV).[615]

Der Zustand der Friedhöfe entsprach allerdings nicht den sowjetischen Vorstellungen. So führte im Sommer 1950 ein Vertreter des sächsischen Innenministeriums eine Besichtigung durch, da *„auf Grund einer von der Besatzungsmacht geführten Beschwerde der Zustand der Ehrenfriedhöfe ein sehr schlechter sei."*[616] Daraufhin beantragte der Kreisrat Oschatz bei eben diesem Ministerium die für die Durchführung der notwendigen Arbeiten erforderlichen Mittel. Bis Mitte Juni 1951 hatten allerdings weder das Innen- noch das Finanzministerium Geld zur Verfügung gestellt, so daß sich der

612 Vgl. Krause, Das sowjetische Kriegsgefangenenstammlager 304, S. 71–72.

613 Vgl. Rundschreiben der Allgemeinen Verwaltung – Organisations- u. Verwaltungsamt – an den Stadtrat Strehla sowie die Gemeinderäte Gohlis, Jacobsthal und Kreinitz. Betr.: Umbettung von verstorbenen russischen Staatsangehörigen, 26. 11. 1948; Sächs. StA L, KT/KR Oschatz, 237, Bl. 64. Die Umbettung der Toten wurde den Gemeinden mit dem mahnenden Hinweis übertragen, daß *„vorausgesetzt werden* [darf], *daß es für jede deutsche Gemeinde eine Ehrenpflicht sein dürfte, den Gefallenen und in der Gefangenschaft verstorbenen Angehörigen der Sowjetunion eine würdige Ruhestätte zu bereiten. Die deutschen Selbstverwaltungen erfüllen damit zugleich eine Dankes- und Wiedergutmachungspflicht gegenüber den Befreiern von der nazistischen Gewaltherrschaft."* Zitat ebd. Bereits am 8. Dezember 1948 meldeten die angeschriebenen Gemeinderäte von Kreinitz und Jacobsthal die Umsetzung dieser Anordnung. Die in ihren Zuständigkeitsbereichen gelegenen bekannten Gräber sowjetischer Staatsbürger waren geöffnet und die sterblichen Überreste zu den Gedenkanlagen überführt worden. Vgl. ebd., Bl. 69–70. An sich war es nicht üblich, daß im Kampf gefallene und in Gefangenschaft umgekommene Rotarmisten auf demselben Friedhof beigesetzt wurden.

614 Vgl. Krause, Das sowjetische Kriegsgefangenenstammlager 304, S. 72.

615 Vgl. ebd., S. 72–73.

616 Schreiben des Rates des Kreises Oschatz an die Landesregierung Sachsen, Ministerium der Finanzen, 13. 6. 1951; Sächs. StA L, KT/KR Oschatz, 237, Bl. 171. Zum folgenden ebd.

Kreisrat erneut an die sächsische Landesregierung wandte. Wohl wegen der erneuten Nachfrage konnten die Arbeiten im Herbst 1951 endlich aufgenommen werden: Am 15. Oktober setzte die Abteilung Sozialwesen des Kreisrats die Landesregierung davon in Kenntnis, *„daß das geplante Projekt zur Bepflanzung und Ausgestaltung der Ehrenfriedhöfe in Angriff genommen worden ist. Die Planung datiert bis auf 1948 zurück."*[617] Diese Friedhofsanlagen existieren, wenn auch in verändertem Zustand, noch heute.

617 Schreiben der Abteilung Sozialwesen des Kreisrats an das Ministerium für Wirtschaft und Arbeit des Landes Sachsen – Hauptabteilung Arbeit und Sozialfürsorge, 15. 10. 1951; Sächs. StA L, KT/KR Oschatz, 237, Bl. 172.

8. Überlegungen zur Anzahl der Gefangenen sowie zur Gesamtzahl der Opfer in Zeithain

Wie viele Gefangene haben sich zwischen Juli 1941 und April 1945 im Stalag 304 (IV H) bzw. im Kriegsgefangenen-Reservelazarett Zeithain befunden? Wie viele von ihnen haben in dieser Zeit dort den Tod gefunden?

8.1 Die Untersuchungsergebnisse der Chorun-Kommission

Zur Zahl der sowjetischen Kriegsgefangenen[618] und Opfer in Zeithain gibt es sehr unterschiedliche Angaben. Wie bei Untersuchungen zu anderen Kriegsgefangenenlagern auch, so ist vor allem die Gesamtzahl der Opfer stark umstritten.[619]

Bereits Ende Juni 1946 war in einem Zeitungsartikel von ungefähr 140 000 Toten die Rede.[620] Das konnte jedoch keine verläßliche Angabe sein, weil es sich – die Massengräber waren erst wenige Tage vor Erscheinen des Artikels aufgefunden worden – hier nur um eine Vermutung handeln konnte. Auch ist der Verdacht nicht auszuschließen, daß die SMA Sachsen den Redakteuren der Sächsischen Zeitung diese Zahlen vorgegeben oder „empfohlen" hatte, um eine hohe Opferzahl im Vorfeld des sächsischen Volksentscheids instrumentalisieren zu können.[621]

Ernster zu nehmende Untersuchungen zur Anzahl der Gefangenen wie auch der Opfer führte die Chorun-Kommission durch. In ihrem Abschlußbericht mußte sie freilich feststellen, daß *„zuverlässige Angaben über die Zahl der*

618 Zu zwei Gefangenengruppen liegen verläßliche Mindestzahlen vor: Nach bisherigen Erkenntnissen waren wenigstens 2800 Italiener im Lager, von denen 863 ums Leben kamen. Von den 1381 Polen, die nach der Niederschlagung des Warschauer Aufstands nach Zeithain transportiert wurden, verstarben 46 aufgrund ihrer Verwundungen, Krankheiten sowie der Lebensbedingungen im Lazarett. Vgl. Kap. 5.5 und 5.6.

619 Siehe hierzu unter anderem Hüser/Otto, Das Stammlager 326, S. 183–190, sowie Borgsen/Volland, Stalag X B, S. 240–253. Zur Diskussion über die Anzahl der sowjetischen Kriegsgefangenen sowie der Opfer vgl. Osterloh, Sowjetische Kriegsgefangene 1941–1945, S. 14–21 sowie 71–75.

620 „Der Totenwald von Zeithain". Sächsische Zeitung, 25. 6. 1946, S. 1. Vgl. auch Kap. 6.1.

621 Vgl. Kap. 7.1.

Kgf., die dem Lager während der ganzen Zeit seines Bestehens zugeführt wurden, [...] *nicht vor*[liegen]. *Am zuverlässigsten dürfte der Bericht der Reichsbahndirektion Dresden vom 21.8.1946 sein, worin die Anzahl der Kgf.-Bahntransporte, die auf der Station Jacobsthal ausgeladen wurden, angegeben wird."*[622]

Der erwähnte Reichsbahnbericht steht allerdings weder im Original zur Verfügung, noch ist genau bekannt, anhand welcher Materialien die Reichsbahndirektion Dresden ihn im Sommer 1946, mehrere Jahre nach den Transporten, erarbeitete. Die darin genannten Zahlen haben als zentrales Beweisstück in den Abschlußbericht der Chorun-Kommission Eingang gefunden (vgl. Tab. 6). Sie folgerte, daß *„während der ganzen Zeit, von 1941 bis 1945* [...] *274000 Kgf. im Bahnhof Jacobsthal eingetroffen* [sind]. *Dagegen liegt eine Reihe von Aussagen vor, nach denen beginnend mit dem Jahre 1943 ein Teil der Transporte, die auf dem Bahnhof Jacobsthal ausgeladen wurden, unmittelbar in andere Arbeitslager weitergeleitet worden sind* [...]. *Somit kann angenommen werden, dass die Gesamtzahl der Kgf., die das Lager Zeithain passierten, zwischen 150000 und 200 000 Mann liegen dürfte."*[623]

Als Abgänge aus dem Lager Zeithain ermittelte die Kommission für die gesamte Zeit seines Bestehens: etwa 26000 von der Reichsbahn im Zeitraum März 1942 bis April 1945 abtransportierte Gefangene; weitere 10000, die in das belgische Bergbaurevier weitergeleitet wurden; ungefähr 1000 Personen, die die Lagerleitung in das KZ Flossenbürg überstellen ließ; ungefähr 35000 Kriegsgefangene, die das Lager in Marschkolonnen verlassen haben sollen.[624]

Nach Abzug der aufgeführten Abgänge von der angenommenen Gesamtzahl der im Lager befindlichen sowjetischen Kriegsgefangenen kam die Untersuchungskommission zu dem Ergebnis, daß „[...] *wohl begründet angenommen werden* [kann], *dass vom Tage der Inbetriebnahme des Lagers bis zum Juli 1942 darin nicht weniger als 60000 Kgf., möglicherweise auch ca. 70000 Mann gestorben sind, d.h. 75 bis 80% aller in dieser Zeit eingetroffenen Kgf. Die Zahl der seit der zweiten Hälfte 1942 bis Februar 1944 Verstorbenen dürfte nicht unter 15000 Mann liegen* [...]. *Die mögliche Höchstzahl der seit Juli 1942 bis zur Auflösung des Lagers dort Verstorbenen ist etwa 80000 Mann."*[625]

622 Chorun-Kommission; Sächs. HStA, LRS Min. d. Innern, Landespolizeibehörde der Volkspolizei Sachsen, Bd. 042, Bl. 169.

623 Ebd., Bl. 170.

624 Vgl. ebd., Bl. 117.

625 Ebd., Bl. 171.

Jahr	Monat	Anzahl der Transporte	Anzahl der Kgf.
1941	August	7	14000
	September	9	18000
	Oktober	8	16000
	November	1,5	3000
insgesamt:			**51000**
1942	März	2	4000
	April	4	8000
	Mai	5	10000
	Juni	5	10000
	Juli	6	12000
	August	6	12000
	September	7	14000
	Oktober	5	10000
	November	3	6000
	Dezember	1	2000
insgesamt:			**88000**
1943	Februar	2	4000
	März	2	4000
	April	2	4000
	Mai	2,5	5000
	Juni	4	8000
	Juli	4	8000
	August	5	10000
	September	5	10000
	Oktober	5	10000
	November	4	8000
	Dezember	3	6000
zusätzlich kleine Einzelgruppen (30 Mann/Tag)			10000
insgesamt:			**87000**
1944	Januar	2	4000
	Februar	2	4000
	März	2	4000
	April	2,5	5000
	Mai	2,5	5000
	Herbst	6	12000
zusätzlich kleine Einzelgruppen (30 Mann/Tag)			11000
insgesamt:			**45000**
1945 (bis Mitte April 30 Mann/Tag)			3000
Eingänge an Kgf. insgesamt:			**274000**

Tab. 6: Anzahl und Umfang der *Kriegsgefangenentransporte* zum Bahnhof Jacobsthal nach Angaben der Reichsbahndirektion Dresden. (Chorun-Kommission; Sächs. HStA, LRS Min. d. Innern, Landespolizeibehörde der Volkspolizei Sachsen, Bd. 042, Bl. 209.)

Abschließend stellte sie fest, daß *„somit* [...] *während der ganzen Zeit des Bestehens des Lagers Zeithain darin nicht weniger als 80000 kgf. Sowjetbürger ums Leben gekommen* [sind]. *Nicht ausgeschlossen ist jedoch auch* *die Möglichkeit, dass die Zahl der Toten an 150 000 heranreicht.*"[626] Zusammengefaßt bedeutet dies, daß die Gesamtzahl von 80 000 bis zu 150 000 Opfern auf der Annahme basiert, daß sich zwischen 150 000 und 200 000 sowjetische Kriegsgefangene im Lager Zeithain befunden hatten und jeder Gefangene, der nicht unter die angeführten Abgänge fiel bzw. sich bei der Befreiung noch im Lager befand, dort ums Leben gekommen sei. Bei ihren Ausgrabungs- und Exhumierungsarbeiten konnte die Kommission ungefähr 33 000 Tote in den aufgefundenen Massengräbern feststellen.[627]

Monat	sowjet. Kriegsgef.	sonstige Kriegsgef.	Gesamtzahl Kriegsgef.	davon im Arb.-einsatz
15.7.1941	2000	–	2 000	–
10.8.1941	31955	–	31955	–
1.10.1941	11046	–	11046	3310
1.12.1941	10677	–	10677	1361
1.1.1942	7298	–	7298	250
1.2.1942	5685	–	5685	513
1.4.1942	3729	2 (Serben)	3731	660
1.5.1942	3615	2 (Serben)	3617	1576
1.6.1942	3469	–	3469	1486
1.8.1942	2980	–	2980	1260
1.9.1942	21151	–	21151	1451
1.10.1942	6698	–	6698	1305
1.12.1942	3782	–	3782	560
1.1.1943	3765	–	3765	552

Tab. 7: Anzahl der im Stalag 304 (IV H) Zeithain *befindlichen* Kriegsgefangenen nach Angaben der WASt, Dezember 1941 bis Januar 1943.[628]
Aus den Bestandsverzeichnissen lassen sich signifikante Entwicklungen im Lager deutlich erkennen: So beispielsweise der Einschnitt im Zeitraum Dezember 1941 bis März 1942, als das Lager unter Seuchenquarantäne stand, ebenso der starke Anstieg der Zahlen im September 1942, als die Gefangenen der deutschen Sommeroffensive im Reichsgebiet ankamen. (BA-MA, RW 6/v. 184, Bl. 151, 170; RW 6/v. 450, Bl. 12, 20, 27, 44, 55, 67, 78, 87, 96, 113; RW 6/v. 451, Bl. 1.)

8.2 Die Kriegsgefangenenstatistiken der Wehrmacht

Die Beweisführung der Chorun-Kommission wirft mehrere Fragen auf. Zunächst einmal gilt es, die Gesamtzahl der im Lager befindlichen Kriegsgefangenen zu überprüfen. Wie erwähnt, ging die Kommission von 150 000

626 Ebd., Bl. 172.

627 Vgl. u. a. ebd.

628 Ab Oktober 1942 ist Zeithain unter Bezeichnung Stalag IV B/Z als Zweiglager des Stalag IV B Mühlberg geführt worden. Seit Februar 1943 fand Zeithain keine eigenständige Erwähnung mehr in der Monatsstatistik. In den monatlichen Statistiken wurde die absolute Zahl der in einem Stalag befindlichen Gefangenen angeführt, unabhängig vom Ort der Registrierung. In jedem Lager zählte die Verwaltung zahlreiche Gefangene mit „fremden" Erkennungsmarken, da diese sich dort, wie im Zeithainer Fall, im Lazarett oder zum Arbeitseinsatz befanden.

bis zu 200000 Personen aus. Dabei wurden durchschnittliche Belegungszahlen von bis zu 60000 Gefangenen für den Herbst 1941, 5000 bis 50000 im Jahr 1942 und 5000 bis 10000 in den Jahren 1943/44 vorausgesetzt.[629]
Für den Zeitraum August 1941 bis Januar 1943 haben wir die Möglichkeit, diese Angaben mit denen des OKW zu vergleichen, das eine monatliche Statistik „Bestand an Kriegsgefangenen in den Mannschaftslagern im Reich" zusammenstellte (siehe Tab. 7). Man erkennt, daß die Daten der Wehrmacht erheblich von denen der Kommission abweichen.
Bis vor kurzem war die Forschung fast einhellig der Auffassung, bei weitem nicht alle im Reichsgebiet eingetroffenen sowjetischen Kriegsgefangenen seien auch wirklich registriert worden. Es habe also eine erhebliche Dunkelziffer bestanden, da diese Soldaten weder in den Bestandsverzeichnissen noch in den Sterberegistern Aufnahme gefunden hätten. Diese These wurde meist mit dem Charakter des nationalsozialistischen Weltanschauungskrieges gegen die Sowjetunion begründet. Insofern habe sich die Wehrmacht mit der Erfassung der Gefangenen nicht nur Zeit gelassen, sondern diese auch bis in den Winter 1941/42 nur sehr oberflächlich durchgeführt, um nicht Rechenschaft über das Massensterben ablegen zu müssen.[630]
Sehr viel wahrscheinlicher ist nach heutigem Kenntnisstand freilich, daß die Erfassung der sowjetischen Kriegsgefangenen aus mehreren Gründen so akribisch wie möglich vorgenommen wurde.

1. Zunächst einmal hätte es der Logik des aufwendig vorbereiteten Registrierungsverfahrens widersprochen, wenn nur ein geringer Teil der Gefangenen tatsächlich erfaßt, die große Masse aber ohne jegliche Registrierung in die Lager gepfercht worden wäre. Dies hätte, wenn überhaupt, nur dann einen Sinn gemacht, wenn man Registrierte und Unregistrierte voneinander getrennt in den Lagern untergebracht hätte. Von einer solchen Trennung berichteten aber weder ehemalige Gefangene noch Wachmannschaften.
2. Auch das Verhalten der Lagerverwaltung beim Auftreten von Problemen spricht für die Bemühung, wirklich alle Gefangenen zu erfassen. Verzöge-

629 Chorun-Kommission; Sächs. HStA, LRS Min. d. Innern, Landespolizeibehörde der Volkspolizei Sachsen, Bd. 042, Bl. 170.

630 Vgl. etwa Streit, Keine Kameraden, S. 21–23. Abweichend von dieser Position zunächst nur Hüser/Otto, Das Stammlager 326, S. 48–54. Dagegen trat sofort Schockenhoff, „Wer hat damals schon genau gezählt", polemisch auf. Er warf Hüser und Otto vor, die *„erschreckenden Verhältnisse im Stalag 326 selbst und in der Region zu nivellieren und in andere Bereiche zu verlagern"*, zudem eine niedrigere Opferzahl „vermarkten" zu wollen. Ebd., S. 343 und 345. Vgl. im Gegensatz dazu nun auch die ausführliche Darstellung des Registrierungsverfahrens bei Otto, Vernichten, S. 15–127.

rungen bei der Registrierung sind hinlänglich bekannt. Diese ergaben sich in erster Linie zwischen Juli und September 1941, als die „Aussonderungen" in Zeithain noch nicht wie angeordnet durchgeführt werden konnten.[631] Jedoch läßt sich gerade an dieser Periode zeigen, daß die Gefangenen in solchen Fällen schnell in andere Lager weitertransportiert und dann dort erfaßt wurden. Vor allem beim Eintreffen von großen Gefangenentransporten kam es immer wieder zu Problemen bei der Registrierung; so in den Monaten Oktober bis Anfang Dezember 1941 sowie im Sommer und Herbst 1942. Doch insbesondere im Herbst 1942 kam es wiederum sehr schnell zu Verlegungen in andere Lager.[632]

3. Die Planung des Arbeitseinsatzes der sowjetischen Kriegsgefangenen machte eine genaue Erfassung unumgänglich.[633]
4. Ein wesentlicher Aspekt wurde bislang überhaupt vernachlässigt: Warum sollten ausgerechnet die sowjetischen Kriegsgefangenen ein Ausnahmefall bei der bürokratischen Gegner- und Opfererfassung durch das NS-Regime gewesen sein, zumal unter ihnen ein großes Widerstandspotential vermutet wurde?[634] Erst eine genaue Erfassung aller Gefangenen boten Wehrmacht, Gestapo und SS die Möglichkeit, potentielle Feinde zu erkennen und zu verfolgen. Erhärtet wird diese These dadurch, daß es beispielsweise bei Fluchtfällen von sowjetischen Offizieren Vorschrift war, alle personenbezogenen Angaben einschließlich der Erkennungsmarkennummer sowie ein Gefangenenfoto im Deutschen Kriminalpolizeiblatt zu veröffentlichen.[635] Aber auch in allen anderen Fluchtfällen mußten das Stalag bzw. die zuständige Stapostelle ähnliche Fahndungsaufrufe herausgeben. Es sind nur wenige Fahndungsmeldungen bekannt, die nicht die persönlichen Angaben des Flüchtigen sowie seine Erkennungsmarkennummer enthielten.[636] In Fällen, wo diese doch fehlen, ist jeweils vermerkt, daß Angaben zur Person nachgereicht würden. Nicht zuletzt zur Identifizierung Flüchtiger enthielt jede Personalkarte einen Fingerabdruck. Bei Fluchtmeldungen, die nur vage Personenbeschreibungen ohne jeglichen Hinweis auf eine Registrierung enthielten, handelte es sich in der Regel um Fluchtfälle, die auf Transporten nach Deutschland vorgekommen waren. Diese Gefangenen waren *vor* ihrer

631 Vgl. Kap. 3.3.

632 Solche Verlegungen lassen sich bereits aufgrund einer Durchsicht der Bestandsverzeichnisse aller Kriegsgefangenenlager des Reichsgebiets vermuten. Vgl. BA-MA, RW 6/v. 450 sowie 451.

633 Vgl. Otto, Vernichten, S. 115–127.

634 Vgl. u. a. Kap. 2.2.

635 Vgl. die bei Brodskij, Oni ne propali bez vesti, nach S. 128, wiedergegebenen Beispiele.

636 Vgl. zur Fahndung nach entflohenen Gefangenen Osterloh, Untersuchung von Beispielen, S. 114–120.

Registrierung geflohen.[637] Zudem hatten die mindestens einmal täglich durchgeführten Appelle nur dann einen Sinn, wenn die Lagerinsassen zuvor genau registriert worden waren. Nur so ließ sich exakt feststellen, ob und welche Gefangene fehlten.

Am 14. August 1942 wurde beispielsweise Terentij Popov unter der Nummer 43.245, am 26. August Ivan Kačenko als Nummer 52.365 in Zeithain registriert.[638] Da es sich bei beiden um Gefangene der Sommeroffensive von 1942 handelte und in den folgenden Monaten kaum noch sowjetische Kriegsgefangene nach Deutschland kamen, ist es unwahrscheinlich, daß die Lagerverwaltung bis Ende Januar 1943 noch mehr als einige tausend Gefangene registrierte.
Auf Grundlage der Wehrmachtstatistik läßt sich somit eine Zahl von ungefähr 60000–65000 sowjetischen Kriegsgefangenen als gesichert annehmen, die zwischen Juli 1941 und Januar 1943 in Zeithain auch registriert wurden. Viele von ihnen wurden jedoch (wie unter anderem überlieferte Sterbefallnachweise aus anderen Wehrkreisen belegen) bereits nach kurzer Zeit zum Arbeitseinsatz in andere Lager weitertransportiert. Hinzu kommt eine nicht genauer zu bestimmende Anzahl von Gefangenen, die sich nur wenige Tage in Zeithain aufgehalten hatten und, ohne dort registriert zu werden, zur Erfassung und zum Arbeitseinsatz in andere Lager gebracht wurden. Insbesondere in den ersten Wochen nach dem Überfall auf die Sowjetunion, bis Ende September 1941, herrschte in Zeithain großes organisatorisches Chaos. Zahlreiche Gefangene wurden deshalb nach Mühlberg verlegt.[639] Ein erheblicher Teil der Gefangenen dürfte direkt vom Bahnhof Jacobsthal aus in andere Lager weitertransportiert worden sein. Nur so erklärt sich die hohe Zahl von ungefähr 143000 von August 1941 bis Januar 1943 am Bahnhof eingetroffenen Personen. Für die Jahre 1943 bis 1945 verzeichnete die Reichsbahndirektion Dresden weitere 135000 sowjetische Kriegsgefangene, die in Jacobsthal angekommen seien. In diesem Zeitraum existierte das Stalag 304 (IV H) allerdings schon nicht mehr. Im nunmehrigen Kriegsgefangenen-Reservelazarett Zeithain fanden nur noch kranke, verwundete und total entkräftete Gefangene aus den Stalags sowie den Arbeitslagern des Wehrkreises IV Aufnahme. Ein Großteil der Gefangenen, die zwischen 1943 und 1945 mit dem Zug ankamen, kann somit nicht für Zeithain bestimmt gewesen sein.
Die Zahl der in diesem Zeitraum durch das Lazarett geschleusten Gefangenen muß spekulativ bleiben. Die im Bericht der Chorun-Kommission

637 Vgl. beispielsweise die bei Brodskij, Im Kampf, S. 112, angeführten Fluchtfälle.

638 Personalkarten Popov sowie Kačenko; AStSG, Sammlung Zeithain.

639 Vgl. Kap. 3.7.

genannte durchschnittliche Belegung des Lagers von 5000 bis zu 10000 Personen dürfte weitgehend der Realität entsprochen haben. Da die Gefangenen jedoch mitunter sehr lange im Lazarett lagen, läßt sich nicht mehr exakt bestimmen, wie viele Personen sich in diesem Zeitraum insgesamt im Lazarett befunden hatten. Weiter ist zu berücksichtigen, daß zahlreiche Gefangene aus Polen oder Italien kamen oder Angehörige anderer Nationen waren. Die Gesamtzahl bezieht sich also nicht allein auf die sowjetischen Gefangenen. Für die gesamte Zeit der Existenz des Lagers muß man, grob geschätzt, eine Belegung mit 80000 bis 90000 sowjetischen Kriegsgefangenen annehmen, wobei sich der ganz überwiegende Teil in der Stalag-Zeit im Lager aufgehalten hat.

Da die Gesamtzahl der im Lager befindlichen sowjetischen Kriegsgefangenen nur annäherungsweise bestimmt werden kann, ist auch die möglichst realitätsnahe Schätzung der Anzahl der Opfer nicht einfach.
Die Chorun-Kommission registrierte bei den Exhumierungen circa 33000 Tote in verschiedenen Massengräbern. Dessen ungeachtet errechnete sie auf Grundlage der Angaben der Reichsbahndirektion Dresden sowie mehrerer Zeugenaussagen eine Gesamtzahl von 80000 bis zu 150000 Toten. Diese Zahlen sind mit großer Wahrscheinlichkeit eindeutig zu hoch angesetzt.[640]
Es befanden sich bei weitem nicht so viele Gefangene im Lager, wie die Kommission angenommen hatte. Zudem konnten damals trotz mehrmonatiger intensiver Suche keine weiteren Massengräber in der Umgebung des Lagers gefunden werden. Gräberfelder mit 50000 bis 120000 Toten hätten auf der Basis von Aussagen ehemaliger Gefangener ziemlich einfach ausfindig gemacht werden müssen.
Die Chorun-Zahl der Todesopfer läßt sich nur unter der Voraussetzung aufrechterhalten, daß die Erfassung der sowjetischen Gefangenen wie auch der Opfer ganz und gar unzuverlässig gewesen ist. Beides ist nicht der Fall, denn es ist auch nicht anzunehmen, daß die sowjetischen Kriegsgefangenen unregistriert in den Massengräbern verscharrt wurden. Wenn die Wehrmacht die Zugänge in den Kriegsgefangenenlagern des Reichsgebiets genauestens registrierte, so liegt die Vermutung nahe, daß die Lagerverwaltung ebenso exakt die „Abgänge" – Verlegungen und Todesfälle – erfaßte. Das OKW formulierte am 11. November 1941 beispielsweise unmißverständlich, *„dass bei Todesfällen sowjetischer Kr. Gef. bezüglich der Meldepflicht an die Wehrmachtauskunftsstelle in gleicher Weise zu verfah-*

640 In diesem Zusammenhang ist darauf zu verweisen, daß mittlerweile auch die von der sowjetischen Untersuchungskommission in Łambinowice (Lamsdorf) ermittelten Zahlen als überhöht betrachtet werden. Es wird derzeitig eine Überprüfung der Zahlen angestrebt. Vgl. Nowak, Aktuelle Gedenkstättenarbeit in Polen, S. 4.

ren ist, wie bei Todesfällen von Kriegsgefangenen anderer Nationen, sofern diese sowjet. Kr. Gef. bei der W. A. St. erfasst sind."[641]

Die Umsetzung dieser Anweisung läßt sich nicht nur aus überlieferten Personalkarten sowjetischer Kriegsgefangener aus Zeithain, sondern auch aus anderen Lagern entnehmen. Die zuständige Lagerregistratur trug exakte Angaben zum Todesdatum sowie zum genauen Begräbnisort in die jeweilige Personalkarte I ein. Letzteres sahen die Bestimmungen gar nicht vor, das Zeithainer Lagerpersonal war sogar übergenau. Zudem erhielt jede Karte einen Hinweis darauf, wann das Lager den Todesfall an die WASt in Berlin gemeldet hatte.

Den Eintragungen in den Personalkarten und den „Abgangslisten" lassen sich Angaben zur Zahl der in Zeithain ums Leben gekommenen sowjetischen Kriegsgefangenen entnehmen. In einer der beiden einzigen bekannten „Abgangslisten" sind die Mitte Dezember 1941 in Zeithain verstorbenen Gefangenen verzeichnet. Unter den Grabnummern 5650 bis 5657 wurden beispielsweise drei Russen, drei Weißrussen, ein Ukrainer sowie ein Tschuwasche als am 13. Dezember 1941 auf dem „Russ.-Friedhof Zeithain", Block 9, Parzelle 823, bestattet angeführt.[642] Weiterhin kann man anhand der Personalkarte des sowjetischen Kriegsgefangenen Serjakov belegen, daß dieser (mehr als ein Jahr später) am 28. Januar 1943 unter der Nummer 15357 auf dem „Russ.-Friedhof" in Parzelle 58, Block I, Reihe 3 beigesetzt wurde. Am 11. Januar 1944 wiederum registrierte die Lagerverwaltung den verstorbenen Gefangenen Surkov unter der Nummer 20284.[643]

Diese Größenordnung bestätigte der deutsche Arzt Prof. Winkler, der als Mitglied der Chorun-Kommission in einem der ersten Protokolle notieren ließ, daß es bis Ende 1944 zu ungefähr 24500 – registrierten – Todesfällen gekommen sein soll.[644] Für den Zeitraum von Ende 1944 bis April 1945 würde vermutlich die Gefangenenregistratur des Lazaretts genaueren Aufschluß geben. Diese war von den Gefangenen jedoch am 23. April 1945 den

641 OKW Kriegsgef. (V), 1941; BA-MA, RW 6/v. 270, Bl. 43. Die Unterlagen der WASt liegen nur teilweise vor. Die bei ihr gesammelten Akten waren Anfang 1945 nach Meiningen (Thüringen) ausgelagert, dort bei Kriegsende von amerikanischen Truppen beschlagnahmt und im Juli oder August 1945 von diesen den Verbänden der Roten Armee übergeben worden, soweit sie die sowjetischen Kriegsgefangenen betrafen. Vgl. WASt, Referat VIII an Berlin-Document Center, 26. 9. 1949.

642 Abgangsliste Stalag 304 (IV H) Zeithain, Dezember 1941; AStSG, Sammlung Zeithain. Auf Parzelle 823 befanden sich die beiden später als Zeithain I und V bezeichneten Friedhöfe.

643 Personalkarten Serjakov sowie Surkov; AStSG, Sammlung Zeithain. Auf Parzelle 58 lag der später als Zeithain III benannte Friedhof. Bei Bestattungen auf diesem Friedhof ist es vermutlich zu Verstößen gegen die Registrierungsvorschriften gekommen, da hier später auch komplette Erkennungsmarken aufgefunden wurden. Somit folgte die Lagerverwaltung nicht in jedem Fall der Anordnung, eine Hälfte der Erkennungsmarke an die WASt zu senden.

644 Chorun-Kommission; Sächs. HStA, LRS Min. d. Innern, Landespolizeibehörde der Volkspolizei Sachsen, Bd. 042, Bl. 8.

einmarschierenden Verbänden der 5. Gardearmee übergeben worden.[645] Einige andere Unsicherheitsfaktoren bei der Feststellung der Opferzahlen kommen noch hinzu. Wie vom OKW angeordnet, wurden nur diejenigen Toten registriert und an die WASt gemeldet, die nach ihrer Ankunft im Lager bereits erfaßt worden waren. Ohne Registrierung verschwanden hingegen jene sowjetischen Kriegsgefangenen in den Massengräbern, die bereits auf den tagelangen Transporten aus den Sammellagern hinter der Front nach Zeithain gestorben waren. Diese Toten dürften lediglich in den Friedhofslisten Erwähnung gefunden haben. Insbesondere im Herbst 1941 sowie im August 1942, als die Erfassung der Gefangenen kaum bewältigt werden konnte, starben viele der unter freiem Himmel lebenden Gefangenen.[646]

Überlegungen zur Gesamtzahl der sowjetischen Opfer sind unvermeidlicherweise eine Rechnung mit Unbekannten. Fest steht, daß in den Statistiken der Wehrmacht ungefähr 24 500 verstorbene sowjetische Kriegsgefangene registriert wurden und Chorun circa 33 000 Tote in den Massengräbern ermittelte. Aus diesen Angaben allein ist die Gesamtzahl der Opfer noch nicht vollständig abzuleiten, denn man darf nicht außer acht lassen, daß möglicherweise eines der Massengräber noch nicht aufgefunden wurde. Der Kommission zufolge lagen in den bekannten Massengräbern lediglich die Toten aus der Zeit zwischen Juli 1941 und Mai 1942 sowie der Zeit von Ende 1943 bis April 1945.[647] Die Mutmaßung der sächsischen Volkspolizei, die Toten seien in der Phase zwischen Juni 1942 und Ende 1943 möglicherweise verbrannt worden,[648] vermag allerdings nicht recht zu überzeugen. Ebenso fragwürdig erscheint es, daß keiner der vernommenen Zeugen die Kommission auf die Lage des „fehlenden" Massengrabs – in dem dann mehrere tausend Leichen liegen müßten – hinweisen konnte; nicht weniger fragwürdig ist die Annahme, niemand habe sich an das Verbrennen von Tausenden von Leichen zu erinnern vermocht. Nach derzeitigem Kenntnisstand ist es eher unwahrscheinlich, daß es noch ein weiteres, unentdecktes Massengrab gibt.

So bleibt festzuhalten, daß in Zeithain, einem „ganz normalen Russenlager", zwischen 33 000 und möglicherweise maximal 40 000 Menschen sowjetischer Herkunft ums Leben gekommen sein dürften.

645 Vgl. Kap. 6.1. Die nunmehr vermutlich in einem russischen Archiv lagernde Registratur konnte bislang noch nicht aufgefunden werden.

646 Vgl. Hüser/Otto, Das Stammlager 326, S. 184.

647 Vgl. Chorun-Kommission; Sächs. HStA, LRS Min. d. Innern, Landespolizeibehörde der Volkspolizei Sachsen, Bd. 042, Bl. 63–65.

648 Vgl. ebd., Bl. 65.

Anhang

Abkürzungsverzeichnis

Abt.Kgf.	Abteilung Kriegsgefangene im OKW/AWA
AfSG	Archiv für Sozialgeschichte
AG	Aktiengesellschaft
AHA	Allgemeines Heeresamt im OKH
Amt Ausl./Abw.	Amt Ausland/Abwehr im OKW
ANEI	Associazione Nazionale Ex-Internati
AO	Abwehroffizier
Arb.Kdo.	Arbeitskommando
AStSG	Archiv der Stiftung Sächsische Gedenkstätten
AWA	Allgemeines Wehrmachtamt im OKW
BA Berlin	Bundesarchiv Berlin
BA-MA	Bundesarchiv-Militärarchiv Freiburg i. B.
BA-ZNS	Bundesarchiv-Zentralnachweisstelle Aachen-Kornelimünster
BAB	Kriegsgefangenen- Bau- und Arbeitsbataillon
Batl./Btl.	Bataillon
Bay. StA N	Bayrisches Staatsarchiv Nürnberg
BdE	Befehlshaber des Ersatzheeres
BL	Bezirksleitung
Bl.	Blatt
CDU	Christlich-Demokratische Union
Chef Sipo u. d. SD/CSSD	Chef der Sicherheitspolizei und des SD
ChHRüst u. BdE	Chef der Heeresrüstung und Befehlshaber des Ersatzheeres
DSF	(Gesellschaft für) Deutsch-Sowjetische Freundschaft
Dulag	Kriegsgefangenen-Durchgangslager
Ek	Einsatzkommando der Sicherheitspolizei und des SD
g./geh.	geheim
GBA	Generalbevollmächtigter für den Arbeitseinsatz
Gestapa	Geheimes Staatspolizeiamt, Berlin
Gestapo	Geheime Staatspolizei
GWU	Geschichte in Wissenschaft und Unterricht
HAIT	Hannah-Arendt-Institut für Totalitarismusforschung e.V. an der Technischen Universität Dresden
H.Dv.	Heeres-Dienstvorschrift
Hiwi	Hilfswilliger
(H)LKO	(Haager) Landkriegsordnung
HSSPF	Höherer SS- und Polizeiführer
IfZ	Institut für Zeitgeschichte, München
IKRK	Internationales Komitee vom Roten Kreuz
Ilag	Internierungslager
IMI	Italienischer Militärinternierter
IMT	Internationales Militärtribunal, Nürnberg
Ing.	Ingenieur
ISSSR	Istorija SSSR (=Geschichte der UdSSR)
KA H	Kommunalarchiv Herford
Kapo	Kameradschaftspolizei (Wortschöpfung der SS)
KA Riesa	Kreisarchiv Riesa
Kdo.	Kommando
Kdr.	Kommandeur
Kdt.	Kommandant
Kgf./Kr.Gef.	Kriegsgefangener
KL/KZ	Konzentrationslager
KPD	Kommunistische Partei Deutschlands
KPdSU	Kommunistische Partei der Sowjetunion
KR	Kreisrat
Kripo	Kriminalpolizei
KT	Kreistag
KTB	Kriegstagebuch
LAA (LAÄ)	Landesarbeitsamt (-ämter)
LDPD	Liberal-Demokratische Partei Deutschlands
Ldschtz	Landesschütze(n)
MadR	Meldungen aus dem Reich
MG	Militärgeschichte

MGM	Militärgeschichtliche Mitteilungen
Mons.	Monsignore
Ms.	Manuskript
MVD	Ministerstvo Vnutrennych Del' (= Ministerium für Innere Angelegenheiten der UdSSR; bis März 1946 NKVD)
MwsE	Meldungen wichtiger staatspolizeilicher Ereignisse
ND	Neues Deutschland
Nds. HStA H	Niedersächsisches Hauptstaatsarchiv Hannover
Nds. StA W	Niedersächsisches Staatsarchiv Wolfenbüttel
NKO	Narodnyj Komissariat Oborony (= Volkskommissariat für Verteidigung)
NKVD (NKWD)	Narodnyj Komissariat Vnutrennych Del' (= Volkskomissariat für Innere Angelegenheiten)
NNI	Novaja i Novejšaja Istorija (= Neue und neueste Geschichte)
NS	Nationalsozialismus/nationalsozialistisch
NSDAP	Nationalsozialistische Deutsche Arbeiterpartei
Oflag	Kriegsgefangenen-Offizierslager
OKH	Oberkommando des Heeres
OKW	Oberkommando der Wehrmacht
PA-AA	Politisches Archiv des Auswärtigen Amtes, Bonn
POW	Prisoner of War
RAD	Reichsarbeitsdienst
RAM	Reichsarbeitsministerium
RFSS	Reichsführer SS
RGBl.	Reichsgesetzblatt
RM	Reichsmark
RMdI	Reichsministerium des Innern
RMEL	Reichsministerium für Ernährung und Landwirtschaft
RMfdbO	Reichsministerium für die besetzten Ostgebiete
RSHA	Reichssicherheitshauptamt
RSI	Repubblica Sociale Italiana
RüIn	Rüstungsinspektion
RüKdo	Rüstungskommando
Sächs HStA	Sächsisches Hauptstaatsarchiv Dresden
Sächs StA L	Sächsisches Staatsarchiv Leipzig
SBZ	Sowjetische Besatzungszone
SD	Sicherheitsdienst der SS
SED	Sozialistische Einheitspartei Deutschlands
Sipo	Sicherheitspolizei
SMA(D)	Sowjetische Militäradministration (in Deutschland)
SMT	Sowjetisches Militärtribunal
sowj.	sowjetisch
SS	Schutzstaffel der NSDAP
Stalag	Kriegsgefangenen-Mannschaftsstammlager
Stapo	Staatspolizei
SU	Sowjetunion
u.k.	unabkömmlich
UdSSR	Union der Sozialistischen Sowjetrepubliken
VB	Völkischer Beobachter
Verf.	(Untersuchungs-)Verfahren
VfZ	Vierteljahrshefte für Zeitgeschichte
VI	Voprosy Istorii (= Fragen der Geschichte)
VIŽ	Voenno-istoričeskij žurnal (= Militärhistorische Zeitschrift)
Wam	Wachmann
WASt	Wehrmachtauskunftsstelle
WFSt	Wehrmachtführungsstab im OKW
WiRüAmt	Wehrwirtschafts- und Rüstungsamt im OKW
WK	Wehrkreis
WPr.	Wehrmachtpropaganda
YMCA	Young Men's Christian Association
ZfG	Zeitschrift für Geschichtswissenschaft
ZNW	Zentralnachweis Verfolgung und Widerstand auf dem Gebiet des Landes Niedersachsen 1933–1945, Hannover

Abbildungsnachweis

AStSG: S. 32, 36, 38, 39, 42, 59, 60, 61, 70, 73, 81, 82, 83, 92, 94, 103, 119, 121, 122, 163, 164, 165, 167
BA Berlin: S. 46 (R 58/272, Bl. 84–85), 53 (R 41/168, Bl. 203–204)
BA-MA: vordere Klappe (RH 12–23/ v. 5 k1), S. 15 (RH 53–17/45, Bl.114)
KA H: S. 124 (HF I/1)
Nds. HStA H: S. 31
Sächs HStA: S. 162 (LRS Min. d. Innern, Landespolizeibehörde der Volkspolizei Sachsen, Bd. 042, Bl. 1)
Kogon, Der SS-Staat, S. 414: S. 51

Quellen- und Literaturverzeichnis

I. Ungedruckte Quellen

Bundesarchiv Berlin (BA Berlin)
Reichsministerium für Ernährung und Landwirtschaft
R 14/214
Reichsarbeitsministerium
R 41/168; 170; 172; 173; 281
Reichskanzlei
R 43 II/614; 670a
Reichssicherheitshauptamt
R 58/166; 213; 272; 400; 1027; 1299
Reichssicherheitshauptamt mit Vorbehörden
RD 19/3
Rechnungshof Dt. Reich
32.01/5401

Bundesarchiv-Militärarchiv Freiburg i. B. (BA-MA)
OKW/Wehrmachtführungsstab
RW 4/v. 24; 578
OKW/Allgemeines Wehrmachtamt
RW 6/v. 8; 184; 270; 276; 278; 450; 451
OKW/Wehrwirtschafts- und Rüstungsamt
RW 19/836; 2109
Rüstungsinspektionen
RW 20-4/9
Rüstungskommandos
RW 21-15/9
OKW/Allgemeines Wehrmachtamt
RW 48/v. 12
Heeresinspektion
RH 12-23/v. 5; 565
Kriegsgefangenenlager, Arbeits- und Baueinheiten der Kgf.
RH 49/10; 69; 98; 101; 104; 111–113
Wehrkreiskommandos
RH 53-4/15
RH 53-7/v.724
RH 53-17/45; 183; 186; 187; 192; 193
RH 53-23/58
Heeresdrucksachen
RHD 4 138/12
Nachlaßsplitter
Msg. 1/2011

Bundesarchiv-Zentralnachweisstelle Aachen-Kornelimünster (BA-ZNS)
Personalunterlagen Zeithain

Politisches Archiv des Auswärtigen Amtes, Bonn (PA-AA)
Rechtsabteilung, Völkerrecht/Kriegsrecht
Nr. 26 Polen, R 40756a

Sächsisches Hauptstaatsarchiv Dresden (Sächs. HStA)
Ministerium des Innern
126; 154; 396
Landespolizeibehörde der Volkspolizei Sachsen, 042
Landespolizeibehörde der Volkspolizei – Kriminalpolizei Großenhain, 761; 762

Sächsisches Staatsarchiv Leipzig (Sächs. StA L)
KT/KR Oschatz
237

Niedersächsisches Hauptstaatsarchiv Hannover (Nds. HStA H)
Nds. 721 Göttingen Acc. 103/87, Nr. 14-14/42 (Verf. Zeithain)
Hann. 80 Lbg. III Acc. V, Nr. 51
Hann. 122a Acc. XXXIV, Nr. 3912

Niedersächsisches Staatsarchiv Wolfenbüttel (Nds. StA W)
91 N/284

Bayrisches Staatsarchiv Nürnberg (Bay. StA N)
KV Ankl. Dok. Fotokop. Nr. R 178, Teil 2

Kreisarchiv Riesa (KA Riesa)
Zeithain
41; 371

Kommunalarchiv Herford (KA H)
Stadt HF I

Stadtarchiv Bad Orb
Stadt Bad Orb, Aufstellung über die in der Zeit vom 1.1. bis zum 9.1.1942 im Stalag IX B Bad Orb verstorbenen sowjetischen Kriegsgefangenen

Wehrmachtauskunftsstelle Berlin (WASt) – Dornburg Archiv
Personalkarten sowie Sterbefallanzeigen sowjetischer Kriegsgefangener

Institut für Zeitgeschichte, München (IfZ)
Da 34.12

Archiv der Stiftung Sächsische Gedenkstätten zur Erinnerung an die Opfer politischer Gewaltherrschaft (AStSG), Dresden
Sammlung Zeithain,
Strafakte Nr. 279 — Eckel
Nachlaß K.
Erinnerungen Heinz S.
Personalkarten sowjetischer Kriegsgefangener

Centralne Muzeum Jeńców Wojennych w Łambinowicach-Opolu, Dzial Dokumentacij (Archiv der Gedenkstätte Lamsdorf)
Mat. i Dok. Nr. 495/94

Zentralnachweis Verfolgung und Widerstand auf dem Gebiet des Landes Niedersachsen 1933–1945 (ZNW), Hannover
Memorandum concerning Sovjet Russian Prisoners-of-War in Germany, 13.1.1942

Privatarchive / Sammlungen
Sammlung E. Förster, Gröditz
Sammlung B. Nowotny, Riesa

II. Interviews

Gespräch mit Heinz S., 25.1.1996
Gespräch mit Rita. S., 25.1.1996
Gespräche mit E. Förster, 27.8.1996 und 27.1.1997

III. Gedruckte Quellen und Literatur

Abkommen, betreffend die Gesetze und Gebräuche des Landkrieges. Vom 29. Juli 1899. In: RGBl. 1901, S. 423–454.

Abkommen, betreffend die Gesetze und Gebräuche des Landkrieges (Haager Landkriegsordnung). Vom 18. Oktober 1907. In: RGBl. 1910, S. 107–151.

Abkommen über die Behandlung der Kriegsgefangenen (Genfer Kriegsgefangenenabkommen). Vom 27. Juli 1929. In: RGBl. 1934, Teil II, S. 227–262.

Absolon, Rudolf, Die Wehrmacht im Dritten Reich, Bd. VI: 19. Dezember 1941 bis 9. Mai 1945 (Schriften des Bundesarchivs 16/VI), Boppard 1995.

Ajroldi, Pater Luca, Diario. Zeithain, campo di morte, Pavia [1962].

Alexijewitsch, Swetlana, Der Krieg hat kein weibliches Gesicht, Hamburg 1989.

Arbeitskreis Blumen für Stukenbrock e.V. (Hg.), Das Lager 326. Augenzeugenberichte, Fotos, Dokumente, Bad Oeynhausen 1988.

Aslanow, Anatolij, Von der Wolga an die Ruhr. Begegnungen mit Deutschen in Krieg und Frieden, Köln 1987.

Bäßler, Heinz, Die ausländischen Zwangsarbeiter und Kriegsgefangenen im sächsischen Steinkohlenbergbau, in: Beiträge zur Geschichte des Bergbaus und des Hüttenwesens, Bd.V, Leipzig 1968, S. 24–29.

Der Befehl Nummer 270, in: Osteuropa 39 (1989), S. 1035–1038.

Bethell, Nicholas, Das letzte Geheimnis. Die Auslieferung russischer Flüchtlinge an die Sowjets durch die Alliierten 1944–47, Frankfurt a. M. 1975.

Bierod, Ralf, Der Arbeitseinsatz sowjetischer Kriegsgefangener in der Forstwirtschaft und im Güterumschlag in der Provinz Hannover 1941–1945, unveröffentlichte Magisterarbeit, Hannover 1992.

Boberach, Heinz (Hg.), Meldungen aus dem Reich 1938–1945. Die geheimen Lageberichte des Sicherheitsdienstes der SS, 15 Bde., Herrsching 1984.

Bonwetsch, Bernd, Die sowjetischen Kriegsgefangenen zwischen Stalin und Hitler, in: ZfG 41 (1993), S. 135–142.

Borgsen, Werner/Volland, Klaus, Stalag X B Sandbostel. Zur Geschichte eines Kriegsgefangenen- und KZ-Auffanglagers in Norddeutschland 1939–1945, Bremen 1991.

Brandhuber, Jerzy, Die sowjetischen Kriegsgefangenen im Konzentrationslager Auschwitz, in: Hefte von Auschwitz 4 (1961), S. 5–62.

Brjuchanov, A. I, u.a., Stranica istorii ždušaja issledovatelej, in: VI 2/1961, S. 209–212.

Brodskij, E. A., Die Lebenden kämpfen. Die illegale Organisation brüderlicher Zusammenarbeit der Kriegsgefangenen (BSW), Ost-Berlin 1968.

Brodskij, E. A., Im Kampf gegen den Faschismus. Sowjetische Widerstandskämpfer in Hitlerdeutschland 1941–1945, Ost-Berlin 1975.

Brodskij, E. A., Oni ne propali bez vesti. Ne slomlennye fašistkoj nevolej, Moskva 1987.

Buchbender, Ortwin, Das tönende Erz. Deutsche Propaganda gegen die Rote Armee im Zweiten Weltkrieg (Militärpolitische Schriftenreihe 13), Stuttgart 1978.

Buchenwald. Mahnung und Verpflichtung. Dokumente und Berichte, 4. Aufl., Ost-Berlin 1983.

Buchholz, Marion, u.a. (Hg.), Nationalsozialismus und Region. Festschrift für Herbert Obenaus zum 65. Geburtstag, Bielefeld 1996.

Conquest, Robert, Der große Terror. Sowjetunion 1934–1938, München 1992.

Datner, Szymon, Crime against POWs. Responsibility of the Wehrmacht, Warszawa 1964.

Dörr, Hubert, Zum Vorgehen der faschistischen Betriebsführung des ehemaligen Lauchhammerwerkes Gröditz im Flick-Konzern gegenüber Arbeitern und anderen Werktätigen sowie Zwangsverschleppten, ausländischen Arbeitskräften, Kriegsgefangenen und KZ-Häftlingen während des Zweiten Weltkrieges, Diss., Dresden 1978.

Ehrenhain Zeithain. Den Toten zum Gedenken. Den Lebenden zur Mahnung, hg. von der SED-Kreisleitung Riesa, Riesa [1985]

Das Ehrenmal von Zeithain – Mahnung und Erinnerung. Aus der Geschichte des sowjetischen Ehrenmales Zeithain, Riesa [1980]

Eichholtz, Dietrich, Geschichte der deutschen Kriegswirtschaft, Bd. II: 1941–1943 (Forschungen zur Wirtschaftsgeschichte 1), Ost-Berlin 1985.

Elisev, V. T./Michalev, S.N., Tak skol'ko že ljudej my poterjali v vojne?, in: VIŽ 6–7/1992, S. 31–34.

Elliot, Mark R., Pawns of Yalta. Soviet Refugees and America's Role in their Repatriation, Chicago/London 1982.

Ernst, Anna Sabine, „Die beste Prophylaxe ist der Sozialismus". Ärzte und medizinische Hochschullehrer in der SBZ/DDR 1945–1961, ungedruckte Dissertation, Berlin 1996.

Fainsod, Merle, Wie Rußland regiert wird, Köln/West-Berlin 1965.

Fischer, Alexander (Hg.), Teheran, Potsdam, Jalta. Die sowjetischen Protokolle von den Kriegskonferenzen der „Großen Drei" (Dokumente zur Außenpolitik 1), Köln 1968.

Foitzik, Jan, Sowjetische Militäradministration in Deutschland (SMAD), in: SBZ-Handbuch, S. 7–69.

Förster, Egon, Das Schicksal Sitnikovs – Tod durch Erhängen, in: Sächsische Zeitung (Ausgabe Riesa), 23.12.1992.

Forwick, Helmuth, Zur Behandlung alliierter Kriegsgefangener im Zweiten Weltkrieg. Anweisung des Oberkommandos der Wehrmacht über Besuche ausländischer Kommissionen in Kriegsgefangenenlagern, in: MGM 2/1967, S. 119–134.

Fricke, Karl-Wilhelm, Politische Verfolgung und sowjetische Militärjustiz in der SBZ/DDR, in: Haase/Oleschinski, Das Torgau-Tabu, S. 165–175.

Füllberg-Stolberg, Claus, u.a. (Hg.), Frauen in Konzentrationslagern. Bergen-Belsen, Ravensbrück, Bremen 1994.

Gawenus, Fritz, Die Ausbeutung ausländischer Arbeitskräfte unter besonderer Berücksichtigung deportierter Sowjetbürger durch die deutschen Monopolisten. Vorwiegend dargestellt am Beispiel der Bayrischen Stickstoffwerke AG Piesteritz und der Gummiwerke „Elbe" AG Piesteritz von 1939–1945, Diss. (Typoskript), Halle/Wittenberg 1973.

„Gefahr ist im Verzug". Reformer Alexander Jakowlew über die Demokratie in Rußland, in: Der Spiegel 23/1995.

Grossmann, Anton, Polen und Sowjetrussen als Arbeiter in Bayern 1939–1945, in: AfSG XXIV (1984), S. 355–397.

Halder, Franz, Kriegstagebuch. Tägliche Aufzeichnungen des Chefs des Generalstabes des Heeres 1939–1942. 3 Bde, hg. vom Arbeitskreis für Wehrforschung, bearb. von Hans-Adolf Jacobson in Verbindung mit Alfred Phillipi, Stuttgart 1962–1964.

Haase, Norbert/Oleschinski, Brigitte (Hg.), Das Torgau-Tabu. Wehrmachtstrafsystem, NKWD-Speziallager, DDR-Strafvollzug, Leipzig 1993.

Heer, Hannes (Hg.), „Stets zu erschießen sind Frauen, die in der Roten Armee dienen". Geständnisse deutscher Kriegsgefangener über ihren Einsatz an der Ostfront, Hamburg 1995.

Heer, Hannes/Naumann, Klaus (Hg.), Vernichtungskrieg. Verbrechen der Wehrmacht 1941 bis 1944, Hamburg 1995.

Herbert, Ulrich, Fremdarbeiter. Politik und Praxis des „Ausländereinsatzes" in der Kriegswirtschaft des Dritten Reiches, 2. Aufl., West-Berlin/Bonn 1986.

Herbert, Ulrich/Groehler, Olaf, Zweierlei Bewältigung. Vier Beiträge über den Umgang mit der NS-Vergangenheit in den beiden deutschen Staaten, Hamburg 1992.

Herlemann, Beatrix, Der Bauer klebt am Hergebrachten. Bäuerliche Verhaltensweisen unterm Nationalsozialismus auf dem Gebiet des heutigen Landes Niedersachsen (Veröffentlichungen der Historischen Kommission für Niedersachsen und Bremen XXXIX, Niedersachsen 1933–1945, Bd. 4), Hannover 1993.

Heß, Ulrich, Quellen zum Schicksal der Kriegsgefangenen, Zwangsarbeiter und der ausländischen Zivilarbeiter im Sächsischen Staatsarchiv Leipzig, in: Nolte, Der Mensch, S. 137–146.

Hillgruber, Andreas/Jacobson, Hans-Adolf, Der Zweite Weltkrieg im Spiegel der sowjetkommunistischen Geschichtsschreibung (1945–1961), in: Telpuchowski, Die sowjetische Geschichte, S. 13E–94E.

Hoffmann, Joachim, Die Geschichte der Wlassow-Armee (Einzelschriften zur militärischen Geschichte des Zweiten Weltkrieges 27), 2. Aufl., Freiburg i.B. 1986.

Hüser, Karl/Otto, Reinhard, Das Stammlager 326 (VI K) Senne 1941–1945. Sowjetische Kriegsgefangene als Opfer des Nationalsozialistischen Weltanschauungskrieges, Bielefeld 1992.

Ivašov, L. G./Emelin, A.S., Nravstvennye i pravovye problemy plena v Otečestvennoj istorii, in: VIŽ 1/1992, S. 44–49.

Jacobson, Hans-Adolf: Kommissarbefehl und Massenexekutionen sowjetischer Kriegsgefangener, in: Anatomie des SS-Staates, Bd. 2, 5. Aufl., München 1989.

Jacobson, Hans-Adolf, u.a. (Hg.), Deutsch-russische Zeitenwende. Krieg und Frieden 1941–1995 (Schriften der Paul-Kleinewefers-Stiftung 2), Baden-Baden 1995.

Jahn, Peter/Rürup, Reinhard (Hg.), Erobern und Vernichten. Der Krieg gegen die Sowjetunion 1941–1945. Essays, Berlin 1991.

Kaienburg, Hermann, KZ-Haft und Rassenideologie. Die Bedeutung der nationalsozialistischen Rassenideologie für die Häftlingsbehandlung im Konzentrationslager Neuengamme, in: Rassismus in Deutschland. Hg. von der KZ-Gedenkstätte Neuengamme (Beiträge zur Geschichte der nationalsozialistischen Verfolgung in Norddeutschland 1), Bremen 1994, S. 22–34.

Kasack, Wolfgang, Die russische Literatur 1945–1976. Mit einem Verzeichnis der Übersetzungen ins Deutsche 1945–1979 (Arbeiten und Texte zur Slawistik 23), München 1980.

Keilig, Wolf, Das deutsche Heer 1939–1945. Gliederung – Ersatz – Stellenbesetzung, Bad Nauheim 1956–1970.

Keller, Rolf, „Russenlager". Sowjetische Kriegsgefangene in Bergen-Belsen, Fallingbostel-Oerbke und Wietzendorf, in: Nolte, Der Mensch, S. 111–136.

Keller, Rolf, „Die kamen in Scharen hier an, die Gefangenen." Sowjetische Kriegsgefangene, Wehrmachtssoldaten und deutsche Bevölkerung in Norddeutschland 1941/42, in: KZ-Gedenkstätte Neuengamme, S. 35–60.

Keller, Rolf, „Heldentat hinter Stacheldraht". Zum organisierten Widerstand der sowjetischen Kriegsgefangenen in Norddeutschland, in: Buchholz, u.a. (Hg.), Nationalsozialismus und Region, S. 259–276.

Kilian, Achim, Einzuweisen zur völligen Isolierung. NKWD-Speziallager Mühlberg/Elbe 1945–1949, Leipzig 1992.

Kilian, Achim, Kriegsgefangenenzentrale Torgau. Mannschaftsstammlager IV D und die Spitze des Kriegsgefangenenwesens der Wehrmacht 1941–1944/45, in: Haase/Oleschinski, Das Torgau-Tabu, S. 79–93.

Kjung, N.F./Talmant, I. R., Iz istorii dviženija soprotivlenija sovetskich ljudej v lagerjach Germanii 1941–1945, in: ISSSR 5/1959, S. 39–55 (dt.: Aus der Geschichte der Widerstandsbewegung sowjetischer Menschen in den Lagern Hitlerdeutschlands (1941–1945), in: Sowjetwissenschaft. Gesellschaftswissenschaftliche Beiträge 1/1960, S. 64–83).

Kjung, N. F., Nevidimy Šit, in: Vojna za koljučej provolokoj, Moskva 1960, S. 163–187.

Kogon, Eugen, Der SS-Staat. Das System der deutschen Konzentrationslager, München 1974.

Krannhals, Hanns von, Der Warschauer Aufstand, Frankfurt a.M. 1962.

Krause, Ulrich, Das sowjetische Kriegsgefangenenstammlager 304 – Zeithain (Stalag 304 Zeithain), unveröffentlichte Diplom-Arbeit, Ost-Berlin 1984.

Krausnick, Helmut, Kommissarbefehl und „Gerichtsbarkeitserlaß Barbarossa", in: VfZ 25 (1977), S. 682–738.

KZ-Gedenkstätte Neuengamme (Hg.), Rassismus in Deutschland (Beiträge zur Geschichte der nationalsozialistischen Verfolgung in Norddeutschland 1), Bremen 1994.

Lauerwald, Hannelore, In fremdem Land. Kriegsgefangene im STALAG VIII A Görlitz 1939–1945. Tatsachen, Briefe, Dokumente, Görlitz 1997.

Matiello, Gianfranco/Vogt, Wolfgang, Deutsche Kriegsgefangenen- und Internierungseinrichtungen 1939–1945. Handbuch und Katalog, Lagergeschichte und Lagerstempel. 2 Bde., Koblenz 1986/87.

Mittermaier, Karl, Mussolinis Ende. Die Republik von Salò 1943–1945, München 1995.

Müller, Klaus-Dieter/Osterloh, Jörg, Die Andere DDR. Eine studentische Widerstandsgruppe und ihr Schicksal im Spiegel persönlicher Erinnerungen und sowjetischer NKWD-Dokumente (Berichte und Studien des Hannah-Arendt-Instituts für Totalitarismusforschung 4), 2. Aufl., Dresden 1996.

Müller, Norbert/Vestermanis, Margers, Verbrechen der faschistischen Wehrmacht an sowjetischen Kriegsgefangenen 1941–1945, in: MG 16 (1977), S. 15–27.

Narodnyj Komissariat Oborony SSSR, Boevoj Ustav Pečety RKKA. Čast pervaja, Moskva 1939.

Niedersächsische Landeszentrale für politische Bildung (Hg.), Bergen-Belsen. Texte und Bilder der Ausstellung in der zentralen Gedenkstätte des Landes Niedersachsen auf dem Gelände des ehemaligen Konzentrations- und Kriegsgefangenenlagers Bergen-Belsen, Hannover 1990.

Niedersächsische Landeszentrale für politische Bildung (Hg.), Sowjetische Kriegsgefangene 1941–1945. Leiden und Sterben in den Lagern Bergen-Belsen, Fallingbostel, Oerbke und Wietzendorf. Ausstellungskatalog, Hannover 1991.

Nolte, Ernst, Der Faschismus in seiner Epoche. Die Action Française. Der italienische Faschismus. Der Nationalsozialismus, München 1963.

Nolte, Hans-Heinrich, Der deutsche Überfall auf die Sowjetunion. Text und Dokumentation, Hannover 1991.

Nolte, Hans-Heinrich (Hg.), „Der Mensch gegen den Menschen". Überlegungen und Forschungen zum deutschen Überfall auf die Sowjetunion 1941, Hannover 1992.

Nowak, Edmund, Aktuelle Gedenkstättenarbeit in Polen. Am Beispiel der Gedenkstätte für ehemalige sowjetische Kriegsgefangene in Łambinowice (Lamsdorf), in: Gedenkstätten-Rundbrief 73, Oktober 1996, S. 3–6.

Osterloh, Jörg, Sowjetische Kriegsgefangene 1941–1945. Forschungsüberblick und Untersuchung von Beispielen, unveröffentlichte Magisterarbeit, Hannover 1994.

Osterloh, Jörg, Sowjetische Kriegsgefangene 1941–1945 im Spiegel nationaler und internationaler Untersuchungen. Forschungsüberblick und Bibliographie (Berichte und Studien des Hannah-Arendt-Instituts für Totalitarismusforschung 3), 2. Aufl., Dresden 1996.

Osterloh, Jörg, Verdrängt, vergessen, verleugnet. Die Geschichte der sowjetischen Kriegsgefangenen in der historischen Forschung in der Bundesrepublik und der DDR, in: GWU 47 (1996), S. 608–619.

Otto, Reinhard, „Vernichten oder Ausnutzen?" „Aussonderungen" und Arbeitseinsatz sowjetischer Kriegsgefangener im Reichsgebiet in den Jahren 1941/42, unveröffentlichte Diss., Paderborn 1996.

Otto, Reinhard, Vernichten oder Ausnutzen? Arbeitseinsatz und „Aussonderungen" sowjetischer Kriegsgefangener bis Sommer 1942 (Masch. Fassung eines Vortrages auf der Tagung „Spurensuche: Stalag 304 (IV H) Zeithain bei Riesa. Von den Untersuchungen der Chorun-Kommission 1946 zur heutigen Gedenkstätte" vom 25.–28.4.1996 in Riesa).

Paul, Gerhard/Mallmann, Klaus-Michael (Hg.), Die Gestapo – Mythos und Realität, Darmstadt 1995.

Pfahlmann, Hans, Fremdarbeiter und Kriegsgefangene in der deutschen Kriegswirtschaft 1939–1945 (Beiträge zur Wehrforschung XVI/XVII), Darmstadt 1968.

Polian, Pavel M., Žertvy dvuch diktatur. Ostarbajter i voennoplennye v Tret'em Reiche i ich repatriacija, Moskva 1996.

Der Prozeß gegen die Hauptkriegsverbrecher vor dem Internationalen Militärgerichtshof Nürnberg, 42. Bde., Nürnberg 1947–1949.

Rehabilitation nach fünfzig Jahren, in: Wostok 3/1995, S. 47–52.

Repatriacija, in: Velikaja Otečestvennaja vojna 1941–1945. Enciklopedija, S. 608–609.

Rešin, Leonid, Nadeždy malen'kij orkestrik, in: Rodina 4/1993, S. 99–101.

Roschmann, Hans, Gutachten zur Behandlung und den Verlusten sowjetischer Kriegsgefangener in deutscher Hand von 1941–1945 und zur Bewertung der Beweiskraft des sogenannten „Documents NOKW 2125" (Nachweisung des Verbleibs der sowjetischen Kriegsgefangenen nach dem Stande vom 1. 5. 1944) (Veröffentlichung der Zeitgeschichtlichen Forschungsstelle Ingolstadt 1), Ingolstadt 1982.

Rückerl, Adalbert (Hg.), NS-Prozesse. Nach 25 Jahren Strafverfolgung: Möglichkeiten – Grenzen – Ergebnisse, Karlsruhe 1971.

Rürup, Reinhard (Hg.), Der Krieg gegen die Sowjetunion. Eine Dokumentation, Berlin 1991.

SBZ-Handbuch. Staatliche Verwaltungen, Parteien, gesellschaftliche Organisationen und ihre Führungskräfte in der Sowjetischen Besatzungszone Deutschlands 1945–1949. Hg. von Martin Broszat und Hermann Weber. München 1990.

Schmelzer, Janis, Das hitlerfaschistische Zwangsarbeitersystem und der antifaschistische Widerstandskampf der ausländischen Kriegsgefangenen und Deportierten (1939–1945). Dargestellt unter besonderer Berücksichtigung der IG-Farben-Betriebe im Bereich Halle–Merseburg, Diss. (Typoskript), Halle/Wittenberg 1963.

Schockenhoff, Volker, „Wer hat schon damals genau gezählt." Zur Auseinandersetzung um die Zahl der Toten des Stalags 326 (VI K) von 1945–1992, in: Westfälische Zeitschrift 143 (1993), S. 337–351.

Schreiber, Gerhard, Die italienischen Militärinternierten im deutschen Machtbereich 1943 bis 1945. Verraten – Verachtet – Vergessen (Beiträge zur Militärgeschichte 28), München 1990.

Seeber, Eva, Zwangsarbeiter in der faschistischen Kriegswirtschaft. Die Deportation und Ausbeutung polnischer Bürger unter besonderer Berücksichtigung der Lage der Arbeiter aus dem sogenannten Generalgouvernement (1939–1945), Ost-Berlin 1964.

Sofsky, Wolfgang, Die Ordnung des Terrors: Das Konzentrationslager, 2. Aufl., Frankfurt a.M. 1993.

Spuren Suchen und Erinnern. Gedenkstätten für die Opfer politischer Gewaltherrschaft in Sachsen, hg. von der Stiftung Sächsische Gedenkstätten zur Erinnerung an die Opfer politischer Gewaltherrschaft (Schriftenreihe der Stiftung Sächsische Gedenkstätten 1), Leipzig 1996.

Stalag VI A Hemer. Kriegsgefangenenlager 1939–1945. Eine Dokumentation, Hemer 1995.

Stalin, I.V., Über den Großen Vaterländischen Krieg, 3. Ausgabe, Moskau 1946.

Stettner, Ralf, „Archipel GULag": Stalins Zwangslager. Terrorinstrument und Wirtschaftsgigant. Entstehung, Organisation und Funktion des sowjetischen Lagersystems 1928–1956, Paderborn u.a. 1996.

Strafgesetzbuch der Russischen Föderativen Sowjet-Republik, angenommen auf der 2. Tagung des Allrussischen Zentralexekutivkomitees der XII. Wahlperiode und in Kraft gesetzt durch Verordnung des Allrussischen Zentralexekutivkomitees vom 22. November 1926 mit Wirkung vom 1. Januar 1927. Übersetzung aus dem Russischen: Wilhelm Gallas, in: Sammlung Außerdeutscher Strafgesetzbücher/Strafgesetzbuch der Russischen Sozialistischen Föderativen Sowjet-Republik vom 22. November in der am 1. Januar 1952 gültigen Fassung mit Nebengesetzen und Materialien, West-Berlin 1953.

Streim, Alfred, Die Behandlung sowjetischer Kriegsgefangener im Fall „Barbarossa", Heidelberg 1981.

Streim, Alfred, Saubere Wehrmacht? Die Verfolgung von Kriegs- und NS-Verbrechen in der Bundesrepublik und der DDR, in: Heer/Naumann (Hg.), Vernichtungskrieg, S. 569–600.

Streit, Christian, Keine Kameraden. Die Wehrmacht und die sowjetischen Kriegsgefangenen 1941–1945, erw. Neuausgabe, Bonn 1991.

Streit, Christian, Die Behandlung der sowjetischen Kriegsgefangenen und völkerrechtliche Probleme des Krieges gegen die Sowjetunion, in: Ueberschär/Wette, Der deutsche Überfall, S. 159–184.

Telpuchowski, Boris Semjonowitsch, Die sowjetische Geschichte des Großen Vaterländischen Krieges 1941–1945. Im Auftrag des Arbeitskreises für Wehrforschung hg. und krit. erläut. von Andreas Hillgruber und Hans-Adolf Jacobson, Frankfurt a.M. 1961.

Tessin, Georg, Verbände und Truppen der deutschen Wehrmacht und Waffen-SS im Zweiten Weltkrieg. 16. Bd.: Verzeichnis der Friedensgarnisonen 1932–1939 und Stationierungen im Kriege 1939–1945, Teil 1, Wehrkreise I–VI, Osnabrück 1996.

Tolstoy, Nikolay, Die Verratenen von Jalta. Englands Schuld vor der Geschichte, München/Wien 1978.

Tuchel, Johannes, Gestapa und Reichssicherheitshauptamt. Die Berliner Zentralinstitutionen der Gestapo, in: Paul/Mallmann, Die Gestapo, S. 84–100.

Ueberschär, Gerd R./Wette, Wolfram (Hg.), Der deutsche Überfall auf die Sowjetunion. „Unternehmen Barbarossa" 1941, Frankfurt a.M. 1991 (erschien zuerst unter dem Titel: „Unternehmen Barbarossa". Der deutsche Überfall auf die Sowjetunion 1941. Berichte, Analysen, Dokumente, hg. v. Gerd R. Ueberschär u. Wolfram Wette, Paderborn 1984).

Unverzagt, Vera, „Das soll sich nicht wiederholen" – Weibliche Kriegsgefangene der Roten Armee im KZ-Ravensbrück, in: Füllberg-Stolberg, Frauen in Konzentrationslagern, S. 307–312.

Velikaja Otečestvennaja vojna 1941–1945. Enciklopedija, hg. vom Institut voennoj istorii Ministerstva Oborony SSSR, Moskva 1985.

Voennoplennye, in: Velikaja Otečestvennaja vojna 1941–1945. Enciklopedija, S. 157–158.

Volkind, I. Ja., Živoe slovo v adu (Literaturnaja zapis' Ju. Loginova), in: Ljudi pobedivšie smert', Leningrad 1968, S. 379–389.

Wassiljew, Alexander, Rückkehr nach Stukenbrock. Erinnerungen eines russischen Kriegsgefangenen, Köln 1989.

Der Widerstandskampf im sowjetischen Kriegsgefangenenlager Jacobsthal 1941–1945. Ergebnisse der Forschungstätigkeit der Schüler der Oberschule Wülknitz, Riesa 1982.

Zeidler, Manfred, Kriegsende im Osten. Die Rote Armee und die Besetzung Deutschlands östlich von Oder und Neiße 1944/45, München 1996.

Zeidler, Manfred, Stalinjustiz contra NS-Verbrechen. Die Kriegsverbrecherprozesse gegen deutsche Kriegsgefangene in der UdSSR in den Jahren 1943–1952. Kenntnisstand und Forschungsprobleme (Berichte und Studien des Hannah-Arendt-Instituts für Totalitarismusforschung 9), Dresden 1996.

Zeme, Maria Vittoria, Il tempo di Zeithain (1943–1944). Diario di una Crocerossina internata volontaria in un Lager-Lazaretto nazista. Presentato da Vittorio Emanuele Giuntella a cura, con introduzione e note di Claudio Sommaruga, Verbania-Intra 1994.

Zeme, Maria Vittoria, „... und entzünde einen Funken Hoffnung". Aus dem Tagebuch einer italienischen Rotkreuzschwester im Kriegsgefangenenlazarett Zeithain 1943–1944. Berarb. u. eingel. von Jörg Osterloh (Lebenszeugnisse – Leidenswege 3), Dresden 1997.

Zemskov, V.N., K voprosu o repatriacii sovetskich graždan 1944–1945 gody, in: ISSSR 4/1990, S. 26–41.

Zorn, Monika (Hg.), Hitlers zweimal getötete Opfer. Westdeutsche Endlösung des Antifaschismus auf dem Gebiet der DDR (Unerwünschte Bücher zum Faschismus 6), Freiburg i.B. 1994.

Register

Personenregister

Ortsregister

Dank

Angeregt und großzügig gefördert wurde die vorliegende Studie von der Stiftung Sächsische Gedenkstätten zur Erinnerung an die Opfer politischer Gewaltherrschaft, dafür danke ich.

Neben den Kollegen vom Hannah-Arendt-Institut gilt es weiteren Personen Dank abzustatten, die mir ebenfalls mit Rat zur Seite standen, entlegenes Quellenmaterial beschafften, Kontakte zu Zeitzeugen knüpften bzw. das Manuskript oder Teile davon kritisch durchsahen. Außer zahlreichen Ungenannten zählen dazu insbesondere Egon Förster, Rolf Keller, Achim Kilian, Dr. Edmund Nowak, Bernhard Nowotny und Dr. Reinhard Otto. Ebenfalls ist jenen zu danken, die mir mit ihren Erinnerungen an ihre Gefangenschaft wertvolle Hilfe leisteten, darunter Prof. Lino Monchieri, Dr. Claudio Sommaruga, Leopoldo Teglia, Antonio Ubaldi und Maria Vittoria Zeme. Gleiches gilt für die Witwe Stepan Zlobins, Viktoria Zlobina.

Darüber hinaus danke ich den Mitarbeiterinnen und Mitarbeitern der Archive und Bibliotheken, in denen ich in den letzten zwei Jahren gearbeitet habe, für ihre Aufmerksamkeit und Hilfsbereitschaft.

Und ich danke Sabine Lachmann für ihre vielfältige Unterstützung und Geduld in der Zeit, in der ich mit diesem Thema beschäftigt war.

Dresden, im April 1997

Jörg Osterloh